LES

TRIBUNAUX

SECRETS

PARIS. — TYPOGRAPHIE DE E. ET V. PENAUD FRÈRES
10, rue du Faubourg-Montmartre

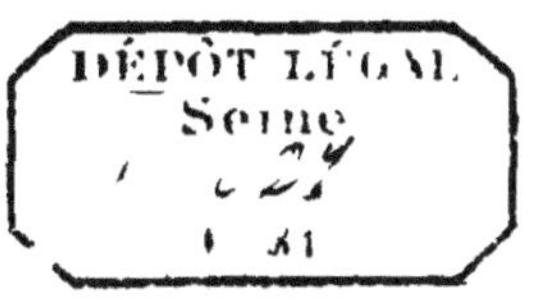

LES

TRIBUNAUX SECRETS

OUVRAGE HISTORIQUE

PAR

PAUL FÉVAL

FRANCS JUGES. — FANATIQUES. — CONSPIRATEURS. — DRUIDES. — ASSASSINS. — THAUMATURGES. — INQUISITEURS. — PROPHÈTES. — MALLY MAGUIRES. — ENFANTS BLANCS — PIEDS NOIRS — ROIS. — TRIBUNS. — ESCLAVES — CARBONARI — TEMPLIERS. — CHEVALIERS DE MALTE, ETC., ETC.

ORIGINES MYSTÉRIEUSES, RÉVÉLATIONS HISTORIQUES
REVERS DES MÉDAILLES ILLUSTRES

ILLUSTRATIONS DE R. DE MORAINE, STAAL ET FERDINAND

TOME DEUXIÈME

PARIS
EUGÈNE ET VICTOR PENAUD FRÈRES, ÉDITEURS
10, RUE DU FAUBOURG-MONTMARTRE
1851

LES
TRIBUNAUX SECRETS

CHAPITRE PREMIER.

Suite des francs-juges. — Charles le Téméraire. — Louis XI. — Pierre de Hagenbach, ses cruautés, son insolence. — Réconciliation de l'Autriche et de la Suisse.. — Pélerinage des princes. — Hagenbach à Brisach. — Frédéric Voegelin. — Prise de Landwogt. — Joie des confédérés. — Hagenbach devant ses juges. — Sa dégradation publique. — Sa mort. — Colère de Charles le Téméraire. — Bataille de Grandson. — Charles à Iverdun. — Tribunal secret sur les bords du lac de Neufchâtel. — Baumgarten. — Campo Basso. — Marguerite Baumgarten. — Tragédie.

I.

« Nul prince n'était né avec de plus grandes et de plus belles qualités que Charles le Téméraire : ami de la justice et du bon ordre, loyal et amoureux de l'honneur ; chaste, sobre, tempérant, actif, vigilant, dur à la fatigue et à la souffrance ; vaillant par merveille, mais cependant bon et pitoyable, surtout pour les pauvres et petites gens. Mais la splendeur de cette maison de Bourgogne, qui avait semblé arbitre entre la France et l'Angleterre, ces deux plus puissants royaumes de la chrétienté, et qui avait servi d'asile hospitalier à Édouard de Lancastre et au dauphin Louis ; ce faste qu'avait tant aimé le duc Philippe, son père ; tous ces grands seigneurs, dont il avait formé sa cour et le service de sa maison, plus que tout cela, le pouvoir absolu gagné sur les vassaux et conquis sur les villes, avaient de bonne heure ébloui sa jeunesse, et lui avaient inspiré un prodigieux orgueil. »

Tel était Charles le Téméraire, quand la mort du duc Philippe, son père, arrivée en 1467, lui donna la possession du plus beau duché qui fût alors au royaume de France ; il ne voulut plus rencontrer ni obstacle ni contradiction, et résolut d'être seul maître de ses États.

C'était, à coup sûr, une noble ambition ; mais Charles le Téméraire avait encore trop besoin de conseils pour s'affranchir ainsi de toute tutelle, et la suite le fit bien voir.

De juste qu'il était, il devint tout à coup, et presque sans transition, tyrannique, plein de prévention et de cruauté ; de loyal, il se fit aussi perfide que la plupart des autres princes contemporains, « et son impétueuse ardeur ne s'arrêtait plus aux empêchements que l'honneur pouvait mettre à sa volonté. »

Il accabla ses peuples d'impôts, sa noblesse de fatigues, et se jeta dans de folles entreprises, qui le rendirent, en peu de temps, aussi odieux à ses propres sujets qu'à ses ennemis eux-mêmes !

C'est ce qui amena sa ruine si prompte.

D'ailleurs, il avait affaire à un rude jouteur ; et Louis XI n'eut pas de peine à le jouer.

Ce dernier avait tout ce qu'il fallait pour mener à bien une pareille entreprise ; c'était, on le sait, l'homme le plus actif, le plus patient, le plus fin de tout son royaume.

Sans varier dans ses desseins, il savait ne point s'obstiner à réussir plutôt par un moyen que par un autre. La vivacité de son esprit le portait à se dégoûter assez vite de ce qui se faisait trop attendre, et alors il changeait, non de but, mais de chemin.

C'est, en politique, la science suprême.

Charles le Téméraire et Louis XI, ce fut une belle bataille !

Ces deux adversaires, dignes l'un de l'autre, rivalisèrent de vigueur et de ruse; mais, dans cette lutte inégale, où le duc Charles apportait toute la brutalité soldatesque de son caractère, où Louis XI apportait toute la coquinerie bourgeoise et rouée de sa nature exceptionnelle, c'était évidemment le duc de Bourgogne qui devait être vaincu !

Louis de Valois est, en effet, seul de son genre parmi les rois de France. Il avait, comme Richelieu, la bosse du nœud coulant, et sans la vierge de plomb qu'il portait à son vieux chapeau, nous dirions presque qu'il fut l'oncle de Voltaire.

Mais, grand Dieu ! combien il lui fit de misères à sa vierge de plomb !

Le duc Charles de Bourgogne était mieux de son siècle et plus gentilhomme.

Le duc Charles était d'une taille moyenne, d'une complexion robuste, d'une santé vigoureuse; ses cheveux étaient noirs, et il tenait aussi d'Isabelle de Portugal, sa mère, un teint brun, l'œil noir et le regard vif. Jamais les fatigues de la guerre ne parurent lui faire désirer le repos, et, tant qu'il vécut, il n'aima rien tant que la vie des camps et les hasards des batailles.

Il y avait cinq années environ que le duc avait perdu son père, lorsque ses affaires commencèrent à péricliter. Jusque là, il avait été assez heureux dans ces grands tripots qu'on nomme des champs de bataille.

Son audace, son courage militaire, lui avaient valu des succès qui l'avaient enivré positivement, et, désormais, il ne cherchait que des occasions d'être hostile à ses alliés, ou cruel envers ses ennemis.

A cette époque, l'Alsace et la Suisse étaient sous la domination du duc Charles, et il possédait même certaines places dont le duc

Sigismond lui avait laissé le gouvernement, en raison de fortes créances, pour lesquelles il se trouvait débiteur.

Le duc Charles avait, en conséquence, nommé pour le représenter dans ce pays, un de ses plus fidèles serviteurs, Pierre de Hagenbach.

Ce sire de Hagenbach, en qui il avait une confiance sans bornes, était un des hommes les plus cruels et les plus violents qui eussent jamais exercé un pouvoir quelconque sur un peuple.

Il ne connaissait nulle justice; ne pas céder sur-le-champ à ses volontés suffisait pour être mis à mort.

Sous sa domination, les gens de la campagne étaient accablés de corvées; sans cesse des soldats étaient logés chez eux, et les maltraitaient sans nul contrôle ni recours.

Ce n'étaient pas seulement les bourgeois et les paysans que les soudards de Hagenbach traitaient ainsi; les nobles alsaciens, qui avaient tant désiré la domination de la Bourgogne, étaient, pour le moins, aussi opprimés que le reste.

Mais, ce qui indignait surtout la contrée tout entière, c'étaient les débauches et les excès de toutes sortes que se permettait le landvogt : cet homme ne s'inquiétait pas plus du ciel que de la terre; il avait coutume de dire qu'étant certain d'aller en enfer, il ne voulait rien épargner de ce qui pouvait lui être agréable.

Il n'y avait point de fantaisies auxquelles il ne s'adonnât : il corrompait les jeunes filles avec de l'argent; quand elles résistaient, il leur faisait violence; il forçait les couvents, déshonorait les familles nobles comme celles des bourgeois, et insultait ensuite à ses victimes.

Un vrai Robert-le-Diable tudesque, avec l'accent d'un caporal alsacien et la grâce d'un ours bernois.

Il arriva une fois, dit-on, à ce Pierre de Hagenbach, de donner une fête, et tout d'un coup, après avoir renvoyé les maris, il fit mettre les femmes toutes nues, en leur couvrant seulement la tête, puis il donna ordre aux maris de revenir et de reconnaître leurs femmes.

Jusque là, c'était une plaisanterie assez suisse, et nos Lucullus de la bonneterie moderne, célèbres sous les noms de Chicard et autres, en font encore de pareilles avec la permission de M. le maire.

Mais Pierre de Hagenbach n'était pas un Alsacien à s'arrêter là.

Sur son ordre, ceux des maris qui se trompaient de femmes étaient précipités par la fenêtre; ceux qui ne se trompaient pas étaient contraints, pour récompense, à boire une telle quantité de vin, qu'ils étaient malades à en mourir.

Un joyeux Suisse que cet Hagenbach!

On comprend tout ce que de pareils débordements devaient exciter de haine contre monseigneur le gouverneur, et une partie de cette haine remontait naturellement à Charles le Téméraire lui-même.

Chacun criait vengeance, mais nul encore n'osait lever l'étendard de la révolte, et il fallait tout un concours de circonstances pour que cette haine mît une arme dans la main de chaque homme.

Les Suisses et les Autrichiens avaient toujours été d'irréconciliables ennemis. Cependant, cette fois, le danger commun leur enseigna la prudence; ils déposèrent les armes et conclurent une alliance. personne n'ignorait que Charles le Téméraire avait des vues ambitieuses sur l'Allemagne elle-même, et cette coalition des Suisses et des Autrichiens était à coup sûr la seule chose qu'il eût à craindre.

Le jour où ces deux peuples, jusqu'alors ennemis, s'unirent dans le sentiment commun de la vengeance, ce fut de part et d'autre, une allégresse impossible à décrire, un sujet universel de joie et d'enthousiasme.

Le pays avait été longtemps ruiné par des guerres de toutes sortes; tous croyaient que des temps meilleurs étaient enfin venus, et que la paix, ou du moins une alliance assez forte pour l'assurer, allait bannir pour toujours tout sujet de discordes et de luttes.

Le duc Sigismond, le prince Charles de Bade et plusieurs autres seigneurs qui faisaient partie de la ligue, firent, à ce sujet, un pélerinage à Notre Dame d'Eusielden, ce convent si fameux et si fréquenté dans le pays de Schwitz.

Ce fut une fête pour tous, car de tous les points de la Suisse, accoururent des populations empressées, et l'on jura, là, sous les regards de Dieu, de s'affranchir du joug de l'étranger, à quelque prix que ce fût.

La guerre était dès lors résolue en principe, non plus la guerre intestine, mais la guerre contre l'ennemi commun.

Cependant il fallait au moins mettre les procédés de son côté.

Le duc Sigismond commença par envoyer signifier au duc de Bourgogne, que le montant de la créance était à sa disposition dans la ville de Bade, et qu'ainsi, les pays donnés en gage devaient rentrer sous la puissance de leur seigneur naturel.

Puis, sans attendre la réponse du duc, les hostilités recommencèrent.

II.

Cependant Pierre de Hagenbach n'était pas un soldat sans valeur; il avait eu vent de l'affaire, et il s'était mis sur la défensive.

Il doubla les garnisons de ses forteresses, et ne négligea rien pour les mettre en état de soutenir des siéges en forme: il voulut lui-même surprendre Eusisheim qui s'était révolté; mais ayant échoué dans son entreprise, il retourna en toute hâte vers Brisach, centre de ses opérations, avant que la nouvelle de son échec n'y fût parvenue, et ne songea plus dès lors qu'à s'y fortifier.

Quand il entra dans la ville, les habitants étaient à la grand'messe; sans respect pour la sainteté du dimanche, Hagenbach donna des ordres pour que tous les habitants, sans distinction d'âge ni de sexe, allassent immédiatement travailler à creuser des ouvrages de défense devant le pont qui protége la ville.

Bien que la population fût fort irritée contre lui, et que plus d'un se fût volontiers chargé de lui briser le crâne, cependant on obéit sans murmurer, remettant au lendemain le soin de la vengeance.

Mais laissons un moment parler M. de Barante, le premier parmi ceux qui ont écrit jamais sur les ducs de Bourgogne :

« Parmi les soldats de la garnison, dit-il, il y avait deux cents Allemands. Hagenbach ne s'assurait pas sur eux comme sur les étrangers ; eux aussi étaient, pour la plupart, comme les bourgeois, en grande méfiance, et craignaient qu'on ne prît contre eux quelque résolution cruelle. Il y avait parmi eux un capitaine nommé Frédéric Voegelin, homme d'une pauvre mine et de petit état, car il n'était rien de plus que tailleur d'habits, mais de grand courage.

« Il se concerta avec son hôte, durant cette nuit qui sembla bien longue à tous les pauvres habitants de Brisach, tremblant à chaque instant d'être égorgés ; le mot fut donné à tous les bourgeois et aux soldats allemands de se rendre en armes aussitôt que le tambour serait battu. Dès la pointe du jour, Voegelin, avec quelques-uns de ses camarades, se rendit chez le landvogt, et lui dit : « Mes soldats veulent être payés, ils ont tout déposé, et il leur faut de l'argent. »

« — Ils auront de l'ordure sous le nez, répliqua Hagenbach, et si tu t'avises de parler encore, je te ferai jeter à la rivière. »

Alors Voegelin descendit, et fit battre le tambour. Le gouverneur accourut aussitôt sur la place, l'épée nue, et voulut se jeter sur Voegelin ; mais les soldats allemands, avec leurs piques ; les bourgeois et même les femmes, armés de haches, de fourches, de broches, se précipitèrent sur lui. Il se réfugia dans une maison voisine ; on l'y poursuivit, et à grand'peine, Voegelin le sauva de la fureur du peuple. Il fut conduit chez le bourgmestre.

Les Lombards et les Flamands de la garnison étaient encore dispersés dans leurs logements. Ils ignoraient le langage du pays, et ne savaient pas bien quel était le sujet de la querelle entre le sire de Hagenbach et les habitants. Ils se voyaient sans chef, exposés à être massacrés; ils entrèrent aussitôt en pourparlers, témoignèrent qu'ils n'étaient pour rien dans les cruautés du gouverneur, et demandèrent à se retirer avec leurs bagages, ce qui leur fut accordé.

Brisach se trouva donc libre; en peu de jours, la révolte gagnant de proche en proche, eut bientôt fait le tour du pays tout entier, et les habitants rentrèrent joyeusement sous la domination de leurs anciens seigneurs.

Une allégresse universelle se répandit avec la rapidité de l'éclair: on était aux fêtes de Pâques, et confondant cette solennité avec leur délivrance, tous, jusqu'aux plus petits enfants, s'en allaient chantant en chœur, par les rues:

Le Christ est ressuscité, le gouverneur est pris:
Réjouissons-nous!
Sigismond sera notre consolation, *kyrie, eleison!*
S'il n'eût pas été pris, cela eût mal tourné;
Il est pris! ses méchantes ruses ne lui serviront plus de rien!

Il est pris!... C'était là, en effet, le mot que l'on retrouvait sur toutes les lèvres.

Il est pris! chacun pouvait respirer à l'aise, chacun devenait libre; il est pris! plus de violence, plus de crimes, la liberté, la justice pour tous!

Cependant, malgré la joie qui régnait de tous côtés, il y avait encore bien des incrédules... on ne pouvait se résoudre à croire à tant de bonheur.

On avait eu si longtemps à souffrir des cruautés de Pierre de Hagenbach, que l'on hésitait à s'abandonner à un espoir qui pouvait être déçu. La terreur qu'il avait inspirée jusqu'alors ne pouvait dis paraître en un jour, et bien des gens n'osaient encore se livrer à toute leur allégresse.

Pierre de Hagenbach était bien réellement pris cependant, et sa vie était maintenant entre les mains de ceux qu'il avait opprimés si cruellement et si insolemment.

L'ancien landvogt avait été quelques jours tenu en sûreté chez le bourgmestre, mais comme cette résidence était ouverte à tout venant, et qu'on pouvait craindre quelque tentative d'évasion, on le transféra dans la tour de la porte du Rhin, où il fut *chargé de chaînes*.

On ne peut guère blâmer cette rigueur.

Hagenbach était un de ces coquins, traîneurs de sabre, qui ont fait la mauvaise réputation du moyen-âge.

L'épée est confiée à l'homme de guerre pour protéger le faible et défendre l'innocent.

L'homme qui abuse de l'épée ne mérite ni pardon ni pitié.

Le duc Sigismond était, sur ces entrefaites, arrivé à Brisach, et comme chaque ville avait quelque grief à reprocher à l'ancien landvogt, Sigismond voulut qu'il fût jugé par des députés de toutes ces villes, c'est-à-dire de Strasbourg, Colmar, Schelestadt, Fribourg, Brisach et Bâle, et par seize chevaliers, pour l'ordre de la noblesse.

Berne et Soleure, bien que villes suisses, envoyèrent aussi leurs députés pour prendre part au jugement.

De toutes parts, on était accouru, par milliers, pour assister au procès de ce cruel gouverneur, tant la haine était grande contre lui. De ses prisons, il entendait retentir sur le pont et au-dessous des voûtes de la porte, le pas des chevaux, et s'enquérait à son geôlier de ceux qui arrivaient, soit pour être ses juges, soit pour être témoins de son supplice.

Parfois le geôlier répondait :

— Ce sont des étrangers, je ne les connais point.

— Ne sont-ce pas, disait le prisonnier, des gens assez mal vêtus, de haute taille, de forte apparence, montés sur des chevaux aux courtes oreilles?

Et si le geôlier répondait oui :

— Ah! ce sont les Suisses, s'écriait Hagenbach ; mon Dieu, ayez pitié de moi!

Et il se rappelait toutes les insultes qu'il leur avait faites, toutes ses insolences envers eux ; il pensait, mais trop tard, que c'était leur alliance avec la maison d'Autriche qui était cause de sa perte.

Ce fut le 4 mai 1474, qu'après avoir été mis à la question, il fut amené, par Hermann d'Eptingen, gouverneur pour le duc Sigismond, devant ses juges sur la place publique de Brisach.

Le peuple était alentour, et écoutait avec avidité ce qui se disait, et regardait curieusement cette scène nouvelle.

Henri Iselin, de Bâle, porta la parole, et il s'exprima en ces termes, à haute voix, afin que chacun pût l'entendre :

— Pierre de Hagenbach, chevalier, maître d'hôtel de monseigneur le duc de Bourgogne, et son gouverneur dans les pays de Ferette et de Haute-Alsace, aurait dû respecter les priviléges réservés par *l'acte d'engagement;* mais il n'a pas moins foulé aux pieds les lois de Dieu et des hommes, que les droits jurés et garantis au pays. Il a fait mettre à mort, sans jugement, quatre honnêtes bourgeois de Thann ; il a dépouillé la ville de Brisach de sa juridiction, et y a établi juges et consuls de son choix ; il a rompu les communautés de la bourgeoisie et des métiers ; il a levé des impôts par sa seule volonté ; il a, contre toutes les lois, logé chez les habitants des gens de guerre, Lombards, Français, Picards ou Flamands, et a favorisé leurs désordres et pillages. Il leur a même commandé d'égorger leurs hôtes durant la nuit, et avait fait préparer, pour y embarquer les femmes et les enfants, des bateaux qui devaient être submergés dans le Rhin. Enfin, lors même qu'il rejetterait de telles cruautés sur les ordres qu'il a reçus, comment pourrait-on s'excuser d'avoir fait violence et outrage à l'honneur de tant de filles ou femmes, et même de saintes religieuses?

Pierre de Hagenbach était condamné avant d'être entendu; il le savait; ses cruautés et ses crimes étaient trop connus dans le pays pour qu'il pût espérer se sauver.

Il fit bonne contenance, et se contenta de déclarer qu'il ne reconnaissait d'autre juge et d'autre seigneur que monseigneur le duc de Bourgogne.

Quant aux accusations dont il était l'objet, il ne voulut seulement pas s'en défendre, et attendit avec calme la décision que les juges allaient rendre.

Les juges siégèrent douze heures consécutives.

Enfin, à sept heures du soir, à la clarté des torches, après avoir déclaré qu'à eux appartenait le droit de juger les crimes imputés au landvogt, ils le firent appeler et rendirent une sentence qui le condamnait à mort.

Hagenbach croisa ses bras sur sa poitrine et dit :

— C'est donc la volonté de Dieu que je meure!

Mais s'emportant aussitôt après, il ajouta en montrant le poing au tribunal :

— Filous! je vous ajourne au grand feu de l'enfer!

Résignation ou colère, tout devait être inutile au sire de Hagenbach.

Séance tenante, l'arrêt reçut son exécution, et la cérémonie s'accomplit avec une solennité qui ne manquait pas de grandeur.

Les seize chevaliers avaient demandé qu'avant d'être conduit à l'échafaud, Pierre de Hagenbach fût dégradé de sa dignité de chevalier et de tous ses honneurs.

Gaspard Hurter, héraut de l'empereur, s'avança alors et dit :

— Pierre de Hagenbach, votre devoir était de rendre la justice, de protéger la veuve et l'orphelin, de respecter les femmes et les filles, d'honorer les saints prêtres, de vous opposer à toute injuste violence, et, au contraire, vous avez commis tout ce que vous deviez empêcher.

Ayant ainsi forfait au noble ordre de chevalerie et aux serments que vous aviez jurés, les chevaliers ici présents m'ont enjoint de vous en ôter les insignes. Ne les voyant pas sur vous en ce moment, je vous proclame indigne chevalier de Saint-Georges, au nom et à l'honneur duquel on vous avait autrefois honoré du baudrier de chevalerie.

Le héraut Gaspard Hurter n'avait pas bien regardé quand il avait affirmé ne pas voir sur la personne de Hagenbach les insignes chevaleresques, car Hermann d'Epturgen s'avança et dit :

— Puisque l'on vient de te dégrader de la chevalerie, Pierre de Hagenbach, je te dépouille de ton collier, chaîne d'or, anneau, poignard, éperon, gantelet.

Il prit chaque objet qu'il désignait ainsi, et en frappa le condamné au visage, en ajoutant :

— Chevaliers, et vous tous qui désirez le devenir, j'espère que cette punition publique vous servira d'exemple, et que vous vivrez dans la crainte de Dieu, noblement et vaillamment, selon la dignité de la chevalerie et l'honneur de votre nom.

Enfin Thomas Schiclas, prévôt d'Ensisheim, et maréchal de cette commission de justice, se leva, et, s'adressant au bourreau de Colmar, il lui dit :

— Faites selon la justice!

Le peuple criait Noël, et se ruait sur le cortége qui se mit aussitôt en route.

Une foule immense était accourue et faisait retentir l'air de ses acclamations.

Pierre de Hagenbach, seul, était calme et impassible devant cette fureur dont il était l'objet.

Lui qui avait tant méprisé la religion et les prêtres, il s'entretenait maintenant avec son confesseur d'un air pieux et recueilli, mais ferme, se recommandant aussi aux prières de tous ceux qui l'entouraient.

Arrivé dans une prairie, devant les forts de la ville, il monta sur l'échafaud d'un pas assuré, puis élevant la voix pour dominer les bruits de la foule :

— Je n'ai pas peur de la mort, dit-il, encore que je ne l'attendisse pas de cette sorte, mais bien les armes à la main ; ce que je plains, c'est tout le sang que le mien fera couler. Monseigneur ne laissera point ce jour sans vengeance pour moi. Je ne regrette ni ma vie, ni mon corps ; je supplie seulement Dieu de me pardonner d'avoir mérité une telle sentence et plus cruelle encore. Vous tous aussi, dont j'ai été le gouverneur durant quatre années, pardonnez-moi ce que j'ai fait par défaut de sagesse, ou par malice. — J'étais homme, pardonnez-moi !

Ensuite il demanda qu'on obtînt du duc Sigismond qu'il ratifiât le testament par lequel il léguait à l'église de Brisach sa chaîne d'or et ses seize chevaux.

Puis s'étant entretenu encore quelques instants avec son confesseur, il présenta la tête et reçut le coup.

Singulier changement des esprits ! quand Pierre de Hagenbach fut mort, toute la foule s'écoula triste et silencieuse, et, pendant longtemps, ceux qui l'avaient vu mourir aussi noblement, aussi courageusement, le vénérèrent comme un saint.

On dit que pendant longtemps, aux jours de fête, on passait au col de sa statue une chaîne d'or ; on plaçait sur sa tête le chapeau de satin bleu, orné de pierreries, que Pierre de Hagenbach portait en allant au supplice, et les habitants de la seigneurie d'Hagenbach s'agenouillaient dévotement sur son tombeau.

III.

Cependant le duc Charles de Bourgogne ignorait encore ce que l'on avait fait de son ami le plus dévoué, de son gouverneur le plus aimé. Dès qu'il apprit la fatale nouvelle, il entra dans une colère aveugle, ne voulut rien entendre, et jura de mettre tout le pays à feu et à sang.

Il était homme à remplir cette promesse, et Pierre de Hagenbach l'avait bien prédit.

Le duc Charles jura une haine à mort aux Suisses et aux Allemands, et, dès ce moment, il n'eut de repos qu'il ne leur eut fait payer cher le *crime* dont ils s'étaient rendus coupables.

Mais les Suisses prirent les devants, et, soutenus par le roi de France, avec lequel ils avaient fait récemment alliance, ils ne craignirent pas de commencer les hostilités.

L'Autriche, de son côté, les aida dans cette lutte, et, tant que rien ne vint faire obstacle à ces intérêts maintenant communs, tout parût aller pour le mieux.

Les Suisses se battirent avec leur courage ordinaire, et, pendant toute une longue campagne, ils firent des prodiges de valeur.

Malheureusement, les Suisses avaient trop compté sur leurs alliés, et l'instant approchait où ils allaient se trouver seuls, en butte à la colère puissante du duc Charles.

Ce dernier n'avait rien négligé pour les réduire; il n'ignorait pas que tant que la France et l'Autriche soutiendraient les Suisses, il ne mènerait pas son entreprise à bonne fin; mais il connaissait Louis XI et la maison d'Allemagne, et bientôt il acquit la certitude qu'il ne s'était pas trompé sur la sincérité de leurs sympathies pour les cantons.

Et, à ce propos, nous serions bien aises de savoir pourquoi cet honnête et brave pays, qui fournit des concierges de confiance à l'Europe entière, a toujours inspiré à l'Europe une évidente répugnance!

Serait-ce que l'Europe a peur de gagner le goître chronique de cette fidèle nation?

Ce sont là de graves problêmes, et l'historien qui se respecte ne va pas trancher ces nœuds gordiens d'une main étourdie.

Quoi qu'il en soit, la France et l'Autriche, qui avaient accepté avec empressement l'aide des Suisses, pour lutter contre Charles le Téméraire, se hâtèrent de les abandonner dès qu'ils n'en eurent plus besoin.

Les Suisses se trouvèrent donc tout à coup isolés, et sans forces suffisantes pour résister au duc de Bourgogne.

Charles le Téméraire comprit combien cette circonstance lui était favorable; avec cette spontanéité audacieuse qui le caractérisait, il entra avec une armée dans leur pays, et commença par investir la citadelle d'Iverdun.

Comme elle n'était défendue que par une faible garnison, elle se rendit presque sans résistance.

De là, Charles marcha sur Grandson; la garnison était ici plus forte, et aussi décidée à résister courageusement contre le duc; mais les malheureux avaient compté sans la trahison, et la trahison ouvrit leurs portes.

La vengeance du vainqueur fut terrible.

Quoiqu'il eût accordé à la garnison une libre retraite, dans la convention conclue avec elle, il la fit passer tout entière au fil de l'épée.

Telle fut la rançon du sang de Pierre de Hagenbach.

Mais ce gigantesque et horrible assassinat, ce mépris impie de la foi jurée devait avoir aussi son châtiment.

Saisis d'horreur à cette nouvelle, les confédérés, forts de vingt mille hommes, marchèrent sans hésiter sur Grandson, contre une armée trois fois plus forte que la leur.

C'était le 3 mars 1476.

Les confédérés prétendaient venger à tout prix le massacre de leurs frères, ou mourir comme eux.

A la pointe du jour, les soldats de Lucerne, de Schwitz et de l'Oberland bernois se montrèrent comme avant-garde dans les vignobles situés entre le lac de Neufchâtel et la chaîne du Jura.

Ils se mirent tous à genoux, et dirent la prière en commun à haute voix; puis, comme s'ils se fussent sentis tout à coup fortifiés, ils se relevèrent, et, emportés par un élan commun, ils commencèrent l'attaque.

Les Fribourgeois et les Bernois avançaient d'un pas ferme, sans crainte, sans même chercher à compter le nombre de leurs ennemis; ils étaient conduits par un guerrier expérimenté, que l'on nommait Jean de Hallwyl, et, pendant plusieurs heures déjà, ils s'étaient vaillamment battus, lorsque le gros de l'armée confédérée parut sur les hauteurs dans tout l'éclat du soleil de midi.

Du haut des collines retentit le son éclatant du cor d'Unterwalden et le sombre mugissement du taureau d'Uri.

On vit s'approcher les bannières flottantes d'Urich et de Schaffouse.

Le duc de Bourgogne était en ce moment sur les remparts du château.

Quand il vit s'avancer cette armée redoutable, les enseignes déployées, chaque guerrier entonnant les chants religieux de son pays, il se retourna vivement vers le duc d'Erstein, qui était à ses côtés.

— Quelles sont ces troupes? lui demanda-t-il avec étonnement.

— Ce sont les hommes devant lesquels l'Autriche a fui, répondit le duc d'Erstein.

— Malheur à nous, alors, s'écria Charles le Téméraire; une poignée de ces hommes nous a fatigués depuis le point du jour jusqu'à cette heure, que deviendrons-nous maintenant vis-à-vis de cette multitude?

Ces craintes de Charles n'avaient rien d'exagéré.

Les Suisses étaient alors sans contredit les plus redoutables soldats de l'Europe.

La terreur s'empara bientôt des troupes bourguignonnes; en vain le duc tenta de s'opposer à leur fuite, loin de les arrêter, il fut entraîné par elles.

Les Suisses, acharnés, les poursuivirent jusque fort avant dans la nuit, et leur butin fut immense, car le camp du duc de Bourgogne était, comme on sait, un camp de plaisance et de luxe, dont tous les historiens se sont plu à faire des descriptions romantiques.

Malgré cette victoire, les Suisses avaient eu trop à se plaindre de la cruauté du duc de Bourgogne, pour jamais oublier ce désir implacable de vengeance qui germait depuis longtemps dans leurs cœurs.

Le triomphe même n'assouvissait point leur colère.

Ils savaient, d'ailleurs, que tant que Charles le Téméraire vivrait, ils auraient toujours à craindre quelque entreprise de sa part, et cette lutte qu'ils avaient entreprise pour le maintien de leurs droits et de leur liberté, ils comprenaient bien qu'elle ne finirait que le jour où Charles le Téméraire descendrait dans la tombe.

L'association des francs-juges avait des ramifications profondes, surtout dans les pays qui entouraient l'Allemagne.

La Suisse avait trop souffert déjà depuis longtemps, elle avait payé trop chèrement la liberté dont elle jouissait pour ne pas chercher à la conserver par tous les moyens possibles, pour ne pas redouter de retomber une fois encore dans cette servitude cruelle dont elle avait si péniblement brisé les liens.

Or, chaque fois que l'histoire nous ramène cette situation, nous voyons apparaître les francs-juges, non, peut-être, absolument dans l'intérêt des peuples, mais bien dans le propre intérêt des francs-juges.

Car ce sont ces sociétés vertueuses et secrètes qui appliquent surtout le principe macaronique : *Charité bien ordonnée commence par soi-même.*

Quelques mois après la retraite de Grandson, Charles le Téméraire se trouvait au château d'Iverdun, et son esprit inquiet, impatient, préparait déjà quelque nouvelle tentative contre ces cantons dont la résistance l'avait si fort irrité.

Le château d'Iverdun avait bien souffert de la dernière attaque, tout y avait été saccagé sans pitié. Les maisons qui touchaient aux remparts présentaient maintenant un vaste champ de ruines; les Suisses avaient fait là aussi une résistance des plus opiniâtres, on s'était battu dans les rues, dans les maisons, partout.

Le feu avait ruiné ce que les assaillants n'avaient pu démolir.

Au milieu de ces décombres amoncelés, Charles le Téméraire rêvait de nouveaux combats et songeait à venger, d'une façon exemplaire, la déroute qu'il avait éprouvée sous les murs de Grandson.

Mais que faire? qu'entreprendre contre ce peuple? Charles de Bourgogne en était à craindre à chaque instant quelque tentative de leur part!

Qui pouvait savoir s'ils n'étaient pas en marche déjà?

Mais plus une entreprise était périlleuse, et plus elle avait de chances de séduire l'esprit aventureux du duc. Il songea longtemps aux nouvelles luttes qu'il allait engager, et, s'éloignant peu à peu du château d'Iverdun, il s'enfonça, sans le savoir, dans la campagne environnante.

Une circonstance que nous avions omise est celle-ci :

Le bruit avait couru que Charles le Téméraire avait tué de sa main, au siége d'Iverdun, le margrave de Berhingel, grand-maître de la sainte vehme du pays des Frisons.

IV.

Tandis que le duc Charles allait ainsi préparant de nouvelles conquêtes, les hommes qui venaient de s'affranchir si courageusement du joug odieux et cruel de Pierre Hagenbach ne négligeaient, de leur côté, aucune des précautions nécessaires pour conserver cette liberté si précieuse.

Pierre de Hagenbach mort, tout n'était pas fait, tout, au contraire, était à faire.

Les confédérés n'ignoraient pas que le duc pousserait sa colère jusque dans ses dernières conséquences, et qu'il était urgent de prendre des mesures énergiques. Ils étaient seuls, et, à moins d'efforts héroïques, il était à craindre qu'ils ne succombassent bientôt sous la main puissante de Charles le Téméraire.

Hallwyl avait trop bien commencé pour laisser son œuvre imparfaite.

Hallwyl appartenait à la vehme d'Uri et Unterwald.

Immédiatement après la bataille de Grandson, il envoya de toutes parts des émissaires affiliés à l'institution des francs-juges, indiqua un jour et un lieu de rendez-vous, et chercha à répandre dans tous les cœurs cette sainte ardeur, ce magique patriotisme qui les avaient déjà si heureusement soutenus. Nous allons voir une fois la Franche-Justice revêtir le manteau de Guillaume Tell et travailler comme Brutus.

Au jour convenu, nul ne fit défaut, et de chaque centre que l'on avait invité à se faire représenter, arriva un homme, chargé de discuter et d'approuver toutes les décisions qui seraient prises.

L'endroit que l'on avait choisi était une vaste prairie entourée de forêts et de rochers élevés.

C'était à quelques lieues seulement de Neufchâtel. Sur les rochers s'ouvraient des sentiers bordés de balustrades, et dans le fond on voyait miroiter les eaux limpides du lac de Neufchâtel, au-dessus duquel s'élevait un arc-en-ciel lunaire. La perspective était fermée par de hautes montagnes, derrière lesquelles se dressaient les prés de glace.

Rien ne saurait rendre la magnificence pittoresque de ce tableau.

La nuit était complétement venue, mais les blondes clartés de la lune faisaient briller la nappe blanche du lac et les sommets neigeux des glaciers.

Ce fut d'Hallwyl qui arriva le premier au rendez-vous, accompagné seulement de quelques hommes de la garnison de Grandson.

Puis vinrent successivement les députés de chaque canton, et quand la réunion se fut ainsi complétée, d'Hallwyl envoya en sentinelle les hommes qui l'avaient accompagné, et l'on prit place pour la délibération.

Tous ces hommes avaient le même intérêt, et par conséquent, la même volonté.

Hallwyl leur exposa que, dans la position où ils se trouvaient, toute hésitation serait funeste à la cause commune, et qu'il fallait prendre une résolution énergique à laquelle chacun serait tenu de se conformer.

Il y avait là un homme noble du canton de Zurich, pouvant avoir alors une quarantaine d'années.

Il était grand, robuste, courageux et fort comme tous les hommes qui habitent les montagnes.

Il avait pris une part active à toutes les luttes tentées pour la liberté de la Suisse, et récemment encore c'était lui qui avait le plus contribué à la victoire de Grandson.

Ce dernier fait d'armes lui avait acquis une grande autorité sur ses compagnons, et c'était toujours avec respect que l'on recevait ses conseils.

Lorsque Hallvyl eut fini de parler, l'homme de Zurich prit la parole et s'exprima en ces termes au milieu du silence de tous :

— Nous avons longtemps, dit-il, souffert la domination de la maison de Bourgogne. J'ai parcouru dernièrement tous les cantons de notre pays. Partout j'ai rencontré des traces profondes de la cruauté de nos ennemis, et de la haine qu'elles inspirent.

J'ai trouvé toutes les âmes révoltées des actes de violence du duc Charles. Car, de même que les Alpes nourrissent les mêmes plantes, que les sources coulent aux mêmes lieux, de même les mœurs se sont transmises des ancêtres à leurs petits-fils et dans le cours uniforme des vieilles habitudes.

Ce que les Suisses supportent le moins patiemment, c'est la tyrannie.

Ils m'ont tendu leurs mains vigoureuses.

Ils ont détaché de leurs murailles des épées rouillées; un sentiment de courage a éclaté gaîment dans leur regard, lorsque je leur ai dit le nom de Charles le Téméraire, et ils ont juré de faire tout ce qui vous semblerait juste, de vous suivre jusqu'à la mort.

J'ai passé par tous les sentiers tortueux de la montagne.

Il n'y a pas une vallée si cachée où je ne sois entré. J'ai cherché les cabanes habitées jusqu'au pied des glaciers, et partout où j'ai porté mes pas, j'ai trouvé la même haine pour la tyrannie. Eh bien! je le dis, cette unanimité d'ardeur, cette communauté de sentiments, tout cela a effrayé mon cœur, et je n'ai pu songer sans frémir aux résultats de la lutte que nous engageons, si la victoire nous abandonne jamais.

— Pourquoi donc ces craintes, Baumgarten, interrompit Hallwyl; d'où vient que ton esprit, autrefois si résolu, semble hésiter maintenant? Si tous ceux qui sont ici présents ne t'avaient vu à l'œuvre à la glorieuse journée de Grandson, ils pourraient penser que tu hésites et que tu recules! Mais ton courage est maintenant la gloire de Zurich, et il ne viendra à la pensée de personne de te supposer un pareil sentiment ; explique-toi donc, et calme les inquiétudes que tes dernières paroles ont fait naître en nous.

Baumgarten sourit tristement, et promena un instant son regard sur tous les membres de la réunion.

— Ce que j'ai dit, reprit-il un instant après, je puis encore le répéter, malgré l'interprétation que vous voulez donner à mes paroles. Nous sommes aujourd'hui dans une situation terrible, dont il ne me semble pas possible de sortir par les moyens ordinaires.

Le duc Charles, notre ennemi, est cruel et vindicatif ; il a, de plus, une armée puissante à nous opposer. Nous pourrons lutter, nous pourrons lui disputer avec acharnement le sol qui nous appartient, nous pourrons défendre avec enthousiasme nos priviléges et notre liberté, mais, je vous le demande à vous tous qui m'écoutez et qui m'accusez, que deviendrons-nous ? que deviendra la Suisse, le jour où Charles le Téméraire sera vainqueur ?

— Nous saurons mourir ! répondirent vingt voix qui se confondirent dans un seul cri.

— Il ne faut pas mourir, répondit Baumgarten, il faut vivre pour la liberté ; il faut vivre surtout pour abattre l'ennemi redoutable qui nous attaque.

— Mais quel moyen ? objecta Hallwyl. Dans toute bataille, il y a la chance d'être vaincu.

— Non, prononça sourdement Baumgarten.

— Quel moyen ?... répéta Hallwyl.

— Il en est un, répliqua Baumgarten ; moyen terrible, mais infaillible.

— Lequel ? lequel ?

— Écoutez-moi. Nous sommes trop près de l'Allemagne pour ne pas connaître l'histoire de ses révolutions. Il y a en Allemagne une association naissante, qui a étendu jusque chez nous ses profondes ramifications, et dont le nom seul est encore aujourd'hui un sujet de terreur pour tous. Pendant les troubles de toutes sortes qui ont divisé l'Allemagne pendant le siècle dernier, cette association a su prendre, à de certains moments, des résolutions assez énergiques pour se rendre maîtresse absolue de la situation.

— Elle a commis bien des crimes, fit observer un député.

Hallwyl lui imposa silence du geste.

— Les crimes disparaissent, quand l'intérêt de la patrie a parlé, répondit Baumgarten. Comme plusieurs d'entre vous, je suis membre de l'association des francs-juges; j'ai pris part à toutes ses opérations, et c'est parce que je connais sa force et son énergie, parce que j'ai pu apprécier les services qu'elle a rendus à l'Allemagne, que je vous propose d'agir comme elle, et d'assurer le succès de notre cause par un coup audacieux et décisif.

Un silence profond accueillit d'abord l'ouverture de Baumgarten. La plupart de ces hommes étaient généreux, nobles et droits.

Ils voulaient bien faire le sacrifice de leur vie, mais ils ne voulaient pas devoir la liberté à un crime, quel que fût le nom qu'une prétendue philosophie donnât à ce crime.

Cependant, peu à peu, l'hésitation disparut de leurs cœurs, et quelques-uns s'approchèrent de Baumgarten, malgré la vive répulsion de certains députés pour le moyen proposé.

— Si nous acceptons ta proposition, lui dirent-ils, qui donc se chargera de l'exécuter?

— Moi! répondit Baumgarten.

— Mais encore...

— Le reste est mon affaire. J'ai prouvé que ce n'est pas le courage qui me manque, je prouverai que j'ai l'habileté nécessaire pour une pareille entreprise. Charles le Téméraire est en ce moment à Iverdun : dans peu d'instants, je puis être auprès de lui; et si Dieu est avec moi, un mois ne se passera avant que j'aie accompli la terrible mission que je m'impose.

— De quelque nom que tu pares ton action, dit alors un vieillard de Zug, cette action n'est plus celle d'un honnête homme, et je la repousse avec indignation. La Suisse saura reconquérir sa liberté par la seule force de ses armes, par la seule puissance de son courage. Je ne veux pas que la main d'un habitant des cantons soit souillée par le poignard d'un assassin.

Quelques-uns applaudirent à ces nobles paroles.

La réunion s'était partagée en deux camps; mais il était bien évident qu'un seul mot d'Hallwyl déciderait la question.

Hallwyl se leva et dit :

— Je suis franc-juge...

Le député de Zug et ses adhérents se retirèrent.

Baumgarten déclara de nouveau qu'il était prêt à se charger seul de l'entreprise.

Hallwyl, Baumgarten et dix autres étaient restés.

Ces douze hommes se serrèrent la main avec un enthousiasme silencieux, puis on pressa Baumgarten de dire ce qu'il avait résolu.

— Les douze hommes qui sont restés, dit-il alors, sont les seuls qui comprennent vraiment toute la gravité de la situation du pays. Il n'y a plus à hésiter maintenant, la lutte engagée ne peut amener pour nous aucun résultat favorable. C'est une longue suite de guerres qui se prépare, la Suisse déchirée, toutes nos contrées ravagées par le meurtre et l'incendie, la désolation partout; une victoire ne finirait pas même cette lutte qui épuiserait ainsi nos forces sans profits pour la liberté.

—C'est vrai! c'est vrai! crièrent les onze hommes qui l'écoutaient.

— Il faut donc en finir, et d'un seul coup.

— Oui! oui!

— Celui qui frappera Charles le Téméraire sera-t-il donc un assassin? Celui qui délivrera, par un meurtre, tout un pays des horreurs de la guerre et des cruautés de l'esclavage, sera-t-il donc un criminel ?

— Non ! non !

— Eh bien ! unissons-nous donc dans un même but, nous avons tous le même désir de vengeance, l'amour sacré de la patrie. Que notre bras s'arme dans la nuit, et que si l'un de nous succombe dans cette entreprise, un autre soit toujours prêt à le remplacer.

C'est moi qui frapperai le premier, et j'espère m'acquitter assez habilement de ma mission, pour ne rien laisser à mon successeur. Puisque nous sommes douze ici présents, c'est Dieu sans doute qui l'a voulu ainsi, que chacun de nous choisisse un mois de l'année; pendant ce mois, il devra s'approcher de Charles le Téméraire, le suivre en tout lieu, épier le moment favorable, et frapper sans pitié s'il en trouve l'occasion.

Cette nouvelle proposition de Baumgarten redoubla l'ardeur des hommes qui l'entouraient.

Séance tenante et par acclamation, chacun choisit un mois de l'année, pendant lequel il devait poursuivre Charles le Téméraire.

Puis, quand ils eurent convenu de tous les détails de leur entreprise, ils se précipitèrent dans les bras l'un de l'autre avec une joie enthousiaste, et s'assignèrent un rendez-vous au premier de chaque mois.

On est assurément très-embarrassé pour qualifier de semblables faits.

Ce Baumgarten était-il un héros ou un bandit?

La chose consolante, c'est qu'avec ces actions-là, on fait des opéras-comiques, qui tuent les gouvernements, et qui sont représentés sur les théâtres subventionnés par les gouvernements.

Des opéras qui sont écrits par des poètes conservateurs, mis en musique par des artistes conservateurs, — et qui font des révolutions.

Mais de quoi nous mêlons-nous !...

Baumgarten s'éloigna et prit la direction du château d'Iverdun.

On le vit disparaître dans les sentiers qui conduisaient à la forteresse, en longeant le lac.

Baumgarten était vêtu comme un simple habitant du canton, — assez mal vêtu, comme l'on sait. — Son ardeur singulière se lisait sur son visage, son cœur battait dans sa poitrine avec une force inaccoutumée, et de temps en temps sa main crispée tourmentait le poignard qu'il cachait dans sa ceinture.

Il avait évidemment l'approbation de sa conscience.

Il marcha une heure durant.

Il n'avait pas en ce moment de but précis.

Il allait à Iverdun pour y chercher Charles le Téméraire, mais il ne savait encore s'il l'y trouverait, ni quel moyen il emploierait pour s'introduire auprès de lui.

Mille pensées se présentaient à son esprit, et aucune ne lui semblait convenable.

Baumgarten avait une fierté native, qui lui faisait instinctivement repousser toute idée de trahison. Il voulait bien tuer le duc Charles, mais il eût voulu le tuer dans une lutte seul à seul, poitrine contre poitrine, poignard contre poignard.

Il n'ignorait pas que le duc allait souvent seul et sans être accompagné d'aucun garde ; c'était sur cette particularité qu'il comptait.

Il devait aller au château, épier les heures de la journée pendant lesquelles on pouvait trouver Charles le Téméraire seul et mettre son terrible projet à exécution.

Le ciel sembla le servir au delà de ses souhaits mêmes.

Au détour d'un sentier, et comme déjà il apercevait au loin les tours du château d'Iverdun, il s'arrêta tout à coup, stupéfait et interdit.

Il avait reconnu assis, seul, au pied d'un arbre, celui-là même qu'il cherchait.

R de Moraine del Ferdinand sculp

CHARLES LE TÉMÉRAIRE

reçoit son arrêt de mort

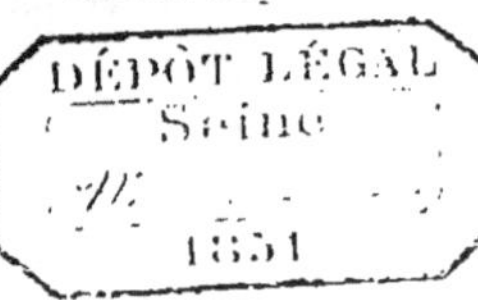

(Tribunaux secrets)

La nuit était profonde, aucun rayon de lune n'éclairait le sentier. Baumgarten devina le duc plutôt qu'il ne le reconnut ; mais au feu soudain qui circula dans ses veines, à l'émotion indicible qui saisit son cœur, au tremblement nerveux qui s'empara de ses membres, il vit bien qu'il ne s'était pas trompé.

C'était le duc, c'était Charles le Téméraire, c'était sa victime.

Baumgarten tira doucement son poignard de sa ceinture et s'approcha du duc.

Mais ce mouvement avait suffi pour tirer Charles le Téméraire de sa rêverie. Il dressa la tête, se releva avec vivacité, et porta la main à la garde de son épée.

— Qui va là? cria-t-il d'une voix qui avait l'habitude de commander, approche et réponds.

Et en parlant ainsi, il avait tiré son épée du fourreau, et le vent de la lame fouetta le visage de Baumgarten.

Ce dernier recula d'un pas.

— Que veux-tu? dit Charles le Téméraire ; parle, misérable, ou tu es mort.

Mais Baumgarten, un moment interdit, avait déjà repris toute son assurance.

— Qui je suis? répondit-il d'une voix railleuse et ferme, je suis un de ces hommes que ta tyrannie à désespérés, et doit pousser un jour ou l'autre jusqu'au crime ; ce que je veux, c'est ta vie, et retiens bien cela, Charles le Téméraire, quelque soient les précautions que tu prennes, dans quelque lieu que tu te réfugies, pendant un mois tu me trouveras partout sur ta route, jusqu'à l'heure qui doit sonner bientôt, où mon poignard aura trouvé le chemin de ton cœur.

La lune s'était dégagée des nuages qui la voilaient, et elle éclairait cette scène étrange de ses pâles rayons.

Charles le Téméraire sourit dédaigneusement et haussa les

épaules. — Il avait piqué dans le sol la pointe de son épée, et il s'appuyait nonchalamment sur sa poignée.

— Ton entreprise est le rêve d'un fou, dit-il avec mépris, et si je n'écoutais que ma colère, je t'aurais déjà puni de tant d'insolence et d'audace. Mais je ne veux pas souiller ma main du meurtre d'un de tes semblables, et je te dis : va-t-en ; mais retiens bien ceci à ton tour : Ne te représente jamais devant mes yeux, car si je te retrouve quelque jour sur ma route, à la distance de mon épée, c'en sera fait de toi... va-t-en !

Baumgarten ne bougeait pas ; les bras croisés sur la poitrine, il avait écouté avec impassibilité les menaces de Charles le Téméraire, et quand celui-ci eut cessé de parler, il reprit :

— Tous les princes sont frappés de vertige ; écoute cependant ce dernier avis que te donne un honnête homme, si tu le suis tu vivras, si au contraire tu le repousses, avant un mois tu tomberas mourant sous mon poignard. — La Suisse est lasse de tes cruautés, elle veut reconquérir à tout prix ses priviléges et sa liberté. Abandonne cette guerre impie que tu lui fais en ce moment, fuis ce pays que tes fureurs et ta tyrannie ont désespéré, rends enfin à ces malheureuses contrées la paix et la tranquillité dont elles veulent jouir, et je te le jure sur la liberté de la Suisse, aucune tentative ne sera faite contre ta vie, et tu pourras demeurer sans crainte dans les immenses domaines que t'a laissés ton père.

Charles se mit à rire.

— Singulier ambassadeur pour de telles ouvertures ! dit-il avec mépris ; — ambassadeur bien digne d'une nation de vachers !

— Ainsi tu refuses, fit Baumgarten.

— Voyons ! cela m'amuse !... dis-moi quels sont les honnêtes gens au nom desquels tu prétends parler.

— Ah ! ce sont des hommes redoutables, répartit Baumgarten, des hommes, seigneur duc de Bourgogne, des hommes qui ont fait trembler les empereurs d'Allemagne, qui en ont frappé plus d'un jusque sur les marches du trône.

— Les condottiéri, demanda Charles le Téméraire?

— Les francs-juges, répondit Baumgarten, avec un regard menaçant.

Un silence significatif succéda à cette réponse. Baumgarten observait Charles le Teméraire, qui était devenu tout à coup pensif. Ce n'était pas la première fois, en effet, qu'il entendait parler de cette terrible association de francs-juges; il savait l'histoire de Philippe de Souabe, celle de Wenceslas, il connaissait l'influence puissante qu'avaient exercée longtemps les francs-juges sur les affaires d'Allemagne.

Il n'ignorait pas quelle activité régnait dans cette association, quelle énergie elle savait déployer à l'occasion, quels coups elle portait quand le moment était venu.

Charles le Téméraire avait toujours désiré entrer dans cette association.

Quelles grandes choses n'aurait-il pas pu entreprendre avec son aide! Ses vues ambitieuses sur l'Allemagne auraient trouvé un puissant appui parmi les membres de l'institution, et il aurait pu dès lors agir plus efficacement et précipiter le résultat pour lequel il avait entrepris tant de guerres inutiles.

Et voilà que maintenant il avait à redouter cette association même!

Voilà qu'elle tournait contre lui ses armes terribles, et il se demandait déjà comment il pourrait soutenir cette guerre sourde, mais implacable, dont Baumgarten semblait être le soldat le plus acharné!

Les francs-juges! Cette institution se dressait dans son souvenir, comme un fantôme redoutable, et il ne savait quelles armes employer pour le combattre et le terrasser!

— Les francs-juges! répéta enfin Baumgarten, qui voyait son avantage; l'Allemagne tout entière est prise dans leurs puissants réseaux, et ce sont eux seuls qui commandent; eh bien! les francs-juges te haïssent, Charles le Téméraire, et ils t'ont voué aux poignards de l'association; leur fureur est plus terrible cent fois que les armées des Suisses, et tu pourrais vaincre ces derniers, — ce qu'à Dieu ne plaise! — que la vengeance des francs-juges saurait encore t'atteindre!...

Les menaces de Baumgarten n'éveillaient, dans le cœur de Charles le Téméraire, aucune frayeur indigne d'un guerrier. Ce n'était pas la mort qu'il redoutait; Charles le Téméraire avait affronté vingt fois la mort sur le champ de bataille, et jamais l'ennemi ne l'avait vu pâlir...

Ce qu'il craignait, ce dont il avait peur peut-être, c'était cette mystérieuse influence, cette insaisissable menace, toujours suspendue sur son cœur, et qu'aucune puissance humaine ne semblait pouvoir conjurer: c'était la mort par le poignard, au milieu du silence, dans l'ombre de la nuit, la mort sans éclât, sans honneur...

Il frémit...

Jamais un pareil sentiment ne s'était emparé de son cœur, c'était la première fois que de semblables appréhensions avaient trouvé crédit auprès de son esprit!...

En ce moment, Baumgarten fit un mouvement, et Charles le Téméraire releva rapidement son épée.

Mais le mouvement de Baumgarten avait été déterminé par une cause autre que celle à laquelle l'attribuait le duc.

En effet, un bruit s'était élevé à quelque distance, et le tertre venait de s'éclairer tout à coup à la lueur d'une grande quantité de torches.

C'étaient des soldats de la garnison d'Iverdun qui cherchaient leur chef.

Baumgarten jugea qu'il n'était pas prudent de demeurer plus longtemps dans ces parages, et après avoir assigné un prochain rendez-vous au duc, il disparut.

Il était temps qu'il exécutât sa retraite, car au moment où il disparaissait, dans un bois voisin, les soldats de la garnison arrivaient en foule de toutes parts, et entouraient leur chef avec des acclamations de joie mille fois répétées.

V.

Le duc demanda l'explication de ces cris, et s'enquit du motif qui leur avait fait quitter le poste.

Rien n'était plus simple.

Les paysans qui entouraient le château avaient été réveillés dans la nuit par les cris des hommes réunis par Hallwyl. On avait répandu le bruit qu'une attaque devait avoir lieu dans le but de surprendre Charles le Téméraire, et de s'emparer de sa personne.

La nouvelle s'était propagée avec la rapidité de l'éclair, et les soldats d'abord incrédules, s'étaient sentis émus d'une profonde inquiétude, en apprenant que leur chef n'était pas rentré au château, et ils s'étaient mis aussitôt à sa recherche.

L'homme qui parlait ainsi au duc Charles était un de ses compagnons d'armes qu'il aimait le plus, et sur lequel il croyait pouvoir le plus compter.

Pierre de Hagenbach une fois mort, Charles avait reporté sur cet homme toute son affection, et de tous ceux auxquels ils commandait, et qui avaient jusqu'alors partagé sa fortune, c'était, sans contredit, celui en qui il avait le plus de confiance.

Cet homme s'appelait Campo Basso, et était Italien d'origine.

Il y avait depuis longtemps, en Italie, des chefs de gens de guerre nommés *condottiéri* ou *loueurs* [1], qui vendaient leur service et celui de leur troupe, tantôt à un prince, tantôt à un autre.

[1] *Loueurs*, en latin *locatio-conductio* signifie *louage*. Ces gens de guerre étaient ainsi nommés parce qu'ils louaient leurs épées.

C'était le métier qu'avaient fait les Sforza avant de devenir ducs de Milan.

Le duc de Bourgogne avait toujours désiré avoir à son service un de ces chefs de guerre, mais il n'avait pas été heureux dans les premières tentatives qu'il avait faites dans ce sens.

Ainsi, Barthélemy Coléone avait formellement refusé les offres qui lui avaient été adressées. Il commandait à cette époque l'armée de Venise. C'était lui surtout que le duc Charles aurait voulu amener en Bourgogne.

A cet effet, il lui avait dépêché François, seigneur de Montjeu, et messire Guillaume de Rochefort; ces deux ambassadeurs devaient s'adresser en même temps à Coléone et à la seigneurie de Venise.

Malgré les offres qui lui furent faites de la part du duc, Coléone désira ne point quitter l'Italie, qu'il connaissait bien, pour aller faire la guerre dans des pays et contre des ennemis à lui inconnus.

Quant à la seigneurie de Venise, elle se montra encore plus éloignée de se prêter à un tel arrangement; elle était alliée du roi de France, et ne voulait point fournir des moyens de lui faire la guerre.

Le duc Charles dut donc renoncer à attirer Coléone; il tourna ses vues vers Campo Basso.

Ce dernier avait été amené en Lorraine par les princes de la maison d'Anjou, et passait pour un capitaine aussi habile que Coléone. Campo Basso ne s'était pas fait prier, et comme les offres qu'on lui fit étaient bonnes, il se donna corps et âme à Charles le Téméraire.

En retournant au château d'Iverdun, Charles le Téméraire marchait lentement à côté du *condottière*, en proie à mille agitations, ne sachant à quoi se résoudre...

L'instant était solennel; la menace de Baumgarten en disait plus que les levées extraordinaires faites récemment par les cantons, il cherchait à secouer cette préoccupation sans pouvoir y parvenir.

Dans un de ces moments où son esprit inquiet appelait vainement le calme et la tranquillité, il se rapprocha encore de Campo Basso, et lui frappa rudement sur l'épaule.

Ce dernier tressaillit, et se retourna avec vivacité.

— Est-ce vous? monseigneur de Bourgogne, dit-il au duc Charles; Dieu me damne, j'ai cru un moment que l'épée d'Hallwyl s'appuyait sur mon épaule, et que nous étions tombés dans une embuscade... qu'y a-t-il donc, monseigneur, et que réclame le duc de Bourgogne de son indigne serviteur?...

Le duc de Bourgogne sourit, et demeura un instant appuyé sur l'épaule de Campo Basso.

— Je suis soucieux, dit-il enfin, j'ai mille inquiétudes dans l'esprit, mille tourments dans le cœur. Cette guerre n'avance pas, malgré la vaillance de mes troupes; nous nous déchirons cruellement aux armes ennemies, et Dieu seul sait quand cette lutte finira... Il faut changer d'horizon, Campo Basso... il faut chercher un autre théâtre et d'autres combats; je suis las de ne voir que des pics de glace et des rochers sauvages, ce pays est monotone, la guerre y manque d'ampleur, nous partirons, Campo Basso.

— Peut-être avez-vous tort, monseigneur, objecta ce dernier.

— Comment?

— A peine avons-nous commencé que déjà vous semblez renoncer à pousser plus loin votre entreprise, votre esprit aventureux se fatigue des premières difficultés, et voilà que vous allez laisser votre victoire imparfaite... Songez, monseigneur le duc, songez cependant que la Suisse vous ouvre le chemin de l'Autriche, et que le conquérant de la Suisse pourrait bien être un jour l'empereur d'Allemagne!...

— Folie! folie! Campo Basso, interrompit Charles le Téméraire, le temps de ces rêves est passé, ou si nous y arrêtons encore notre pensée, c'est pour en compter toutes les difficultés insurmontables.

— Qu'y a-t-il donc d'impossible à Charles le Téméraire? objecta Campo Basso.

— Tout, maintenant, répondit le duc, à moins que le hasard ne me serve au-delà de mes souhaits.

— Ne comptez que sur votre épée, monseigneur, elle vous servira mieux que le hasard.

— Peut-être... mais comptons surtout sur notre adresse, mon compagnon.

— Monseigneur a donc un projet?

— Oui.

— Une ruse de guerre?

— Mieux que cela.

— Et monseigneur a songé à son indigne serviteur!

— J'ai pensé à toi, Campo Basso, parce que tu es le seul homme sur lequel je puisse compter; parce que, depuis la mort de mon féal Pierre de Hagenbach, toi seul m'as inspiré une confiance sans bornes.

— Mes services sont à vous, monseigneur, se contenta de répondre Campo Basso, et jusqu'à votre dernier jour, vous me trouverez fidèle à vos côtés.

— J'y compte, Campo Basso, j'y compte, répartit Charles le Téméraire; écoute donc ce que j'ai à te confier, et dis-moi si tu ne penses pas que cette entreprise soit possible.

A quelques lieues d'ici, en remontant vers le nord, il y une caverne profonde, dans laquelle, dit-on, se réunissent tous les mois nos ennemis les plus acharnés.

— Et vous feriez périr les membres de cette réunion? s'écria vivement Campo Basso.

— Écoute jusqu'à la fin sans m'interrompre, poursuivit le duc: cette réunion est composée de tout ce que la Suisse et l'Allemagne comptent de plus illustre et de plus courageux... Là, dit-on, les résolutions les plus énergiques ont été prises récemment contre moi, et, si j'en crois les rapports qui m'ont été faits, ils m'ont voué au poignard de leurs affiliés!...

— Qui a pu vous dire?... s'écria Campo Basso en frissonnant; mais c'est faux, cela ne peut pas être!...

— Cela est, répondit Charles le Téméraire, je le sais à n'en pas douter, puisque tout à l'heure encore, je me suis trouvé en face d'un de leurs assassins.

— Le misérable! fit Campo Basso; quel est-il?

— Qu'importe!... ces hommes n'ont pas de nom... ils appartiennent tous à la même famille d'inconnus; ils se voilent le visage pour frapper, ils s'enfuient quand ils ont commis le crime... Il faut aller au-devant de leurs poignards, il faut prendre leur costume hypocrite, descendre avec eux dans leurs cavernes profondes, et, comme eux, se servir de la ruse et du mensonge.

— Que monseigneur le duc veuille bien s'expliquer, fit Campo Basso.

Il était puissamment ému, ému au point de ne pouvoir contenir le tremblement de sa voix.

Mais il fallait sans doute attribuer cette émotion à son dévoûment loyal.

C'est ce que fit le duc Charles.

— Demain, tu partiras du château d'Iverdun, répondit celui-ci, tu iras vers les francs-juges, tu t'arrêteras près de leur caverne, et tu demanderas l'honneur de devenir membre de leur terrible association. En cette qualité de franc-juge, tu pourras assister à toutes leurs délibérations, connaître à l'avance l'heure et le jour qu'ils fixeront pour le meurtre...

Il s'interrompit et reprit presque aussitôt:

— Pour le meurtre de Charles de Bourgogne... et le nom de l'homme qui se sera chargé de cette terrible mission... Comprends-tu, maintenant?

— Je comprends, murmura Campo Basso.

— Tu iras?

— J'irai.

— Et moi, pendant ce temps, poursuivit Charles, j'emmènerai mon armée en Lorraine.

— Il sera fait ainsi que le désire monseigneur le duc, répondit Campo Basso en s'inclinant.

— A demain, donc! dit Charles le Téméraire.

— A demain! répéta le condottière.

Ils étaient arrivés au château d'Iverdun; le duc Charles fit un signe d'adieu à Campo Basso, et ils se séparèrent.

VI.

L'habitation du duc de Bourgogne à Iverdun était, en soi, une chose éminemment curieuse et digne d'être décrite. Bien qu'il tînt presque toujours la campagne, il avait conservé, comme son père, l'habitude de transporter au milieu des camps les mœurs luxueuses de la cour ducale.

Le personnel considérable qui composait sa maison l'accompagnait partout; un nombreux cortége de femmes de joie le suivait en tous lieux, et, si l'on n'avait à chaque pas rencontré des sentinelles postées pour garder sa personne, on se serait plutôt cru dans quelque bonne ville de Bourgogne, que dans un camp à deux pas de l'ennemi, exposé à tout instant à une surprise.

Le duc Charles n'avait pas précisément de maîtresse; sa continence, sous ce rapport, avait même été un sujet de calomnie contre lui; depuis quelques mois seulement, une femme s'était plus particulièrement attachée à sa personne, et habitait près de lui.

Elle s'appelait Marguerite, et était, disait-on, de la plus grande beauté.

Depuis qu'elle était au camp, on l'avait rarement vue dans les réunions.

Elle s'isolait et prenait un soin particulier de se soustraire à tous les regards. Charles le Téméraire ne l'aimait peut-être pas, lui; mais quand parfois il s'oubliait à la considérer, il surprenait dans ses yeux les ardeurs secrètes d'un amour mal contenu.

C'est à peine s'il y prenait garde, et jamais un mot n'était sorti de ses lèvres, qui pût faire supposer qu'il pensât à cette belle Marguerite, qui se mourait de tendresse pour lui.

Marguerite, c'était bien vrai, aimait Charles le Téméraire avec tout l'enthousiasme, tout l'oubli, tout l'enivrement d'un premier amour.

C'était tout simplement une pauvre fille de la campagne que la conquête avait arrachée à la ferme de son père, et qui s'était trouvée jetée soudainement aux bras du vainqueur.

Dès les premiers instants, elle avait aimé le duc!

Marguerite avait seize ans; mais l'air vivifiant de la campagne l'avait développée de bonne heure, et c'était une des plus charmantes créatures qui fût alors aux cantons suisses.

Marguerite ne demandait pas l'amour de son duc.

Elle savait bien que ce désir était trop ambitieux, mais elle était heureuse de vivre près de lui, et n'implorait aucune autre satisfaction pour cet amour qui brûlait son cœur.

D'ailleurs, la jeune fille ne voyait personne au camp, et aucune distraction ne venait de temps à autre changer le cours profond de ses rêveries.

Le seul compagnon de Charles le Téméraire qu'elle eût encore vu jusqu'alors, c'était Campo Basso, et sa société n'avait pu lui faire oublier celui qu'elle aimait.

Campo Basso lui avait même inspiré, sans qu'elle pût dire précisément pourquoi, une de ces haines instinctives que rien n'explique, mais que rien non plus ne peut éteindre ou calmer.

Campo Basso, de son côté, n'avait rien épargné pour la perdre dans l'esprit de son maître ; mais soit insouciance, soit respect pour cet amour vrai qu'il avait inspiré, soit divination peut-être, le duc avait résisté aux instances de son codottière, et Marguerite était restée dans la tente voisine du tabernacle ducal.

Elle était là servante plutôt qu'amante, tolérée plutôt que désirée !

Mais enfin, elle était là !

Campo Basso avait ses raisons pour vouloir éloigner du duc tous ceux qui s'attachaient à lui, tous ceux qui paraissaient l'aimer d'un amour vrai.

Depuis une année, en effet, Campo Basso n'avait négligé une occasion de trahir son maître.

Soit que le condottière ne pardonnât pas au duc d'avoir réduit de moitié sa compagnie, et conséquemment ses profits ; soit qu'il espérât du roi de France une plus haute fortune, il avait, dès l'année précédente, en 1475, en se rendant en Italie afin d'y recruter des soldats pour le duc, fait proposer au roi, par un médecin nommé Louis de Pavie, établi à Lyon, de le servir de tout son pouvoir : il avait offert ou de livrer les places qu'il tenait en garnison, ou de passer pendant une bataille avec toute sa troupe, du côté du roi ; ou enfin de saisir, mort ou vif, le duc de Bourgogne.

Il expliquait même comment ce serait chose facile, parce que le duc avait la coutume, en arrivant dans le lieu où il voulait loger, de descendre de son grand cheval, de quitter ses armures, et de s'en aller sur un petit cheval, revêtu de sa cuirasse seulement, escorté de quelques archers, voir si tout était en bon ordre dans son campement.

L'affaire avait été poussée très-loin ; mais la vivacité avec laquelle Campo Basso avait fait sa proposition ne manqua pas de mettre Louis XI en défiance.

Il ne savait pas dans quel dessein cet homme se montrait si empressé à trahir son maître, et craignit quelque piége.

Enfin, après de longs pourparlers, on s'entendit réciproquement, et Campo Basso promit de saisir la première occasion favorable.

Pour être plus sûr de son fait, et trouver au besoin un nouveau point d'appui, il avait même été chercher des sympathies parmi les francs-juges; et, sous ce rapport, il avait devancé les désirs de son maître, le duc de Bourgogne.

A chaque page de l'histoire, disons-le ici, on trouve un Italien félon et assassin.

Ces gens d'Italie assassinent aussi naturellement que les Suisses fabriquent des fromages, et que les Allemands chantent en chœur d'assommants refrains patriotiques; — aussi naturellement que les Russes reçoivent le knout et le donnent; — aussi naturellement que les Anglais vendent leurs petits couteaux à coups de canons; — aussi naturellement que les Espagnols élèvent des puces et les Normands des bœufs gras.

C'est le génie de la nation.

On trahit là, comme ailleurs on respire.

Marguerite, la belle Marguerite, ignorait les diverses particularités des négociations de Campo Basso; mais dès qu'elle l'avait vu, par une sorte d'intuition magnétique, elle avait compris que cet homme ne pouvait pas être un ami du duc; elle avait douté de la sincérité de son attachement, et s'était mise, dès ce moment, à épier toutes ses démarches.

Le lendemain du jour où Charles le Téméraire avait rencontré Baumgarten, Marguerite se trouvait seule au château, et elle songeait au moyen de confondre cet ennemi, qui lui semblait d'autant plus redoutable, qu'il avait la confiance de son maître.

Charles le Téméraire était absent, et ne devait revenir que dans la nuit.

Il avait donné rendez-vous, pour une heure avancée, à Campo

Basso, et ce dernier, sur le point de partir, mettait en ordre les objets qu'il devait laisser à Iverdun.

Marguerite était donc seule, en proie à mille agitations, se demandant comment elle parviendrait à mettre son amant en garde contre les tentatives du condottière.

En ce moment, la porte de son appartement s'ouvrit, et un homme entra.

Cet homme portait un large chapeau qui lui couvrait les yeux, une ceinture de cuir et un poignard à sa ceinture. Il fit quelques pas à travers la chambre, et dès qu'il aperçut une femme, il retourna en arrière, et fit le mouvement de se retirer.

Mais comme si la vue de Marguerite, qu'il parut reconnaître, avait tout à coup modifié son projet, ou lui avait inspiré un autre sentiment, il poussa un cri de surprise, et revint avec vivacité sur ses pas.

Cet homme était Baumgarten.

— Marguerite! s'écria-t-il en s'avançant vers la jeune fille.

Mais cette dernière s'était levée d'un seul bond, et passait ses deux mains sur ses yeux et sur son front, comme si elle n'eût pas voulu croire à la réalité de cette apparition.

— Mon père! dit-elle enfin avec terreur, en se laissant retomber plus morte que vive sur son siége.

Baumgarten s'était approché d'elle, et maintenant il tenait ses deux mains étroitement serrées dans les siennes.

— Toi, toi ici! dit-il. Oh! je te croyais morte, Marguerite!

Une larme vint à ses yeux.

Puis, cette larme, un éclair de haine la sécha.

— Toi près du duc de Bourgogne! reprit-il. Ah! que ton déshonneur, du moins, serve à la cause de ton pays.

Et, sans s'enquérir de ce qui était advenu à sa fille depuis l'instant où elle l'avait quitté, Baumgarten poursuivit d'une voix rapide et brève:

— C'est le ciel qui a tout fait, ne perdons pas un seul moment en paroles inutiles : tu vois le duc souvent, n'est-ce pas ? Marguerite.

— Tous les jours, répondit la jeune fille.

— Seul ?

— Seul.

— Et, sans doute, tu pourrais introduire près de lui, cacher près de l'appartement où il repose, un homme que personne n'aurait vu entrer, que personne n'en verrait sortir.

— Pourquoi donc toutes ces questions, mon père ? demanda Marguerite en frissonnant.

— Eh qu'importe ! dit Baumgarten ; réponds ! réponds ! si tu veux que je te pardonne la honte de mon nom, si tu veux que le ciel t'absolve.

— Ce que vous me demandez est possible, répondit Marguerite effrayée de l'état d'exaltation de son père.

— Bien ! bien ! continua Baumgarten, j'en sais assez maintenant, tout est pour le mieux. Mais, dis-moi, Marguerite, tu hais le duc, n'est-il pas vrai ?

— Mais... balbutia la jeune fille.

— Tu le hais ! tu le hais !

— Oui, mon père, je le hais ! répondit encore la jeune fille que son amour inspirait.

— Et si l'occasion s'était offerte de délivrer ton pays, tu l'accueillerais avec joie ?

— Vous m'épouvantez, mon père !

— Réponds, mais réponds donc !

Et en parlant ainsi, Baumgarten serrait avec rage le bras de sa fille.

— Avec joie, avec joie, mon père ! murmura Marguerite d'une voix presque éteinte.

— Bien encore... écoute : demain, je viendrai à cette heure ; tu auras eu soin d'éloigner le duc, tu seras seule comme aujourd'hui : tu me feras entrer dans sa chambre, tu m'aideras à cacher ma prósence; c'est tout ce que je te demande, le reste me regarde, et je m'en charge.

— Mon père, mon père! cria Marguerite suffoquée par l'épouvante.

— A demain! silence, à demain!

Baumgarten quitta sa fille et se dirigea en toute hâte vers la porte.

Mais la porte venait de s'ouvrir, et Campo Basso parut sur le seuil.

Deux cris de surprise partirent en même temps.

— Baumgarten! fit Campo Basso interdit.

— Le seigneur Basso! fit Baumgarten; l'heureuse rencontre!..

— Chut! se hâta d'interrompre Campo Basso, en posant un doigt sur ses lèvres, et désignant de l'autre Marguerite qui ne perdait pas un mot de ce colloque rapide.

— Allons donc, que craignez-vous? dit Baumgarten en souriant; cette jeune fille n'est point à redouter, croyez-moi: elle hait plus le duc que vous et moi; et d'ailleurs, elle a été élevée dans une famille où la haine de l'étranger est héréditaire; en un mot, Marguerite est ma fille.

— Ah!... dit le condottiéri avec un sourire étrange; — c'est votre fille!

Il n'ajouta rien.

Malgré l'assurance de Baumgarten, Campo Basso ne parut pas absolument calmé; il se hâta d'entraîner Baumgarten loin de cet appartement, comme s'il regrettait d'y être entré.

Mais il ne le regrettait pas.

Quand Marguerite se retrouva seule, elle passa à plusieurs reprises sa main brûlante sur ses tempes et dans ses cheveux, pour bien se convaincre qu'elle n'était pas le jouet de quelque cauchemar, qu'elle ne rêvait pas, qu'elle était bien éveillée.

Son père! c'était son père qu'elle avait vu!.. il lui avait parlé!.. il voulait tuer le duc!

Charles de Bourgogne, son maître! — son Dieu!

Et encore tous ces mystères !

Baumgarten connaissait Campo Basso, et Campo Basso trahissait le duc Charles ; elle en avait eu la preuve, elle ne pouvait plus douter.

Etrange mystère !

Encore une journée, et il lui faudrait ouvrir la porte à l'assassin de son duc ; encore une journée, et toutes les espérances de son cœur s'envoleraient pour ne plus revenir!

L'attente fut longue.

Marguerite écoutait avec une piquante anxiété tous les bruits du dehors, et elle craignait que la rencontre qu'il avait faite de Campo Basso n'eût changé tout à coup les projets de son père, et qu'ils n'eussent résolu ensemble de se défaire du duc Charles, le jour même.

Marguerite connaissait l'esprit déterminé de son père, elle savait avec quelle spontanéité il prenait une décision, et à chaque instant, elle s'attendait à voir revenir le duc, blessé, mourant, maudissant la fille de l'homme qui l'avait assassiné.

Enfin, elle entendit les sentinelles aller et venir sur les remparts du château ; le pont-levis se baissa, et elle vit passer dans la cour le duc sain et sauf.

Il gagna aussitôt l'appartement où l'attendait Marguerite, et parut un instant après sur le seuil de la porte.

C'était l'instant décisif : la pauvre fille appela à son secours toute son énergie et tout son courage, et sans crainte d'exciter la colère de son maître, elle courut se précipiter à ses pieds au moment où il allait passer dans une chambre contiguë.

— Monseigneur, s'écria Marguerite, en levant vers lui ses deux bras suppliants, monseigneur, écoutez un instant, un instant seulement votre malheureuse servante !... Monseigneur, on vous trahit !

Le duc de Bourgogne contempla un instant la jeune fille ainsi agenouillée, les bras levés, les cheveux tombant en désordre sur ses épaules demi-nues, et, sans doute, il la trouva belle, car son visage changea tout à coup d'expression, et il la releva avec douceur.

— Que me voulez-vous, lui dit-il d'une voix calme, et pourquoi ce désespoir que rien ne m'explique?... que s'est-il donc passé durant mon absence; et que veulent dire ces cris et ces alarmes?

—Monseigneur! monseigneur! on vous trahit, balbutia Marguerite.

— Je le sais, répondit le duc, mais qui vous l'a dit?

— Tout, monseigneur, poursuivit Marguerite, encouragée par l'attitude du duc... tout me le dit! Un homme s'est glissé près de vous, a surpris votre confiance, et cet homme vous trahit et veut vous assassiner!

— M'assassiner!

— Oui, monseigneur!

— Et quel est cet homme?

— Cet homme, c'est Campo Basso!...

Le duc demeura un moment pensif, à cette révélation, puis se frappant tout à coup le front:

— Je m'en doutais, dit-il à voix rapide et basse.

Et il ajouta, en se tournant vers Marguerite:

— Voyons, mon enfant, explique-toi, ne crains rien, dis-moi tout, et quoi qu'il arrive, je saurai te protéger contre les menaces de nos ennemis.

— Oh! je n'ai pas peur, répartit Marguerite en relevant la tête avec fierté...

— Parle, alors, qu'y a-t-il... qu'as-tu appris?

— Demain, monseigneur, un homme doit s'introduire près de vous, dans votre chambre, et profitera de votre sommeil pour vous assassiner!

— Campo Basso? demanda le duc.

— Non, mais son compagnon, un homme qui vous hait, et qui

pense, en vous tuant, délivrer son pays de la guerre que vous avez entreprise.

— Et quel est cet homme?

— Oh! pardonnez-moi, monseigneur, mais je dois taire son nom. Je suis attachée à cet homme par des liens sacrés ; le dénoncer serait un crime, et je n'ai pas le courage de le commettre.

— C'est ton amant, peut-être, fit le duc.

— C'est mon père, monseigneur, répondit Marguerite.

— Ah!... fit le duc en reculant, — et tu me livres la vie de ton père!...

Marguerite cacha sa tête entre ses mains.

VII.

Pendant que le duc et la jeune fille s'entretenaient ainsi, Campo Basso avait été rejoint par Baumgarten, et tous les deux combinaient de leur mieux les moyens d'arriver jusqu'au duc.

— Vous avez eu grandement tort, disait Campo Basso, de faire connaître votre projet à votre fille; Marguerite est votre plus mortelle ennemie, et, à l'heure qu'il est, elle raconte sans doute au duc Charles le complot que vous lui avez fait connaître.

— C'est impossible!

— Cela est.

— Marguerite hait la Bourgogne, cependant.

— Marguerite aime le duc Charles... et son amour a étouffé sa haine!...

Baumgarten demeura muet de fureur.

— Il ne faut donc plus songer à l'entreprise de demain, continua l'Italien, vous seriez perdu, et vous me perdriez en même temps, sans retour.

— Mais que faire? demanda Baumgarten.

— Attendre!

— Attendre!... non! je ne veux plus attendre!

— Voilà deux années que j'attends, moi, fit Campo Basso; deux années pendant lesquelles j'ai laissé passer bien des occasions incertaines, espérant toujours que le hasard ferait naître une circonstance favorable : il faut attendre.

— Toi, dit Baumgarten, tu veux gagner de l'or, et moi, je veux délivrer mon pays... toi, tu as bien pu attendre, moi, je ne le peux pas... J'irai demain!

— Vous y êtes décidé?

— J'irai demain!

Les deux hommes étaient arrivés à un endroit où la route se bifurque.

Baumgarten montra à Campo Basso le chemin qu'il avait à suivre, et lui tendit la main.

— Vous allez vers nos frères, les francs-juges du Lac, seigneur Basso, lui dit-il, annoncez-leur que vous m'avez laissé dans de bonnes résolutions, et que le jour de demain ne se passera pas sans que Baumgarten soit mort ou que le duc Charles ait cessé de vivre.

Campo Basso serra la main que lui tendait Baumgarten.

— A bientôt, lui dit-il.

— A bientôt, je l'espère, répondit Baumgarten.

Et tous les deux se séparèrent, en prenant chacun une route différente.

Campo Basso haussa les épaules dès qu'il fut seul.

— San gennaro! pensa-t-il, que ces rustres sont brutes!

Quand le soir du lendemain arriva, Marguerite n'avait encore pris aucune résolution, le duc seulement lui avait dit que si son père venait, il la trouverait dormant à ses côtés. Que dire?

Ces seules paroles avaient suffi pour jeter le trouble, l'émotion dans le cœur de la pauvre fille, et elle n'osait cependant songer sans frémir à cette terrible nuit, dont la pensée l'eût peut-être ravie en d'autres temps!...

Elle espérait encore que son père renoncerait à son projet; le duc avait sans doute fait donner des ordres pour qu'on le repoussât s'il se présentait.

Pour la première fois de sa vie peut-être, le duc Charles s'était senti touché par la grâce pure et candide d'une femme, et plus d'une fois, durant cette journée, l'image de Marguerite s'était présentée à sa pensée.

Mais ce n'est pas ici une histoire d'amour...

Marguerite était seule, comme la veille.

Le duc s'était jeté sur son lit de repos, et la fatigue n'avait pas tardé à fermer ses paupières.

Marguerite se sentait profondément émue. — Tout ce qui s'était passé depuis la veille était si étrange; l'apparition inopinée de son père, la bienveillance inespérée du duc, tout cela l'avait jetée dans un monde d'émotions inconnues. Elle soupirait; un bonheur inouï disputait son cœur à la crainte, et de temps en temps, elle quittait doucement sa place pour aller contempler son duc endormi. Elle cherchait tous les arguments possibles pour rassurer ses terreurs, et n'y parvenait qu'à grand'peine.

Que pouvait-elle craindre? son père n'était pas encore venu, quoique l'heure fût passée depuis longtemps; il avait dû renoncer à son projet, et remettre à d'autres temps l'exécution de son crime!...

Elle pouvait être heureuse!...

Dans quelques jours, Charles le Téméraire devait partir, il le lui avait dit; il retournerait en Bourgogne, et mettrait ainsi une grande distance entre lui et les poignards de ses assassins.

Marguerite s'assit auprès de la fenêtre, qu'elle ouvrit, et sur laquelle elle s'accouda, pour donner son front brûlant à l'air des nuits.

La nuit était épaisse et profonde.

Aucune étoile ne brillait au ciel; le vent se plaignait tristement dans les arbres de la forêt prochaine.

Marguerite sentit son cœur se serrer, et elle voulut rentrer et fermer la fenêtre; mais, au moment où elle allait se retirer, la fenêtre sembla se rouvrir d'elle-même, et Baumgarten vint tomber à côté de sa fille, au milieu de la chambre.

Marguerite poussa un cri, et recula jusqu'à la porte qui défendait l'entrée de l'appartement dans lequel reposait Charles le Téméraire.

— Tais-toi! fit Baumgarten, tais-toi!... ou nous sommes perdus!

Puis, comme sa fille demeurait debout et immobile sur le seuil de la porte, il s'avança vers elle, lui prit les mains par un geste violent et rapide :

— Où est le duc?... lui demanda-t-il à voix basse, où est-il?...

— Je ne sais! répondit Marguerite en pâlissant.

— Où est le duc?... poursuivit Baumgarten, c'est lui que je suis venu chercher... réponds! où est-il?

Mais Marguerite joignait ses deux mains suppliantes, et n'osait prononcer une parole.

Baumgarten agita rudement ses mains.

— Écoute, Marguerite, lui dit-il, avec un regard terrible, il y a ici deux hommes, l'un qui est ton père, l'autre qui est ton amant.

Marguerite voulut interrompre, mais Baumgarten ne lui en laissa pas le temps.

— Oh! je sais tout, continua-t-il, le duc est ton amant, le seigneur Basso me l'a dit, et ma honte est certaine; eh bien! il me faut de cet homme, de ce duc infâme, une vengeance terrible qui, d'un seul coup, lave la tache qu'il a faite à mon nom, et délivre mon pays de la tyrannie; réponds sans hésitation, sans mensonge, où est le duc... où est-il?

— Mon père! s'écria Marguerite, ayez pitié de moi!

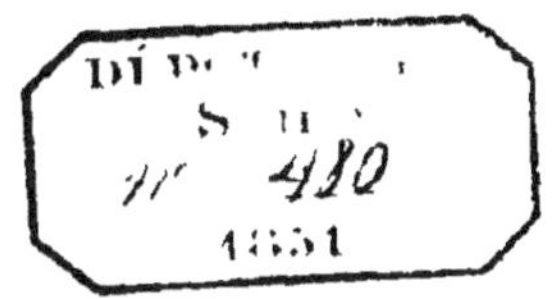

— Plus bas, plus bas! fit Baumgarten.

En désignant l'appartement dont Marguerite semblait lui interdire l'entrée :

— C'est là ! n'est-ce pas, ajouta-t-il, c'est là qu'il repose, c'est là que je puis le frapper !

Marguerite parut recouvrer tout son courage et toute son énergie; à ces paroles, elle repoussa son père avec force, et releva la tête, comme si elle eût voulu le défier.

— Eh bien, oui, dit-elle, avec un accent d'exaltation sauvage, oui, c'est là qu'est le duc, c'est là qu'il repose, mais n'espérez pas franchir le seuil de cette chambre; mon père, tant qu'il me restera un peu de force, je vous repousserai; tant qu'il me restera un peu de voix, j'appellerai à mon aide les serviteurs de Charles le Téméraire; arrière donc, mon père, arrière, ou j'appelle les gens du duc!...

Baumgarten avait reculé comme stupéfait.

Une colère aveugle se peignit sur ses traits, et il tira son poignard de sa ceinture; ses yeux brillaient d'un éclat furieux, il était effrayant à voir.

— Marguerite ! Marguerite ! dit-il d'une voix désespérée, c'en est donc fait!... Tous les liens qui t'unissaient à ton père sont brisés; tu renies ton sang, tu repousses ton pays... tu n'as plus ni pitié, ni amour; oh! Marguerite! Marguerite, que Dieu écoute encore cette dernière prière que je lui adresse du fond du cœur, et qu'il m'épargne la douleur suprême!... Marguerite, laisse passer le vengeur!...

— Arrière! fit Marguerite.

— Retire-toi... dit Baumgarten.

— Le duc est mon amant, s'écria Marguerite, et je vous défends d'attenter à ses jours!

— Malheureuse!... que le ciel me pardonne donc, et que mon pays reçoive mon premier et mon plus douloureux sacrifice!...

En parlant ainsi, Baumgarten se précipita vers sa fille; une lutte s'engagea.

Marguerite tomba baignée dans son sang.

Mais le bruit de la lutte avait éveillé Charles et ses gardes.

Baumgarten, entouré, ne se défendit pas.

Il répétait avec folie :

Ma fille! ma fille!

On le fouilla, et l'on trouva sur lui tous les insignes de l'association des francs-juges, et les soldats l'entraînèrent immédiatement dans une des salles du château, où, séance tenante, il fut condamné à être pendu.

On dit que Charles le Téméraire fit faire le portrait de Marguerite morte.

Il se réconcilia avec Campo Basso, qui assista, le front haut, au supplice de Baumgarten..

Mais les francs-juges n'en avaient pas fini avec le duc Charles, et Baumgarten devait être vengé.

CHAPITRE II.

Suite de Charles le Téméraire. — Ses magnificences. — Ses préparatifs de guerre. — Le page Laërti Duryïer. — Bataille de Morat. — Seigneurs tués. — Fuite de Charles le Téméraire. — Le comte de Campo Basso. — Siége de Nancy. — Retour de Laërti Duryïer. — Sa mort. — Muller et Campo Basso à l'étang de Saint-Jean. — Mort de Charles le Téméraire.

Quelques mois s'étaient écoulés depuis la mort violente de Baumgarten, sans amener beaucoup de changements.

La Vehme ne bougeait pas.

On eût dit qu'il n'y avait jamais eu de francs-juges dans le pays.

Cependant, Charles le Téméraire était devenu, de jour en jour, plus taciturne et plus sombre. Personne n'osait plus lui parler ni l'aborder. Ses forces commençaient, d'ailleurs, à trahir son courage. Il tomba malade. Le désespoir et l'abattement le saisirent. Sa raison était presque égarée.

Il ne voulait permettre à personne de l'approcher, et laissait même croître sa barbe.

Lui qui était sobre à l'excès, lui qui craignait naguère toute liqueur fermentée, et qui, pour se calmer et se rafraîchir, avait coutume de manger de la conserve de roses, maintenant, pour surmonter son découragement, il buvait du vin pur en abondance.

Il essayait de s'enivrer.

Mais triste et mélancolique comme il était, sans amis pour le plaindre, pour l'écouter et lui relever le cœur; sans convives dont la familiarité pût dissiper un instant ses soucis, il ne pouvait trouver l'ivresse.

Si elle venait parfois, c'était l'ivresse morne et abrutie des buveurs solitaires.

L'ivresse qui tue le corps en abattant le cœur.

Peut-être que si Marguerite avait vécu, il eût trouvé, dans son dévouement exalté et patient, une consolation et un remède.

Mais Marguerite, heureusement pour elle, était morte.

Il détestait la compagnie des femmes; et son camp, plein de courtisanes, était pour lui comme un désert.

Un médecin italien qu'il avait, et qui se nommait Angelo Catho, homme habile et d'un grand esprit, s'efforça de lui rendre le courage, et de le guérir.

Il lui appliqua des ventouses, afin de rappeler le sang au cœur, comme on disait alors (comines), le détermina *à se laisser raser*, et enfin lui rendit, sinon le calme d'esprit, au moins la santé.

Il n'en fallait pas davantage, et, peu de temps après, Charles reprit sa vie accoutumée. Ses grandes idées de guerre et de conquêtes lui revinrent toutes à la fois. Il s'étonna de sa longue inactivité. Ce fut comme un réveil. Les caractères fortement trempés, comme l'était celui de Charles le Téméraire, ne se laissent jamais abattre entièrement, et ils se relèvent toujours plus forts, plus actifs, plus courageux contre l'adversité.

Dès que le duc de Bourgogne revint à la vie, il imprima autour de lui une nouvelle ardeur; il leva des hommes de guerre dans ses États; et comme les recrutements s'effectuaient difficilement, il envoya chercher de nouveaux soldats jusqu'en Italie.

En même temps, il faisait fondre les cloches des églises pour en faire des canons, et envoyait des ordres sévères dans tous les pays auxquels il commandait, à l'effet de rassembler le plus de soldats possible.

Voici en quels termes il écrivait, à ce sujet, au sieur Dufay, son lieutenant au Luxembourg, vers la fin de sa maladie :

« Nous vous mandons et commandons, et très-étroitement enjoi-
« gnons, qu'incontinent et sans délai, tous ceux de nos ordonnan-
« ces, tant hommes d'armes, archers, arbalétriers, qu'enfin à pied
« ou autres gens de guerre, qui dernièrement ont été avec nous aux
« champs, que vous trouverez, vous les preniez et appréhendiez au
« corps, quelque part que vous pourrez les trouver, et que preste-
« ment, sans attendre autre ordonnance ou commandement de nous,
« *vous les mettiez au dernier supplice*, sans nul épargner et sans
« faveur et dissimulation aucune.

« Quant aux archers, arbalétriers, piquiers et couleuvriniers,
« qui de nouveau viennent à notre service, et dont à présent, sur-le-
« champ, il leur est ordonné et commandé de par nous, *sous la*
« *même peine,* de marcher en toute diligence vers nous, sans faire
« aucun séjour en chemin; et s'ils y faisaient quelque délai, notre
« plaisir est que vous procédiez contre eux dans la forme ci-dessus
« déclarée, sans y faire faute en aucune manière. »

Grâce à ces mesures énergiques, et qui n'admettaient, comme on le voit, aucune lenteur, le duc de Bourgogne eut bientôt rassemblé une armée aussi nombreuse que la première, et se trouva prêt à entrer en campagne.

Rien n'égalait la rage terrible dont il était animé. S'il n'avait pas oublié les francs-juges, du moins méprisait-il leur menace; car, malgré les soupçons qu'il avait conçus contre Campo Basso, il le reçut, quand celui-ci revint au camp, avec toutes les marques de l'amitié qu'il lui avait toujours témoignée.

Campo Basso, cependant, en Italien honnête, le trahissait comme avant; et le mois qui venait de s'écouler lui avait justement servi à nouer plus fortement les relations établies entre lui et le roi de France.

La seule personne que Campo Basso eût à craindre au camp du duc Charles, était un pauvre enfant nommé Laërti Duryïer, qui avait été page de Marguerite Baumgarten, et qui avait hérité d'elle son dévouement pour Charles, son animadversion pour le mercenaire d'Italie.

Laërti Duryïer était entré au service du duc, — et certes, celui-ci ne savait même pas son nom.

Campo Basso était donc libre, et poursuivait son œuvre sans obstacle aucun.

Il était adroit, rusé, audacieux, de cette audace cauteleuse qui servit toujours si bien les couleuvres d'Italie.

Il ne croyait pas en Dieu, et pensait être bien avec le diable.

Charles était en bonnes mains.

Les Suisses n'avaient rien négligé de leur côté pour se mettre en défense, et ils avaient renouvelé, pour les préparatifs de cette lutte, ce que l'histoire des temps antiques nous raconte de plus héroïque.

A Berne, chaque famille, dans laquelle se trouvaient un père et un fils, ou deux frères en état de porter les armes, reçut l'ordre d'envoyer un des deux à Morat, pour former la garnison de cette ville, qu'on regardait comme le boulevard de Berne.

Tous les habitants de la communauté eurent commandement de se trouver réunis dans un mois avec leurs armes, leur artillerie, leurs provisions.

L'ancien avoyer, Adrien de Bubenbery, quitta la campagne où il s'était retiré dans sa famille, pour venir au secours de la ville, et l'on avait tant de respect et de confiance pour lui, qu'aussitôt il fut choisi pour capitaine de Morat.

C'est donc vers cette dernière ville que tous les regards se tournèrent, et que tous les efforts tendirent.

On pressentait que là s'entamerait la lutte.

Quelques mystérieuses rumeurs disaient aussi, que là, elle se terminerait, mais cette fois pour toujours.

Le duc de Bourgogne vint bientôt devant Morat avec toute son armée, et dès lors les hostilités commencèrent.

Mais le siége, quoique poussé avec vigueur, n'amenait aucun résultat. Il y avait comme un talisman autour de ces hautes murailles. Le seul moyen, désormais, d'achever promptement cette entreprise, était d'en venir aux mains en bataille rangée avec l'armée suisse, et c'était là ce qu'attendait Charles le Téméraire avec impatience.

Adrien de Bubenbery avait dit :

« Tant que nous aurons une goutte de sang dans les veines, nous nous défendrons. »

Et l'on avait juré de mettre à mort le premier qui parlerait de se rendre.

Il n'y avait donc rien à espérer de ce côté, et chaque parti appelait la bataille de tous ses vœux.

Enfin, l'armée des Suisses parut.

Ce fut au mois de juin 1476, on vit arriver successivement les hommes d'Uri, d'Unterwalden, de l'Euttibach, de Thun et de l'Oleerland, de l'Argovie, de Bienne, de la commune et de l'évêque de Bâle.

Ceux des pays du duc Sigismond marchaient sous la conduite du comte Oswald de Thierstein, ainsi que les gens de Colmar, de Schelestadt, de Rothweil et de Saint-Gall.

Le comte de Gruyère, dont la puissante seigneurie, si fameuse depuis par son fromage, était entre Fribourg et le pays de Vaud, vint aussi avec sa troupe.

Puis arriva le contingent de Strasbourg, commandé par le comte Louis d'Epturgen, et le duc René de Lorraine, avec trois cents chevaux.

Le duc de Bourgogne était placé sur les hauteurs de Courgevaux, tandis que le siége était tenu sur la route d'Avenche et d'Estavayer par le grand bâtard de Bourgogne, et sur le chemin d'Aarbery, par le comte Romont, avec douze mille hommes.

Le camp de Charles le Téméraire était donc disposé autour des remparts de la ville, de manière à intercepter toute communication entre la garnison et l'extérieur.

Du côté du lac seulement, les assiégés auraient pu, mais à grand'peine, se ravitailler s'il en avaient eu besoin.

On ne connaissait point encore, à cette époque, l'art d'ouvrir des tranchées. Les préparatifs d'un siége ne présentaient point l'aspect régulier et uniforme qu'ont su leur donner depuis les ingénieurs et les hommes de l'art.

Les hommes de l'art, forts en mathématiques et ayant passé leurs examens d'une façon satisfaisante, mettent de la symétrie dans tout. Les boulets qu'ils envoient tuent proprement.

Et quand ils veulent bien se servir de mitraille, c'est de la mitraille bien troussée, qui fait plaisir à recevoir.

Dans ces pauvres malheureux siècles, il n'en était pas ainsi. On se massacrait sans avoir les consolations de la trigonométrie!

Au moyen d'une *truie* ou tortue de comblement, on s'approchait de la ville assiégée pour en combler les fossés; cela une fois fait, les sapeurs, à l'abri d'un *mulot*, machine du même genre que la truie, commençaient à miner la muraille qui ne tardait pas à s'écrouler.

La brèche étant faite, on donnait le signal de l'assaut.

Les arbalétriers ou gens de trait protégeaient le travail des sapeurs, et l'armée se tenait prête à tout événement, soit que les assiégés dussent opérer une sortie, soit qu'un secours dût leur arriver, et tenter de pénétrer dans la ville pour en renforcer la garnison.

Dans le camp, chaque chef, baron, comte ou duc, demeurait au milieu des hommes d'armes qu'il avait amenés à sa suite, et devant la tente du chef flottaient ses armes ou sa bannière, quand il en portait une. C'était simple, mais c'était plus beau que nos tourlourous,— même que nos soldats du train d'artillerie.

Et pour ne pas savoir résoudre la moindre équation de n'importe quel degré, ces soudards du temps passé ne se battaient point trop mal, — à ce que dit l'histoire. Rien ne peut rendre le spectacle pittoresque et varié qu'offrait un camp au moyen-âge. Ici, des sentinelles bardées de fer, armées de longues pertuisanes ; là, de hauts barons montés sur de robustes chevaux, agitant au vent le lambrequin bariolé de leur casque ; plus loin, des pages aux toques de soie et d'or, retenant les riches montures des chevaliers ; des écuyers chaussant leurs éperons d'argent ; des hommes d'armes, des varlets, tout cela mêlé d'un bruit de fanfares et de timbales, éclairé par les rayons d'un soleil de midi !...

Le camp du duc de Bourgogne était d'ordinaire, sous ce rapport, un des plus curieux dont les armées du moyen-âge aient fourni le spectacle !

On nous a conservé des richesses qu'il renfermait au siége de Grandson, une description qui mérite d'être rapportée.

« Sa tente était entourée de quatre cents autres, où logeaient tous les seigneurs de sa cour et les serviteurs de sa maison. Au dehors, brillait l'écusson de ses armes, orné de perles et de pierreries ; le dedans était tendu de velours rouge, bordé en feuillages d'or et de perles ; des fenêtres, dont les vitraux étaient enchassés dans des baguettes d'or, y avaient été ménagées. On y trouva le fauteuil où il recevait les ambassadeurs, et donnait ses solennelles audiences ; il était d'or massif. Ses armures, ses épées, ses poignards, ses lances, montés en ivoire, étaient merveilleusement travaillés, et la poignée étincelait de rubis, de saphirs et d'émeraudes. Son sceau qui pesait deux marcs d'or, ses tablettes reliées en velours, qui renfermaient le portrait du duc Philippe et le sien, son collier de la toison-d'or, où les étincelles des fusils étaient figurées en rubis ; enfin, un nombre infini de meubles et de joyaux précieux furent aussi pillés ou partagés.

« Il y avait une tente qui servait de chapelle, et qui renfermait presque autant de richesses.

« C'était là que se trouvaient ces châsses et ces reliques qui avaient fait l'admiration de l'Allemagne ! Les douze apôtres en argent, la châsse de saint André en cristal, le riche chapelet du bon duc Philippe, un livre d'heures couvert de pierreries, un ostensoir qui était d'une merveilleuse richesse. »

On comprend, du reste, qu'un prince qui vivait habituellement dans son camp, qui en avait pour ainsi dire fait sa cour, y eût jeté à profusion les richesses dont il pouvait disposer ; seulement, ces richesses étaient exposées à être pillées, et c'est ce qui arriva souvent.

Le duc de Bourgogne a été ainsi, à diverses reprises, presque complétement ruiné.

Il faut avouer que cette splendeur nomade coûtait des sommes folles en déménagements, — et qu'il eût fallu en outre être toujours bien sûr d'avoir le temps de déménager.

Quand on n'avait pas le temps, comme après l'affaire de Grandson, par exemple, c'étaient des pertes immenses.

Après Morat... mais n'anticipons pas.

Une fois que l'armée des Suisses fédérés se fut réunie sous les murs de la ville, le combat fut immédiatement résolu, et le 21 juin de l'année 1476, les bataillons suisses vinrent prendre position non loin des Bourguignons.

Le temps était épouvantable.

Depuis deux jours, la pluie n'avait cessé de tomber avec une abondance telle que les chariots de poudre, de l'armée de Bourgogne, se trouvaient complétement traversés; les arcs étaient humides et sans élasticité, les hommes harassés de fatigue.

Hallwyl commandait l'avant-garde des Suisses; dès qu'il se trouva à portée de l'armée ennemie, il fit arrêter sa troupe.

« Braves gens, leur dit-il, confédérés et alliés, voilà devant vous « ceux que vous avez défaits à Grandson. Ils sont encore venus « chercher votre vengeance. Qu'elle soit donc complète et impla- « cable. Leur multitude est grande; mais vous n'en avez pas peur. « Songez aux belles batailles que nos pères ont gagnées. Il y a cent « trente-sept ans, qu'à pareil jour, en ces lieux mêmes, à Laupen, « ils ont remporté une grande victoire. Vous êtes vaillants comme « eux, et Dieu sera aussi avec vous. Pour qu'il nous accorde cette « grâce, à genoux, mes amis, et faisons notre prière! »

Alors tous ces hommes s'agenouillèrent sous la pluie battante, et, joignant les mains, implorèrent le dieu des combats, le dieu de leurs pères.

Et comme si leur prière avait tout à coup été exaucée, on vit aussitôt le ciel s'éclaircir, et le soleil paraître brillant.

Hallwyl tira son épée et s'écria :

« Braves gens, écoutez ce que vous dit un homme qui a vécu « dans les combats; cette journée sera la gloire de notre pays! voilà « que Dieu nous envoie la clarté de son soleil! Allons, pensez à vos « femmes et à vos enfants; et vous, jeunes gens, voudriez-vous « laisser les Italiens enlever vos amoureuses?... »

Une immense acclamation répondit à ces paroles, et bientôt le vieux chef ne fut plus en peine que de modérer leur ardeur.

Grandson! Grandson! criaient-ils tous d'une seule voix.

Et ils s'élancèrent sur les ennemis.

Vous le voyez, Charles le Téméraire avait deux torts.

D'abord : avoir été vaincu à Grandson.

Ensuite : se mettre volontairement dans le cas d'entendre désigner ainsi ses troupes : *ces Italiens !*

Mais que l'on nous châtie du dernier supplice, nul ne nous empêchera de dire que cet Hallwyl, au nom gluant et visqueux, ainsi que son éloquence, avaient une horrible odeur de lait caillé.

Quand ses soldats criaient : Grandson ! Grandson ! les échos répétaient : — Gruyère ! Gruyère !

Cela ne les empêchait pas d'être de vaillants hommes, et leurs écrouelles héréditaires ne les rendaient point manchots.

A ce premier instant de la bataille, un incident insignifiant en apparence vint encore augmenter leur courage, et donner comme un heureux présage du résultat de cette journée.

Une troupe de chiens des montagnes, qui avaient suivi l'armée confédérée, animés sans doute par les cris de leurs maîtres, se précipitèrent en aboyant sur les chiens du camp de Bourgogne, et leur donnèrent la chasse.

Les chiens de Bourgogne, craignant peut-être de gagner la gale, s'enfuirent en hurlant, et n'essayèrent pas même de se défendre.

Le huileux Hallwyl dut très-positivement prononcer un discours alsacien à cette occasion. L'histoire clémente ne nous l'a pas transmis.

Uri et Argovin s'ébranlèrent, en agitant leurs pertuisanes au-dessus de leurs têtes ; Berne banda ses arcs géants. — Unterwald fit trembler la prairie sous le pas de ses lourds chevaux.

La bataille était engagée, et le sort des deux peuples était désormais entre les mains de Dieu !

Le camp de Charles le Téméraire était fortement défendu par un fossé et une haie vive. L'attaque fut impétueuse, mais reçue avec un égal courage.

Le duc ignorait le nombre de ses ennemis, et quand, après l'invasion du camp par les troupes d'Hallwyl, on vint lui annoncer que l'armée suisse s'ébranlait et se mettait en mouvement, il ne voulut point le croire, et adressa de dures et injurieuses paroles à celui qui lui assurait l'avoir vue de ses yeux.

— Quelle armée? dit-il; — où veux-tu qu'il y ait une autre armée que celle-ci?

Cependant rien encore n'était désespéré; si les Suisses attaquaient avec un acharnement inouï, les Bourguignons les repoussaient partout avec énergie. Sur certains points même, ils avaient eu l'avantage. Charles le Téméraire pouvait donc bien augurer du résultat de cette journée, quand tout à coup un grand cri s'éleva sur ses derrières...

Il se retourna, et aperçut le camp envahi de ce côté. C'était Oswald de Thierstein qui, par une manœuvre habile, avait tourné le camp ennemi, et y pénétrait avec toute son avant garde.

En même temps, Uri, Argovie, Berne et Unterwalden s'élançaient par dessus la haie qui défendait le flanc oriental.

Tout était perdu; il n'y avait plus qu'à chercher son salut dans la fuite, et Charles le Téméraire fut emporté par le flot de ses soldats épouvantés.

Il y avait à peine trois mois et demi depuis la défaite de Grandson!

Charles était vaincu encore.

Et pourrait-il se relever jamais de ce nouvel et terrible échec?

Du reste, si quelque chose put consoler le duc de ce nouveau malheur, c'était assurément le courage surhumain qu'avait déployé son armée dans cette fatale journée.

Jamais le nombre des morts illustres n'avait été aussi considérable.

Le duc de Sommerset, capitaine des Anglais, le comte de Marle, fils aîné du connétable de Saint-Pol, les sires de Gimberghes, de

Rosuirbes, de Mailli, de Montaigu, de Bournouville, et beaucoup d'autres furent abattus.

Jacques du Maës, qui portait la bannière du duc, se fit tuer en la défendant, et tomba la tenant serrée dans ses bras.

Mais la gloire des héros décédés profite-t-elle aux vaincus qui survivent?

Le duc Charles se battit de sa personne, comme un lion blessé et acculé.

Il ne se retira qu'à la dernière extrémité.

Ce fut à grand'peine qu'il put fuir ce lieu de désastre; ses chevaux avaient été dispersés; sans le page Laërti Duryïer, il n'eût point trouvé de relais; douze de ses serviteurs restaient seuls, et ce fut en leur compagnie qu'il gagna Morges, après une course désespérée de douze lieues.

Chose étrange! si la défaite de Grandson lui avait inspiré un profond abattement, il n'en fut pas de même de celle de Morat. On eût dit, au contraire, que cette défaite avait donné à son courage une nouvelle ardeur, à sa haine un nouvel aliment.

Charles le Téméraire se releva plus fort et plus impétueux que jamais!

Les Suisses, après la déroute, avaient fait du champ de bataille un véritable lieu de carnage. Tous ceux qu'ils y avaient rencontrés avaient été impitoyablement massacrés.

Ce peuple, aux mœurs potagères et champêtres, qui fut toujours si horriblement barbare dans la victoire, ne montra jamais autant de férocité.

« *Cruel comme à Morat!* » fut longtemps un dicton populaire dans ces contrées. On évalue à huit ou dix mille le nombre des hommes de l'armée de Bourgogne qui périrent dans cette journée, et l'on ajoute que la moitié au moins fut tuée de sang-froid.

Les douces habitudes de la vie des champs, la fabrication des fromages et la contemplation de la belle nature, donnent à ces goitreux un sang-froid de premier ordre.

Ils aiment presque autant le râle d'un ennemi mourant que leur ennuyeux *ranz des vaches*.

Notez que ces indépendants tuent pour le roi, quand le roi les paie.

Et qu'ils éparpillent sur toute la surface de l'univers civilisé un million de concierges voleurs!

Quand ils eurent bien tué, ils pillèrent mieux.

Ce sont des pères de famille rangés, économes, qui ne laissent rien traîner, comme on dit; ils savent le moyen indiqué par le Petit-Jean des *Plaideurs*, — lequel était aussi en Suisse, — *pour faire les bonnes maisons.*

Le camp du duc devint encore une fois la proie de ces dignes crêmiers. Il n'était plus aussi riche qu'autrefois, mais il y avait encore de quoi piller décemment.

La baraque de charpente qui servait de logis au duc était pleine de meubles de prix. Il s'y trouva de magnifiques étoffes, de rares fourrures, des armes d'un beau travail, une chapelle précieuse; un beau portrait du duc Charles en fut enlevé, pour être déposé en trophée à la ville de Morat.

Les gens de toute sorte que traînait après elle cette armée, les marchands, les valets, les filles de mauvaise vie, qui étaient au nombre de deux mille environ, se répandirent çà et là, se cachèrent dans les bois, demandèrent asile aux paysans, et regagnèrent à grand'peine le pays de Vaud ou le comté de Bourgogne.

II.

Le page Laërti Duryïer était un garçon de dix-huit ans, qui avait été amoureux de Marguerite Baumgarten, comme Marguerite Baumgarten avait été amoureuse du duc Charles de Bourgogne.

Il était petit et frêle pour son âge. Il avait de longs cheveux noirs sur un front pâle, et ses compagnons le raillaient, disant qu'il ressemblait à une femme.

C'est lui qui avait fermé les yeux de Marguerite.

Et il avait juré à Marguerite mourante, de servir le duc Charles jusqu'à sa mort.

Après la bataille, il perdit le groupe qui accompagnait le duc; il erra quelques jours dans la campagne, cherchant à gagner le pays de Vaud.

Partout, les paysans accueillaient avec commisération cet enfant faible, à l'apparence presque féminine. Nulle part on ne se cachait de lui.

Laërti Duryïer ne fut pas longtemps sans savoir qu'une mystérieuse menace était suspendue sur la tête de son maître.

Alors, il n'eut plus qu'une pensée : se rapprocher du duc et lui faire un rempart de son corps.

Charles de Bourgogne se multipliait pour faire face à toutes les difficultés de la situation.

Son armée détruite, il l'avait renouvelée comme par enchantement.

Il avait ordonné des levées extraordinaires, et malgré le mauvais esprit que témoignaient ses vassaux, il était parvenu à rassembler assez de soldats pour entrer de nouveau en campagne.

Seulement, par une étrange circonstance, il avait laissé un moment dormir sa haine contre les Suisses, et s'était dirigé vers Nancy, dont il voulait faire le siége.

Campo Basso était là.

Campo Basso avait des intelligences auprès du duc de Lorraine; il promit à ce prince de prolonger le siége autant que l'impatience de Charles le Téméraire le permettrait, afin de laisser aux troupes ennemies le temps nécessaire pour se préparer au combat.

Cependant, le duc de Bourgogne semblait ne point se méfier de Campo Basso.

Le duc de Bourgogne tenait Nancy, étroitement serré, et tout portait à croire que la ville ainsi assiégée serait bientôt dans la nécessité de se rendre.

Un fait assez remarquable se passa vers cette époque, et peu s'en fallut que Charles le Téméraire ne découvrît, grâce à cet incident, la trahison qui s'ourdissait contre lui.

« Il advint, raconte M. de Barante, l'auteur de l'*Histoire des ducs de Bourgogne*, que plusieurs gentilshommes, du parti lorrain, essayèrent de pénétrer dans la ville. Quelques-uns, et entre autres Siffrein de Baschi, gentilhomme provençal, et maître d'hôtel du duc René, se laissèrent malheureusement prendre par les assiégeants. Le duc de Bourgogne ordonna qu'ils fussent tout aussitôt pendus, disant que du moment qu'une place est investie et battue d'artillerie, ceux qui tentent d'y entrer sont dignes de mort, aux termes des lois de la guerre.

« Or, c'était justement par ce sire de Baschi que passait toute la correspondance du duc de Lorraine et du comte de Campo Basso.

« Celui-ci s'empressa de remontrer au duc que cet usage, suivi en Italie et en Espagne, ne s'était jamais pratiqué en France, quelque cruelles que fussent les guerres, et qu'une pareille dureté serait un sujet d'indignation générale.

« Le comte de Chimai, le comte de Nassau, le grand bâtard, qui se trouvaient présents, furent du même avis, et parlèrent des vengeances qu'une telle exécution allait attirer sur les prisonniers bourguignons. Tout fut inutile.

« Cependant le comte de Campo Basso insista avec tant d'obstination, revint si souvent à la charge, qu'irrité d'être ainsi contredit, lui qui ne l'était jamais, le duc entra dans une telle fureur, qu'il donna un soufflet à Campo Basso.

« Siffrein de Baschi, comme on le conduisait à la mort, se voyant sans nulle ressource, demanda à parler au duc, pour lui révéler un secret touchant la sûreté de sa personne.

« Alors, le comte de Campo Basso vit quel péril le menaçait.

« Heureusement pour lui, le duc répondit encore tout en colère : « Il ne cherche qu'à sauver sa vie ; qu'on écoute sa déclaration et qu'on se dépêche. » Cette parole fut rapportée au prisonnier. « Je ne puis parler qu'à lui, dit-il, mais rien ne lui importe davantage ; je vous en conjure, retournez à lui ; il donnerait un duché pour connaître ce que je lui ferai savoir. »

« Les prières de ce pauvre gentilhomme touchaient tous ceux qui l'écoutaient ; par pitié pour lui, autant que par affection pour le duc, quelques-uns coururent à la barraque de bois où il avait son logis. Mais l'Italien, maintenant aussi pressé de voir Siffrein pendu, qu'un moment auparavant il l'était de le sauver, se tenait à la porte du duc, et refusa de la laisser ouvrir. « Monseigneur ordonne qu'on se dépêche de les pendre, » dit-il, et il envoya un message au prévôt, pour hâter la mort de ces malheureux ! »

Siffrein de Baschi fut donc bel et bien pendu, et cette fois Campo Basso échappa encore à la vengeance qui le menaçait, si sa trahison avait été découverte. Mais cette joie ne fut pas de longue durée.

L'hiver était venu ; la neige couvrait au loin la campagne ; la bise sifflait âpre et froide.

Triste saison pour faire un siége !...

Le lendemain de la mort de Baschi, le duc de Bourgogne se trouvait sous sa tente de bois, entouré de ses plus fidèles serviteurs qu'il avait fait appeler, et dont il voulait recevoir les avis, avant de prendre une détermination.

Les uns conseillaient de lever le siége qui traînait en longueur, quoique poussé avec activité. Le temps était détestable, disaient-ils, la neige couvrait les chemins, et coupait la plupart des communications. C'était une affaire de patience ; on reviendrait à la belle saison ; les troupes auraient eu le temps de se reposer, et l'on pourrait reprendre les travaux de la guerre avec plus d'ardeur et surtout plus de fruit.

Les autres, au contraire, voulaient qu'on harcelât sans cesse les assiégés, qu'on lassât leur patience, qu'on effrayât leur courage. Quelques jours suffisaient. Une fois la ville prise, on pourrait se reposer tout à son aise.

Cette issue rendrait, d'ailleurs, l'espoir et la confiance aux troupes, et la saison prochaine n'en serait que meilleure.

Ceux qui soutenaient le premier parti étaient certainement en majorité.

Campo Basso ne fut pas de leur avis, et le duc de Bourgogne se rallia à son opinion :

— Mon père et moi, dit-il, nous avons toujours su vaincre les Lorrains, et nous les en ferons souvenir. Par saint Georges, je ne m'enfuirai point devant ces enfants. Au surplus, le duc René n'a pas, autour de lui, tant de gens que vous croyez. Les Allemands ne savent pas quitter leurs poêles en hiver, et ce n'est pas une saison où ils se mettent jamais en guerre. Ce soir donc, nous allons donner l'assaut à la ville, et demain nous aurons la bataille.

Comme on le voit, le duc de Bourgogne n'avait réuni ses capitaines que pour leur dicter ses volontés.

Quand ils furent partis, cependant, il montra plus de tristesse que d'ardeur ; et ayant renvoyé ses derniers serviteurs, il demeura seul, plongé dans de sombres et amères réflexions.

C'est un rude et cruel métier que celui de conquérant ! Charles le Téméraire était las de tant de luttes sans résultat, et il se demandait s'il ne s'arrêterait pas quelque jour sur cette pente sanglante où le sort des combats l'entraînait !

Depuis qu'il était entré dans la vie, telle avait été sa destinée : jamais de repos, jamais de bonheur; des luttes, toujours; des combats, des ruines, du sang partout!

Charles le Téméraire était las!...

En ce moment, la porte de la tente s'ouvrit.

Le duc releva le front, et reconnut vaguement les traits de celui qui entrait.

C'était son ancien page, Laërti Duryïer.

L'enfant était pâle; ses cheveux tombaient en désordre sur ses épaules; ses vêtements étaient couverts de neige; il était transi de froid.

— Que voulez-vous? demanda le duc.

— Monseigneur, répondit le page, je n'ai pas beaucoup d'instants à vivre désormais. J'ai voulu vous voir une dernière fois; j'ai voulu, avant le jour de demain, vous rendre un dernier service, en vous racontant ce que j'ai appris dans un pays qui vous hait, et dont chaque habitant a juré de se venger en vous assassinant.

Le duc haussa les épaules.

— Si tu es malade, enfant, lui dit le comte, il ne manque pas de médecins au camp...; je te ferai soigner... Quant à moi, nul danger ne me menace, et la journée de demain apprendra à ces ivrognes ce que pèse la vengeance du duc de Bourgogne.

— Monseigneur veut-il que je lui dise ce que j'ai vu et entendu? fit le page, dont la voix était pleine de fatigue.

— Non, répliqua le duc.

Puis, se ravisant, il reprit :

— Au fait, parle!

Le page parut se recueillir un moment, puis il commença d'une voix émue :

— La nuit dernière, monseigneur, j'étais à douze lieues environ de ce pays; j'errais au hasard à travers la campagne, quand, au détour d'un sentier, j'aperçus un groupe d'hommes réunis, qui semblaient causer avec animation.

Je me rejetai avec vivacité dans le sentier, parce que j'avais entendu votre nom...

— Ah! fit le duc.

— Je m'avançai vers eux avec précaution; je me tins à une distance convenable, qui me permettait d'entendre ce qu'ils disaient, sans courir risque d'être aperçu.

Avec votre nom, ils prononçaient aussi le nom du père de Marguerite.

— Quelle Marguerite? demanda Charles.

— Marguerite Baumgarten.

— Ah! fit encore le duc qui, cette fois, tressaillit.

— L'un d'eux disait, monseigneur : « Baumgarten a tenté d'assassiner le duc, et il a été pendu; Muller lui a succédé dans cette entreprise dangereuse, et il n'a pas réussi; c'est maintenant au tour de Schwartz!... C'est lui qui a été désigné par les francs-comtes de Neuchâtel; c'est à lui de prendre le poignard de Muller et à se rendre au camp du duc de Bourgogne. Schwartz est-il décidé à mourir pour la liberté de la Suisse?»

Alors un homme sortit des rangs, tira un poignard de sa ceinture, et l'élevant au-dessus de sa tête, il dit : « Schwartz délivrera son pays de la présence du tyran, il en fait le serment; et, dût-il mourir, il saura frapper au cœur celui que l'on appelle Charles le Téméraire. »

Le premier homme fit quelques pas en avant :

« Pars donc, dit-il à voix haute, et comme s'il se fût senti inspiré; pars, nos vœux te suivront, comme ils ont suivi Baumgarten et Muller! Tu trouveras, à la cour du duc, un homme du nom de Campo Basso; il te donnera les moyens d'assurer notre vengeance. Schwartz, la patrie a les regards sur toi! Que Dieu te donne le courage! »

J'étais plus mort que vif, en écoutant un pareil langage, monseigneur. Quand ils eurent cessé de parler, et qu'ils se furent éloignés, je sortis de l'endroit où je m'étais caché, et sans savoir précisément à quelle distance j'étais de Nancy, je me dirigeai en toute hâte vers ce camp. Il y a bien des jours que j'ai la fièvre, et mes jambes chancelaient sous le poids de mon corps. — Mais Dieu m'a soutenu, sans doute, car je vous ai trouvé, monseigneur, et je puis vous sauver.

Pendant ce récit, le duc de Bourgogne était resté pensif; il songeait peut-être à cette pauvre Marguerite, dont il avait pu oublier le nom, et qui, même après sa mort, veillait encore sur lui.

Car il reconnaissait Laërti maintenant.

Laërti, qui lui avait dit un jour le serment fait au lit de mort de Marguerite Baumgarten.

— Merci, lui dit-il, merci, enfant, tu es brave et dévoué; mais tu as sans doute exagéré tes craintes, car Campo Basso est mon ami, et jusqu'aujourd'hui rien dans sa conduite...

— Oh! prenez garde, monseigneur, dit l'enfant, prenez bien garde!

— Campo Basso m'est dévoué!

— Il vous trahit, et il vous perdra!...

Le duc sourit d'un air d'incrédulité, et répéta :

— Enfant, va te soigner!

Laërti Duryïer se leva aussitôt, salua tristement le duc, lui dit adieu avec des larmes dans la voix, et le laissa seul.

Le duc, malgré le calme factice qu'il avait voulu montrer, était agité profondément.

Dans ces hommes que Laërti avait vus, il avait reconnu les francs-juges, et il venait d'acquérir la certitude que la haine de ces hommes ne s'était pas apaisée; qu'ils poursuivaient avec acharnement leur œuvre de vengeance; et il se disait qu'un jour viendrait peut-être où il ne pourrait se défendre contre leurs poignards.

Il frissonna.

Car il savait mieux que personne si l'on pouvait se fier entièrement au comte de Campo Basso !

Le silence le plus profond régnait autour de lui ; le camp dormait ; on n'entendait de temps à autre que le cri monotone et prolongé des sentinelles qui veillaient aux abords des retranchements.

Le duc Charles était ému. Malgré lui, il se sentait envahir par de sombres pressentiments.

C'était le lendemain que devait se livrer la bataille, bataille décisive s'il en fut ; le duc comptait beaucoup sur sa troisième armée ; mais que devait-il advenir, si cette armée était détruite comme les précédentes ?

Et le souvenir de Grandson, et celui de Morat venaient creuser une ride à son front...

Tout à coup, au milieu du silence qui régnait de toutes parts, un cri terrible se fit entendre ; le duc se leva d'un seul bond, et s'élança éperdu vers la porte.

Il avait cru distinguer la voix du jeune page, et toutes les terreurs superstitieuses qui avaient cours à cette époque revinrent en foule troubler son esprit.

Laërti venait de lui dire qu'il était mourant,

Ce cri venait-il de l'autre monde ?

Au moment où Charles allait ouvrir la porte, Laërti Duryïer parut sur le seuil, mais pâle, demi-nu, la poitrine sanglante, et tenant dans ses mains tremblantes un poignard !...

— Je meurs, cria-t-il au duc, et celui qui m'a frappé de ce poignard... c'est...

Il n'en put dire davantage ; son sang se glaça, ses membres se raidirent, il poussa un cri suprême, et tomba inanimé sur le parquet.

Le poignard roula à ses côtés.

Les serviteurs du duc s'empressèrent aussitôt autour de lui.

Un médecin fut appelé; mais tout fut inutile : le page Laërti Duryïer avait cessé de vivre.

Charles le Téméraire avait relevé vivement le poignard que Laërti avait laissé tomber de ses mains, et, sur la poignée, il lut ces mots : TRIBUNAL SECRET !

III.

La nuit se passa. Le duc était en proie à une tristesse étrange ; nul n'osait l'approcher.

Il avait fait appeler Campo Basso.

Ce dernier quitta le lit de repos sur lequel on l'avait trouvé, et accourut aux ordres de son maître.

Quand on lui montra le cadavre de Laërti, il témoigna une grande surprise, et demanda qui était ce pauvre enfant.

Ceci fut dit si naturellement que le duc y fut trompé.

D'ailleurs, d'autres soins plus importants occupaient sa pensée, et cet incident ne pouvait le détourner longtemps des préparatifs du combat du lendemain.

Charles passa la nuit entière au travail avec son lieutenant favori.

Campo Basso lui promit la victoire.

Le lendemain, le duc s'arma de bonne heure, et monta sur un beau cheval, qu'on nommait Moreau.

Lorsqu'il voulut mettre son casque, le lion d'or qui en fermait le cimier se détacha et tomba :

— *Hoc est signum Dei !* dit tristement le duc.

Cependant il sortit aussitôt pour ranger son armée en bataille.

Nancy est situé, comme on sait, sur la rive gauche de la Meuse, à un quart de lieue environ de la rivière.

Les Lorrains arrivaient par la route de Strasbourg et par Saint-

Nicolas. Ils occupaient déjà le village de la Neuveville, et s'avançaient vers le camp des assiégeants.

L'artillerie des Bourguignons fut établie sur la route, à un endroit un peu élevé, de manière à arrêter la marche des Lorrains.

A sa gauche était la rivière ; à droite une pente couverte de bois ; le ruisseau d'Heuillecour, assez profond et coulant presque partout entre deux haies, couvrait son front et lui servait de retranchement.

Cependant l'armée ennemie s'avançait joyeuse et empressée.

La neige tombait à gros flocons ; le jour en était obscurci ; on ne voyait pas loin devant soi.

Une décharge de l'artillerie des Bourguignons, tirée hors de portée, indiqua qu'on approchait.

Les Suisses s'arrêtèrent, et un vieux prêtre de leur pays leur fit la prière : « Dieu combattra pour vous, dit-il, le Dieu de David, le Dieu des batailles. »

Tous s'étaient mis à genoux ; ils baisèrent la terre neigeuse. Le duc René était descendu de cheval pour prier avec eux.

Par-dessus son armure, il portait un habillement à ses couleurs : rouge et gris-blanc, et une robe de drap d'or, dont la manche droite était ouverte. La housse de son cheval était aussi d'or, avec une double croix blanche.

Dès que la prière fut achevée, il remonta sur son cheval, nommé la Dame, et leur adressa la parole en allemand :

— Mes enfants, dit-il, puisque l'ennemi est assez téméraire pour nous attendre et accepter la bataille, il nous en faut tirer une mémorable vengeance !

Et la bataille commença.

D'abord les Bourguignons parurent avoir l'avantage.

La cavalerie du duc René avait attaqué une des ailes de l'armée ennemie ; elle fut repoussée ; la cavalerie bourguignonne, au contraire, pressait déjà vivement les Lorrains, et le succès de cette importante journée aurait peut-être été pour la Bourgogne, si tout à coup on n'avait vu accourir, au son de leurs trompes, les gens d'Uri et d'Unterwalden.

C'était la troisième fois que ce son redoutable venait frapper les oreilles de Charles le Téméraire.

Il se rappela de nouveau Grandson et Morat, et se sentit glacé presqu'au fond du cœur!

Cependant il était courageux jusqu'à la témérité; il se raidit contre la destinée qui l'accablait, et ordonna à ses archers de se tourner contre les Suisses.

Mais, déjà, le découragement s'était emparé de ses troupes, l'armée qui les attaquait était trois ou quatre fois supérieure en nombre.

Le duc Charles se multipliait; on le voyait à la fois sur tous les points, animant ses soldats de la voix et du geste, se précipitant lui-même au plus fort de la mêlée. Mais que pouvait-il faire contre le souvenir de deux victoires qui électrisaient l'ennemi?

La bataille dura jusqu'à la chute du jour, et quand vint la nuit, la déroute des Bourguignons était complète.

Le feu fut mis au camp, l'armée entière fut dispersée, et chacun ne songea qu'à chercher son salut dans la fuite.

Charles le Téméraire était resté comme toujours, le dernier sur le champ de bataille.

Quand il vit que la partie était perdue, qu'il n'aperçut plus autour de lui aucun serviteur, les uns s'étant jetés dans la Meurthe, les autres ayant gagné les bois ou les campagnes, il tourna bride lui-même, enfonça ses éperons dans le ventre de son cheval, et quitta ce terrain jonché de morts, le désespoir dans le cœur.

La nuit était venue; un voile épais couvrait la campagne.

Le duc Charles allait devant lui, sans savoir de quel côté sa course l'entraînait.

Après un quart d'heure environ d'une course désespérée, il

arriva ainsi à une portée de couleuvrine à peu près de la ville, près l'étang de Saint-Jean.

Il était seul, aucun serviteur ne l'avait accompagné.

Son cheval s'arrêta.

Là encore, il y avait des cadavres étendus dans la neige et la glace, et le sang avait teint les eaux de l'étang.

Le duc entendit en ce moment le pas de deux chevaux lancés au galop, venir de son côté, et craignant d'avoir été reconnu, et de se trouver à la merci de ses ennemis, il pressa de nouveau les flancs de sa monture.

Les deux chevaux avançaient toujours à la voix de leurs cavaliers ; le duc eut comme un frisson.

A travers le silence de la nuit, il avait cru reconnaître l'une de ces deux voix.

Sa monture, en même temps, se cabra, et refusa d'avancer.

C'était comme un avertissement du ciel...

Et c'était le second!

Le duc eut peur et tira son épée !...

Mais déjà les deux cavaliers n'étaient plus qu'à une faible distance, et maintenant il pouvait distinguer leurs silhouettes sombres, à quelques pas seulement.

Quand ils l'eurent rejoint, un des deux hommes sauta lestement à bas de son cheval, et courut prendre la bride de celui du duc Charles, pendant que son compagnon s'approchait encore plus près, brandissant au-dessus de sa tête une longue et lourde épée à deux mains!

— Charles de Bourgogne! traître et foi mentie, dit-il d'une voix éclatante, arrête, — c'est Campo Basso qui te parle; ta dernière heure est venue!...

— Campo Basso! répondit le duc en pâlissant.

— Les francs-juges d'Allemagne se vengent, monseigneur; que

Dieu te pardonne tes crimes, et que ta mort serve d'exemple aux tyrans futurs !

Celui qui venait de parler le dernier, était Schwartz ; il donna aussitôt un signal à Campo Basso, et ce dernier laissant retomber son épée à deux mains, fendit le crâne du duc.

Charles le Téméraire roula de son cheval, et disparut sous la glace de l'étang.

Si Charles eût été victorieux, Campo Basso eût baisé la poudre de ses bottes.

S'il eût bien voulu donner un ducat par jour à Schwartz, cet homme farouche eût été son concierge fidèle à perpétuité.

Deux jours s'étaient écoulés depuis ce meurtre, et nul ne savait ce qu'était devenu le duc de Bourgogne. Les vainqueurs surtout en étaient fort inquiets, car ils comprenaient bien que le duc ne tarderait pas à se relever de cet échec, et à tenter quelque nouvelle entreprise.

Les bruits les plus contradictoires circulaient sur son compte. Les fuyards surtout racontaient les romans les plus étranges ; de telle façon qu'en peu d'instants il se forma dans les pays voisins, et de proche en proche, dans tout le royaume et en Flandre, des opinions diverses sur la disparition du duc Charles.

Ici, on affirmait qu'il s'était enfermé dans un château du pays de Luxembourg ; là, qu'un de ses serviteurs l'avait ramassé blessé sur le champ de bataille, et le soignait dans une retraite inconnue.

Ailleurs, on disait qu'un seigneur d'Allemagne l'avait fait prisonnier et l'avait secrètement emmené de l'autre côté du Rhin.

La croyance générale, celle qui plaisait le plus, comme plus merveilleuse, c'est qu'il n'était pas mort, et que bientôt on le verrait reparaître.

« Gardez-vous bien, disait-on dans quelques villes de ses États, de vous comporter autrement que s'il était vivant encore, car ses vengeances seraient terribles à son retour. »

« Cependant, dit M. de Barante, un soir le comte de Campo Basso, *qui en savait plus que nul autre sur le sort du duc*, amena au duc René un jeune page nommé Baptiste Colonna, d'une illustre maison romaine, qui, disait-il, avait vu de loin tomber son maître, et saurait bien retrouver la place.

« Le lendemain mardi, 7 février 1477, sous la conduite de ce page, on se mit à chercher de nouveau le corps. Il se dirigea vers l'étang de Saint-Jean ; arrivés en cet endroit, on trouva à demi enfoncés dans la vase du ruisseau qui remplit cet étang, près de la chapelle de Saint-Jean de l'Atre, une demi-douzaine de cadavres dépouillés. Une pauvre blanchisseuse de la maison du duc s'était, comme les autres, mise à cette triste recherche : elle aperçut briller la pierre d'un anneau au doigt d'un cadavre dont on ne voyait pas la face. Elle avança et retourna le corps : « Ah! mon prince! » s'écria-t-elle ; on y courut. En dégageant cette tête de la glace où elle était prise, la peau s'enleva ; les loups et les chiens avaient déjà commencé à dévorer l'autre joue ; en outre, on voyait qu'une grande blessure avait profondément fendu la tête depuis l'oreille jusqu'à la bouche. »

Les médecins ordinaires du duc furent appelés pour constater l'identité ; ils le reconnurent à certaines marques.

Ils retrouvèrent la cicatrice qu'il portait au cou : deux dents manquaient au cadavre comme au duc ; les ongles longs ; la trace de deux abscès, l'un à l'épaule, l'autre au bas-ventre ; enfin, un ongle retourné dans la chair à l'orteil gauche.

Il n'y avait pas à en douter, c'était bien le duc Charles.

Mais le nom du meurtrier fut toujours un mystère pour l'histoire, et aujourd'hui même, ce n'est qu'avec une certaine circonspection qu'on peut mettre le meurtre sur le compte de la terrible association des francs-juges. Néanmoins, la plupart des auteurs laissent planer de graves soupçons sur la vehme suisse et surtout sur l'Italien fieffé Campo Basso.

Par le fait, Charles le Téméraire était trop redoutable à l'Allemagne, son ambition, sa turbulence, ses cruautés l'avaient rendu trop odieux, même aux peuples étrangers, pour qu'on hésite à attribuer sa mort à un crime.

D'ailleurs, ce n'était pas la première fois que l'association s'adressait à des princes. Nous l'avons vu monter plus haut, et frapper même des empereurs!...

CHAPITRE III.

Les vampires. — Prague. — Les trois villes. — Légende de Libussa la belle reine de Bohême. — La tour mortelle. — Les amoureux de la reine. — Le prince noir. — Comment le prince noir monta à la tour en n'en redescendit point. — Libussa meurt d'amour. — Ce qu'était le prince noir. — Les Ottocar. — Philippe Ottocar. — Le château de Messein. — Constance. — L'inconnu. — Visites des vampires. — Duel de Philippe et du vampire — Le cimetière de Prague. — Exhumation du vampire. — Squelette percé d'un fer rouge. — La lèvre du vampire. — Le vampire transformé en franc-comte. — Dernière lutte. — Dénouement heureux et tranquille. — De la différence essentielle qui existe entre un franc-juge et un vampire.

I.

C'était au commencement du seizième siècle, dans ce pittoresque pays que les fantaisistes de tous les âges ont aimé et chanté.

La Bohême, contrée délicieuse, qui n'a d'autre tort que d'avoir donné son nom à ces populations batraciennes (d'artistes et de savants), qui salissent la boue de nos ruisseaux.

La Bohême était, à cette époque, un pays d'un aspect sauvage, couvert de forêts presque impénétrables, où s'ouvraient des précipices affreux, creusés aux pieds de hautes montagnes. Ce n'est pas cependant que le paysage y fût généralement triste, au contraire. Rien ne saurait donner une idée du charme qui ressortait de cette longue suite de tableaux où les contrastes les plus étranges se présentaient au regard ravi.

Ici, des pics neigeux qui s'élançaient audacieusement vers le ciel ; là, des gouffres au fond desquels poussait une végétation luxuriante.

Des petits villages entiers cachés derrière les feuilles vertes des melèzes ; des forteresses redoutables penchant sur le flanc des montagnes leurs murailles noires et haut-crénelées.

Rarement, ce pays avait été le théâtre de luttes sanglantes.

Le sol y était trop accidenté pour fournir un champ de bataille convenable à deux armées belligérantes; quelques seigneurs s'y étaient donné de temps en temps le plaisir de petites guerres d'intérêt qui n'avaient rien de bien dangereux d'ailleurs pour la tranquillité générale.

Ceux que l'ambition ou le désir de la guerre emportait, quittaient le pays, avec quelques vassaux armés à leurs frais, et allaient se mettre à la solde de quelque haut baron de l'Allemagne.

C'est ainsi, du reste, que se recrutaient normalement les armées du moyen-âge.

Point de cohésion entre les diverses parties d'une même troupe, point d'unité, une confusion pittoresque de bannières et de drapeaux, mais nul ordre, mais pas la moindre attache !

Ces bannières qui marchaient ensemble aujourd'hui, pouvaient marcher demain les unes contre les autres.

Cette situation a été la cause de cet état de trouble incessant dans lequel l'Europe a été tenue pendant si longtemps. La paix froissait trop particulièrement les intérêts de ces bandes nomades, de ces capitaines de fortune, pour que la paix pût durer quelque peu.

Nous avons vu les condottiéri quitter l'Italie pour aller servir, tantôt le duc de Bourgogne, tantôt le roi de France, celui, en un mot, qui leur offrait les meilleurs gages, ou leur donnait une plus grande part du butin.

L'Italie a toujours été la terre classique des hommes qui se vendent et ne se livrent pas. — La Suisse, au moins, produit des marchands de leur propre chair qui accomplissent le marché. — La Bohême fournissait son petit contingent aux guerres du moyen-âge et ne faisait point trop parler d'elle.

Elle avait donc été protégée de toute invasion étrangère par la conformation même de son sol.

Les habitants y vivaient heureux, sous la domination quelquefois un peu brutale de leurs seigneurs; ils payaient leurs redevances, faisaient leurs corvées, et, pour le reste, Dieu y pourvoyait.

Seulement, depuis quelques années, un germe de trouble et de terreur y avait été jeté, et ce germe avait été fécondé en peu d'instants, de telle sorte qu'au moment où nous prenons ce récit, le pays tout entier semblait avoir été envahi par une même épouvante superstitieuse.

Les Vampires !!

Voilà le mot qui était dans toutes les bouches, qui faisait trembler les mères, les pères, toutes les jeunes filles.

Les vampires !

C'est-à-dire la chose redoutable entre toutes! — la mort lente et honteuse !

Le mystère le plus effrayant et le plus souillé que jamais ait inventé la superstition.

Les vampires !

Ces monstres fabuleux, à l'existence desquels un fait récent, que tout le monde connait, — et qui a eu lieu dans le cimetière Montparnasse, à Paris, — force de croire.

Comment les vampires, êtres malfaisants, s'étaient-ils introduits en Bohême, c'est ce que nul n'aurait pu dire ; mais ils y étaient, c'est ce dont personne ne voulait douter !

Un soir de l'année 1503, un homme gravissait le chemin qui conduisait de Metnik à Prague; la nuit n'était pas encore tout à fait venue, et à travers les premières ombres transparentes du soir, on distinguait, à peu de distance, les silhouettes pittoresques de la Vieille-Ville ou du *Burg*.

Prague offre, en effet aujourd'hui, cette particularité singulière de trois villes juxtaposées, qui représentent chacune une époque dis tincte de la vie politique de la Bohême.

La *Nouvelle-Ville* ou NEUSTADT.

La *Vieille-Ville* ou LA BURG.

La *Ville-Blanche* ou WISSCHRAD.

La Ville-Blanche ou *Wisschrad* rappelle les commencements de la Bohême ; c'est la ville sacrée par excellence, qui garde encore aujourd'hui comme un dépôt, dans son enceinte, le palais des anciens rois, et la magnifique cathédrale.

C'est le berceau de ce pays ; c'est de là que sont sorties les plus merveilleuses légendes des temps primitifs.

La *Burg*, au contraire, est la ville féodale ; la conquête de l'esprit du moyen-âge, l'art symbolique de cette époque de foi ; la ville des États, aussi, résumant ce mélange inouï de tyrannie et de liberté, qui était le rêve politique des bourgeois de cette époque.

Enfin, la Ville-Neuve, *Neustadt*, c'est l'esprit moderne dans tout son éclat, sa vivacité, avec ses formes précises et positives.

Trois villes, enfin, différentes d'aspect et presque de mœurs, qui racontent, par leurs monuments, l'histoire de l'époque à laquelle elles remontent.

De ces trois villes, Wisschrad, la Ville-Blanche, est, sans contredit, .a plus intéressante, la plus digne d'attirer l'attention de l'historien.

Elle est pleine de souvenirs populaires : tous les paysans de la Bohême vous raconteront les légendes qui s'y rapportent. Une, surtout, doit trouver place dans ce récit, en ce qu'elle se rattache précisément à cette tendance vers le merveilleux, qui est le fond même de l'histoire que nous allons raconter.

C'est la légende de la reine Libussa.

Vers le sixième ou septième siècle, il y avait en Bohême une reine du nom de Libussa : une reine chrétienne.

Elle était jeune, la reine Libussa ; elle était belle, et se faisait aimer chaque jour davantage par ses sujets.

Il n'y avait qu'une voix sur elle ; et, dans tout le pays, chacun se répandait en louanges sur sa vertu, sur sa beauté, sur sa sagesse. Voilà ce qu'on disait de Libussa, la reine.

Elle avait dix-huit ans à peine, et jamais encore on n'avait pu élever le moindre doute sur sa virginité, — ce qui est étrange, ajoute le chroniqueur, Bohême dépourvu d'illusions.

Elle vivait chastement et saintement, et repoussait systématiquement tous les princes qui venaient demander sa main.

Comme elle était seule au monde, Libussa, comme elle était libre et reine, elle n'éprouvait pas le besoin de se donner un maître, et pendant longtemps, on partagea ce sentiment autour d'elle.

Mais, au bout de quelques années, cependant, l'opinion publique sembla changer à cet égard. On pensa que la reine Libussa pouvait mourir ; qu'alors le pays serait déchiré par la guerre civile ; que bien des prétendants se mettraient sur les rangs, et que les divisions qui s'en suivraient jetteraient naturellement le trouble et le désordre dans le royaume.

La reine une fois mariée, au contraire, le pays se trouvait à l'abri de ces éventualités terribles ; si la mort venait à la frapper, son époux restait, et après son époux, leurs enfants... Cette suite de successeurs naturels suffisait à rassurer le pays ; et, en peu de temps, cette idée prit racine dans tous les esprits.

Les hommes que l'on choisit pour féconder les reines sont, en général, des hommes sains, bien épaulés, qui sortent de familles auliques habituées à ce genre d'affaires depuis des siècles, et qui produisent une énorme quantité d'enfants.

Quand ils ne produisent pas d'enfants, on peut, d'ailleurs, les réformer : c'est la loi.

Les Bohêmes, comme on voit, avaient flairé, en ces âges de ténèbres, l'idée des superbes haras royaux que tiennent Gotha, Cobourg, Mecklimbourg, Meinembourg, et autres provenances, en nos jours de lumières.

Le conseil des anciens s'assembla, et des remontrances furent faites à la reine Libussa.

On lui fit respectueusement part des craintes légitimes de son peuple, et on la supplia de choisir un époux.

« Heureux, ajoutaient les anciens, celui sur lequel tombera le choix de notre reine bien-aimée ! »

La reine, surprise d'abord et courroucée peut-être, réfléchit cependant, et, pour ne pas repousser absolument la proposition qui lui était faite, elle déclara qu'elle épouserait le prince qui serait assez courageux pour monter à la tour de *Wisschrad*, par le chemin que l'on avait pratiqué à l'extérieur de cette tour même.

Voilà ce que dit la reine.

Les anciens saluèrent sept fois, et se retirèrent contents.

Il faut, en définitive, peu de chose pour contenter les sénateurs, quand ils ont un bon caractère.

L'annonce de l'acceptation de la reine Libussa remplit tous ses sujets de joie, mais quand on apprit la condition qu'elle y mettait, la consternation devint générale ; ce qui donne à penser que cette tour de Wisschrad était fort haute, et l'escalier extérieur incommode au suprême degré.

Il était évident, disait-on, que cette condition n'avait été présentée par la reine que pour éloigner à jamais tout prétendant.

La reine n'avait pas eu, en effet, d'autre pensée, et elle se réjouit dans le fond de son cœur d'avoir songé à ce subterfuge. Libussa, la reine de Bohême, avait de l'esprit, vous verrez !

La tour de Wisschrad était bâtie sur un rocher à pic, dominant un précipice dont nul, dit-on, n'avait jamais pu sonder la profondeur; un chemin extérieur montait jusqu'à son sommet, et à mesure qu'il montait, il allait toujours en rétrécissant, de telle sorte que, rendu en un certain endroit, c'est à peine si le pied pouvait s'y poser !...

Cette tour était connue dans toute la Bohême, et cette sorte de galerie extérieure, qui conduisait de la base au sommet, était communément redoutée sous le titre de *Chemin de la mort*.

Le titre n'avait rien d'engageant, mais il exprimait faiblement le danger de ce chemin impossible.

Malgré la terreur qu'inspirait généralement ce lieu d'horreur, les prétendants à la main de la reine Libussa ne manquèrent pas; et quand on eut fait annoncer que la reine-vierge appartiendrait à celui qui serait assez heureux pour surmonter l'obstacle offert au courage de tous, on vit accourir plusieurs princes étrangers qui réclamèrent le dangereux honneur d'essayer le trajet mortel.

Avant de faire la périlleuse ascension, tous étaient admis à voir la jeune reine.

Aucun, après l'avoir vue, n'eut l'idée de reculer.

Pendant quelque temps, les fêtes se succédèrent; et, après chaque fête, un prince montait : mais l'issue de toutes ces entreprises fut terrible; nul de ceux qui partaient du pied de la tour ne parvenait au sommet.

Avant d'arriver à la fin du voyage, le vertige s'emparait de leurs sens, et ils roulaient bientôt au fond du précipice...

Tous, tous !

Si bien que l'Allemagne fut menacée de voir se perdre cette race utile des « *maris de reines* » qu'elle seule produit, et qui fait sa gloire éternelle !

Il en mourut tant et tant !

Vingt-neuf Gotha, trente-trois Cobourg, onze Lippe, treize Meinengen, Nassau, Saxe, Darmstadt, dix-huit Augustemboug, Strelitz, enfin de quoi remplir cinq almanachs !

Quelques années se passèrent ainsi ; la reine ne songeait nullement à adoucir la rigueur de la condition qu'elle avait mise à l'obtention de sa main, et les prétendants n'arrivaient dans la *ville sainte* que pour y mourir victimes de leur courage et de leur amour !

Leur mort ne paraissait laisser, d'ailleurs, aucun remords dans le cœur de la reine ; elle se flattait, au contraire, d'avoir ainsi échappé au danger qui la menaçait, et elle ne manquait jamais d'engager chacun de ceux qui tentaient l'entreprise, à y renoncer, en leur racontant la funeste issue des premières tentatives.

Jusqu'alors aucun de ceux qu'elle avait vu partir, n'avait éveillé dans son cœur une pitié sympathique.

Vous étiez bien cruelle, ô Libussa, reine de Bohême !

De nos jours, chaque reine use tout au plus deux ou trois sujets de la fabrique allemande.

Et nous avons des princesses protestantes, papesses et munies de cravaches, qui retombent douze fois en douze ans dans la position intéressante, avec la complicité d'un seul Cobourg !

Mais gardons mieux désormais le ton grave et fatigant, qui convient à l'histoire !

Déjà le conseil des anciens de Bohême désespérait des destinées de l'empire ; le peuple commençait à murmurer de tant de cruauté ; chaque jour, les prétendants devenaient moins empressés, et l'on prévoyait l'instant où nul n'oserait se présenter.

Une année entière s'était écoulée sans qu'aucun prince fût arrivé à la cour.

Libussa respirait; elle comptait bien avoir suffisamment effrayé les rétardataires, et elle se flattait de jouir bientôt seule du souverain pouvoir!

Un jour cependant devait changer soudain tout cela.

Un prince étranger, qui n'était ni Gotha, ni Lippe, ni Schauembourg, ni Augustembourg, ni Philippstadt, ni Rudolstein-Aschaffembourg, était arrivé dans Wisschrad; et sans dire quel motif l'y amenait, il vint demander asile au château même de la reine.

Il avait une suite nombreuse; il apportait des présents magnifiques; il était jeune, beau et riche; la belle Libussa l'accueillit avec son plus doux sourire.

Le prince avait, dit-on, les allures les plus singulières; il portait d'habitude une armure noire, montait un cheval noir; une plume noire se balançait en tout temps sur le cimier de son casque.

Quinze jours environ se passèrent sans que le prince étranger laissât rien percer de ses projets : ce n'étaient à la cour que fêtes et tournois de toutes sortes; des bals, des festins, des plaisirs à profusion; la reine n'avait jamais été si joyeuse; jamais sa beauté n'avait brillé d'un plus vif éclat; jamais son regard n'avait eu de plus charmantes et de plus vives étincelles!

C'est qu'aussi jamais, non plus, la cour de *Wisschrad* n'avait reçu un homme si distingué, si digne surtout d'attirer le regard des femmes, et de toucher leur cœur!

Toutes les dames de la cour le disaient, du moins, et la belle Libussa n'avait jamais osé les contredire.

Une nuit, la fête était au plus haut degré de sa splendeur au palais de la reine; on avait oublié le passé pour ne songer qu'au présent, et le plaisir mêlait et emportait dans un même tourbillon enivré, tout ce que la Bohême contenait de plus illustre!...

Le prince *noir* (c'est ainsi qu'on l'appelait, et on l'appelait ainsi parce qu'il était tout habillé de noir), le prince noir prenait peu de part à la joie qui régnait autour de lui. Son regard ne quittait pas la reine Libussa ; et, chose étrange, le regard de la reine n'évitait aucune occasion de le rencontrer.

Rien ne manquait à l'allégresse commune, quand, soudain, tout se tut ; un sourd murmure parcourut l'assemblée émue, les visages pâlirent, et l'on entendit les cris étouffés de plusieurs femmes dominer un moment le bruit de la musique.

Le prince noir venait d'annoncer, à ceux qui l'entouraient, que le lendemain il tenterait l'ascension de la tour de *Wisschrad.*

Quand ce propos arriva jusqu'à la reine, elle ne put dissimuler la peine qu'elle en ressentit ; elle pâlit, elle aussi, s'affaissa sur elle-même, et se laissa enfin tomber entre les bras de ses femmes.

Cet incident mit naturellement fin à la fête, et chacun quitta le château, se demandant avec terreur ce que deviendrait la reine, si le prince noir échouait dans son entreprise.

Le prince noir se retira dans son appartement, sans laisser paraître la moindre émotion, et se prépara, en prenant un repos salutaire, à l'entreprise périlleuse du lendemain.

Vers le milieu de la nuit, il fut réveillé par le bruit de sa porte qui s'ouvrait, et quand il regarda, il vit la reine Libussa elle-même entrer dans sa chambre.

Elle était vivement émue, la reine Libussa ; ses cheveux tombaient en désordre sur ses épaules ; elle portait sur ses joues la trace récente de larmes, et ne paraissait pas disposée à cacher son trouble et sa douleur.

Elle s'approcha doucement du prince, et le considéra un moment avec une sympathique pitié.

—J'ai appris, lui dit-elle, sans prendre souci d'excuser sa démarche, j'ai appris, seigneur, que vous aviez l'intention de tenter demain l'ascension de la tour de *Wisschrad.*

Le prince s'inclina respectueusement sans répondre.

Il faut croire, pour la décence de ce livre, qu'il avait eu le temps de passer ses pantoufles.

— Cette ascension est périlleuse, poursuivit la reine ; tous ceux qui l'ont tentée avant vous y ont péri ; je viens vous prier d'y renoncer, pour vous, pour moi, pour tous ceux qui vous aiment et tiennent à ne pas vous voir périr.

Le prince noir sourit.

— Pardon, madame, pardon, répondit-il, mais il m'est impossible, du moins pour cette fois, d'accéder à votre désir ; moi aussi je vous aime, madame ; j'ai l'ambition d'obtenir votre main, et comme mes devanciers, je ne reculerai devant aucun danger pour arriver à mon but.

— Mais c'est la mort !

— La mort, soit !

— Attendez, au moins.

— Et pourquoi donc ?... Mourir dans quelques jours, mourir demain, n'est-ce pas la même chose? Je vous aime, et je n'ai nul espoir d'être aimé.

— Qu'en savez-vous ?... murmura Libussa, la reine.

Le prince noir fit un soubresaut.

La reine Libussa laissa retomber ses grands cils sur ses beaux yeux.

En avait-elle trop dit, Libussa, la reine de Bohême ?

Le prince noir attendait.

— Écoutez moi, prince, poursuivit la belle Libussa, dévoilant peu à peu tout son cœur, écoutez : cette condition que j'ai mise à l'obtention de ma main, je puis la retirer ; ma main appartiendrait, dès lors, à celui-là seul que mon cœur aurait choisi ; et tenez ! je rougis de honte en le disant, mais jusqu'aujourd'hui j'ai ignoré ce que c'était que l'amour; et maintenant mon cœur se déchire à la seule pensée de vous perdre... Prince! prince! vous n'irez pas!

Le prince sourit encore de ce même sourire glacial que la reine avait déjà vu errer sur ses lèvres.

— Ce que vous me proposez est impossible, dit-il, en secouant la tête en signe de refus; que dirait-on de moi, en effet, si j'acceptais une pareille offre? que j'ai eu peur, que la mort m'épouvante, que je ne suis digne ni de vous, ni de votre amour; non, non, madame, ce que Dieu fait est bien fait; demain je monterai à la tour de *Wisschrad;* si j'en descends vivant, j'aurai la gloire de vous avoir conquise par mon courage; si je meurs, j'ai l'espoir d'être regretté!... Ceux qui m'ont dévancé n'ont eu qu'un seul de ces deux bonheurs...

La reine laissa tomber sa tête dans ses mains, et, à ces paroles, elle donna un libre cours à ses larmes. Ces orgueilleuses et ces cruelles, une fois qu'elles tombent, tombent toujours à genoux!

— Vous parlez de vous, monseigneur, de vous seul, dit-elle à travers ses sanglots; mais moi, je mourrai vingt fois durant ce trajet fatal; et si vous roulez au fond de ce précipice terrible, mon Dieu! vous ne savez donc pas que je mourrai!... Que je mourrai, parce que, je le sens bien maintenant, sans vous, la vie me sera insupportable!

Le prince prit les deux mains de la reine dans les siennes, et la consola du mieux qu'il put.

Mais quant à lui céder, non! Ce prince noir avait son idée.

— Les princes qui sont morts avant moi, lui dit-il, vous aimaient aussi, madame; et cependant vous avez été cruelle et sans pitié pour eux!

— C'est vrai! c'est vrai!

— Vous avez repoussé impitoyablement leurs prières, vous les avez vu mourir sans remords.

— Oh! je m'en repens, mon Dieu! je m'en repens!

— Il est trop tard maintenant, madame, car c'est Dieu qui vous punit.

Notez que le chroniqueur du pays de Bohême appelle cela *consoler*.

Heureusement la reine n'écoutait rien; elle se roula aux pieds de son amant, mouilla ses mains de ses larmes, le pria, le supplia, s'adressa tour-à-tour à tous les tendres sentiments de son cœur.

Mais le prince fut inflexible, et il déclara que le lendemain il accomplirait le voyage annoncé...

Le lendemain, toute la ville s'était donné rendez-vous à la tour de *Wisschrad*, et nul ne manqua à ce spectacle émouvant.

On avait répandu le bruit que la reine Libussa de Bohême aimait l'étranger, et cette particularité ajoutait encore à l'attrait de la situation.

Quand le soleil fut au plus haut de sa course, on vit arriver le prince, entouré d'un brillant cortége de seigneurs, et telle était la sympathie qu'il avait su inspirer à tous, qu'il n'y eut qu'une voix, à ce moment encore, pour le dissuader de partir.

Il était temps encore; il pouvait renoncer à sa périlleuse entreprise, tout le monde l'y engageait.

Mais le prince repoussa fièrement toutes les prières; et ayant serré la main aux seigneurs qui l'accompagnaient, il salua gracieusement les dames, et s'engagea dans la route étroite et difficile qui conduisait à la tour!...

Les vœux et les regards de toute cette population le suivirent avec une anxiété grande.

Pendant les premiers instants, tout alla pour le mieux.

Le chemin pratiqué dans le roc était encore assez large pour y poser les deux pieds, et en s'aidant des mains, on pouvait marcher. Le prince fit les choses comme il convenait. Il marchait avec une rapidité qui tenait du prodige, et ne paraissait pas s'apercevoir de la difficulté du chemin.

Mais quand il parvint à l'extrémité de la tour, quand son pied se posa sur le rebord devenu étroit, l'anxiété arriva à son comble parmi les spectateurs, et des cris s'élevèrent de toutes parts pour l'engager de nouveau à ne pas continuer.

Il répondit à ces cris par un salut, et poursuivit sa route.

On eût dit que ces dangers n'étaient qu'un jeu pour son courage, tant il mettait d'audace, d'aisance et de facilité dans cette course. Les acclamations montèrent jusqu'à lui, et ne cessèrent de se faire entendre, à partir de ce moment, jusqu'à celui où il atteignit enfin le sommet de la tour. — Car le prince noir atteignit le sommet de la tour, — cela par une route qui n'était pas plus large que le ruban d'une jarretière !

Telle est l'expression du chroniqueur indigène, à qui nous empruntons ces diverses particularités.

Pendant que ces faits se passaient dans la ville, la reine Libussa était enfermée dans un appartement retiré de son palais, et, agenouillée à son prie-Dieu, elle implorait le ciel avec des larmes et des sanglots. Les acclamations de toute la population vinrent tout à coup la tirer de sa torpeur.

Elle ne pouvait s'y tromper, c'était bien de la joie.

Une de ses suivantes accourut, qui la confirma dans son espoir, et un bonheur inouï, plein d'oubli et d'enivrement, s'empara de son esprit et de son cœur.

Sans prendre garde à l'inconvenance d'une pareille démarche, sans songer un seul moment à l'interprétation qu'on ne manquerait pas d'y donner, elle quitta le palais, courut à l'endroit où l'ascension avait eu lieu, et vint voir par elle-même le triomphe de son amant.

Mais tout avait subitement changé d'aspect sur la place de *Wisschrad*.

Les acclamations enthousiastes avaient cessé ; une morne stupeur était peinte maintenant sur tous les visages, et quand elle arriva, et demanda pourquoi cette consternation dans tous les regards, nul n'osa lui répondre.

Cependant elle apprit bientôt qu'après avoir gravi la pente qui menait au sommet de la tour, le prince noir avait de nouveau salué la population qui le comtemplait, et avait tout à coup disparu à tous les regards, sans qu'on pût savoir quel chemin il avait pu prendre.

La reine Libussa de Bohême attendit, mais en vain, le retour de son amant.

Les jours, les nuits s'écoulèrent lentement, sans apporter le moindre adoucissement à son cruel chagrin. Elle dépérit ainsi de jour en jour, usant ses forces et sa santé dans une attente dont rien ne venait calmer la douleur... Le désespoir s'empara de son âme, elle pâlit, ses joues se creusèrent; enfin, après deux années passées de la sorte, elle mourut, emportant les regrets d'un peuple qui l'avait aimée jusqu'à l'adoration.

Le lecteur trouvera peut-être que l'histoire tourne un peu court, — mais c'est la mode en Bohême.

Quant au prince noir, on ne le revit plus jamais, du moins dans le jour; car certains habitants de la ville de Prague affirmaient que souvent, dans la nuit, on l'avait vu sortir de l'abîme qui est au-dessous de la tour, se diriger lentement vers le palais de la ville sacrée, s'introduire dans la chambre de la reine, pour n'en sortir qu'aux premiers rayons du jour.

Voilà pourquoi la reine Libussa avait pâli.

Voilà pourquoi ses joues s'étaient creusées.

Voilà pourquoi elle était morte dans la solitude de sa virginité!

Le prince noir était un vampire.

II.

Mais revenons à ce jeune seigneur que nous avons laissé marchant dans le sentier de Melnick à Prague.

Ce jeune seigneur arriva comme il faisait nuit.

Il traversa toute la vieille ville de Prague, monta à la *Ville-Sacrée*, et se dirigea aussitôt vers le palais des anciens rois de Bohême.

Un gardien en défendait l'entrée; mais le jeune seigneur lui fit voir une bague qui brillait à son doigt, et le gardien s'inclina respectueusement pour le laisser passer.

Le jenne étranger poursuivit son chemin, monta au premier étage, et bien que l'obscurité eût envahi les appartements, il n'hésita pas un seul instant sur la direction qu'il avait à prendre.

Il arriva à une dernière chambre dont il poussa la porte; puis, l'ayant refermée avec soin, il alla s'agenouiller auprès d'un portrait, qui était celui d'un des derniers rois de Bohême!

— Mon père!... dit-il d'une voix émue, votre fils respectueux revient de Terre-Sainte, où il est allé visiter le saint sépulcre... Mon père, bénissez votre fils!...

Le jeune homme s'inclina en parlant ainsi, et demeura longtemps plongé dans ses méditations.

Puis il releva la tête, prit à la muraille une épée qui s'y trouvait suspendue, et sortit.

Il traversa de nouveau la Ville-Sacrée, la vieille ville, et quelques minutes après il se trouvait en pleine campagne.

Ce jeune homme était le dernier descendant de la famille des Ottocar, dont il portait le nom; il avait trente ans à peine, et revenait d'un voyage en Palestine, où il s'était vaillamment battu contre les infidèles.

Philippe Ottocar était digne de tous points de la grande famille à laquelle il appartenait; et ce n'est pas sans émotion qu'il revoyait ces lieux où il avait passé son enfance, et qu'il saluait les premiers témoins de sa jeunesse!...

Un autre sentiment se mêlait encore à ceux que lui inspirait son pays. Il avait laissé au départ une jeune fille au cœur candide, à l'âme aimante, et il ne l'avait pas oubliée en songeant à la joie du retour!

Il y avait bientôt trois ans qu'il ne l'avait vue, et Constance de Messein était, au moment où il l'avait quittée, une des plus belles héritières qui fût au pays de Bohême.

Philippe Ottocar hâtait donc le pas; et le désir de revoir sa belle fiancée lui faisait complétement oublier les fatigues de la route.

Il marcha ainsi pendant environ deux heures encore, et enfin il aperçut, au loin, les tourelles élancées de la forteresse qu'habitait le comte de Messein, en compagnie de sa fille.

Nul ne savait son retour; on le croyait absent encore pour quelques mois, et Philippe se promettait d'avance de jouir de la surprise, de l'émotion, de la joie de Constance, lorsqu'elle le verrait arriver tout à coup, et prendre place au foyer du vieux comte.

La forteresse habitée par le comte de Messein avait un aspect singulier, qui étonnait et charmait tout à la fois le regard.

Bâtie sur le penchant d'une colline, au bas de laquelle coulait un bras de la Moldau, qui passe à Prague, elle avait ce caractère de force et de grandeur qui distingue les édifices de ce genre que le moyen-âge nous a transmis.

De hautes tourelles, des ponts-levis, des remparts hérissés de machicoulis, tout ce qui constitue la défense bien entendue d'une habitation fortifiée.

Elle avait souvent servi de retraite aux vassaux du comte, dans les petites escarmouches des guerres de succession, et restait maintenant comme un monument qui rappelait à tous la valeur de ses premiers habitants.

Le comte de Messein était bien vieux déjà, et, chaque jour, il sentait les forces l'abandonner davantage.

Il avait perdu un fils bien-aimé dans les dernières guerres d'Allemagne, et s'il n'avait point eu sa fille près de lui, il aurait suivi de près son enfant dans la tombe.

Mais sa fille, c'était la joie et la consolation de ses vieux jours !

Quand le comte la voyait sourire à ses côtés, il oubliait les cruels soucis de sa vieillesse, et redevenait jeune pour aimer cette charmante créature.

Constance était, à cette époque déjà, la beauté la plus renommée du pays ; mais ce n'était pas sa beauté qui charmait le plus le vieillard, c'était cette sublime candeur qui éclatait à la fois sur son front, dans ses yeux, dans tous les traits de son visage !

Constance avait vingt ans ; elle n'avait jamais quitté son père, et n'avait aimé que lui. L'amour qu'elle ressentait pour Philippe Ottocar participait à l'innocence enfantine de sa nature, et son cœur n'avait jamais pu distinguer celui qu'elle aimait le plus, de son père ou de celui qui devait être un jour son époux.

Le vieux comte et sa fille avaient longtemps vécu dans cette tranquillité heureuse ; mais, depuis quelque temps, de singuliers changements s'étaient opérés chez les hôtes de Messein, et Philippe allait être, en y arrivant, bien cruellement surpris.

Constance se mourait d'un mal inconnu, étrange, dont aucun médecin n'avait pu encore déterminer la cause, auquel nul n'avait pu indiquer un remède.

Une nuit, un homme que personne ne connaissait, avait demandé l'hospitalité au château de Messein. Il avait été accueilli cordialement

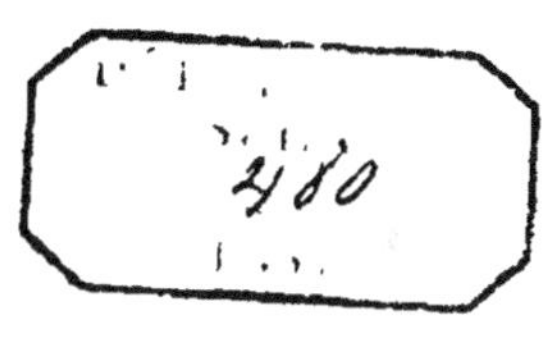

et avait paru singulièrement touché de la beauté de la jeune Constance.

Il était cependant parti aux premiers rayons du jour, sans même prendre la peine de saluer ses hôtes.

Depuis, il n'avait pas reparu, mais on s'était aperçu qu'à dater de ce jour, la jeune Constance avait dépéri, et bien qu'aucun événement n'expliquât un pareil effet, ses joues avaient pâli, ses yeux s'étaient creusés, une singulière langueur s'était emparée de tous ses membres.

Les mêmes symptômes enfin que la légende prête à l'inexplicable maladie de Libussa, la reine.

Constance n'aurait pas pu dire elle-même à quelle cause attribuer ce dépérissement inexplicable.

Elle ne souffrait pas ; le jour, elle était rieuse, enjouée comme à l'ordinaire ; mais quand arrivait le soir, son cœur se serrait involontairement, et son sommeil avait des tressaillements qu'aucune potion n'avait pu calmer.

Quand Philippe Ottocar arriva au château de Messein, toute la domesticité était sur pied, et il régnait de toutes parts une agitation inaccoutumée.

Après avoir frappé à tour de bras, il attendit longtemps qu'on vînt lui ouvrir ; le domestique qui accourut enfin le recevoir, le conduisit à une grande salle d'attente dans laquelle il lui annonça que le comte qu'il demandait allait venir le rejoindre ; et quand, en dernier lieu, le comte se présenta, à la place de la joie que Philippe s'attendait à voir briller sur son visage, il s'y peignit une sorte de contrainte que le jeune prince-chevalier chercha en vain à justifier.

Sur les pressantes questions de Philippe, qui se plaignait de cet accueil, le comte se décida, mais avec une répugnance manifeste, à parler de la maladie étrange qui s'était emparée de Constance ; il raconta l'arrivée au château de l'inconnu et son départ.

Et quand le jeune homme, interdit, lui demanda la cause du mouvement qui régnait en ce moment au château, le comte lui annonça que l'inconnu était de retour.

Et le comte, en lui annonçant le retour de l'étranger, baissait les yeux et semblait faire effort pour raffermir sa voix qui tremblait.

Le jour commençait à poindre à l'horizon.

Philippe voulut voir l'hôte fatal du château, et le comte qui n'était pas fâché d'avoir près de lui ùn jeune homme à la forte épée en cette circonstance critique, se hâta de satisfaire à son désir.

Il le conduisit lui-même à la chambre qu'occupait son hôte.

Mais comme la première fois, l'inconnu avait disparu sans prendre congé du comte et sans même que l'on pût dire quel chemin il avait pris.

Le comte de Messein et Philippe Ottocar demeurèrent confondus à cette nouvelle.

Il y avait là évidemment un mystère qu'il fallait pénétrer à tout prix, et Philippe jura qu'il sauverait Constance, dût-il laisser sa vie dans cette lutte qu'il allait entreprendre.

Car il était bien convaincu que la maladie de Constance et l'étranger se liaient par un mystérieux rapport.

Philippe, malgré ses longs voyages, n'était pas sans avoir entendu parler des vampires !....

Le jour était tout à fait venu cependant, et Philippe fut enfin admis à voir Constance : son cœur battait avec violence; une joie douce emplissait sa poitrine. Il prit la jeune fille dans ses bras, dès qu'il l'aperçut, et baisa saintement son beau front pur.

Constance était heureuse aussi, et la joie de cette rencontre rappela pour quelques instants l'animation et la rougeur sur ses joues fatiguées; mais comme si cette émotion avait épuisé le peu de forces qui lui restait, elle se laissa presque aussitôt défaillir, et tomba sans mouvement aux bras de Philippe éperdu.

Le trouble s'empara des sens de ce dernier, la colère souleva sa poitrine; il supplia le comte de le laisser un moment seul avec sa fiancée, et quand elle fut revenue à elle, il lui prit les mains et la conduisit près d'une fenêtre qui donnait sur la campagne, et de laquelle on apercevait au loin la ville de Prague.

Puis, dès qu'elle se fut assise, il l'interrogea.

— Constance, lui dit-il, de sa voix la plus douce, et avec une émotion qui prenait sa source dans la terreur superstitieuse que lui inspirait l'état dans lequel il venait de retrouver sa fiancée, Constance, j'ai voulu vous parler seule, loin de tout témoin, afin que vous puissiez répondre sans crainte, sans honte aux questions que je vous adresserai.

Constance regarda Philippe avec des yeux étonnés.

Elle ne comprenait pas ce langage, et cherchait vainement sa pensée au fond de ces paroles ambiguës.

— Que voulez-vous donc me dire, Philippe, répondit-elle, et quelles réponses aurai-je à vous faire que mon père ne puisse entendre comme vous?... des réponses qui doivent m'inspirer de la crainte ou de la honte ?...

Philippe la considéra un moment, et un profond soupir s'échappa de sa poitrine.

— Avant mon départ, Constance, il y a trois ans de cela, nous étions heureux, l'un près de l'autre; votre vie était la mienne, j'avais reposé tout le bonheur de mon avenir sur votre cœur, et je n'ai jamais rêvé d'autres joies en ce monde que d'être votre époux! Cependant, Constance, trois années se sont écoulées pendant lesquelles bien des événements ont pu se passer. Il se peut, Constance, que vous ayez aujourd'hui regret de m'avoir fait espérer, ou remords d'avoir manqué à vos serments.

La jeune fille baissa les yeux.

— Peut-être, reprit Philippe, peut-être ne m'aimez-vous plus, Constance; peut-être en aimez-vous un autre!.. Oh! s'il en est ainsi, si c'est là la cause de votre désespoir, ne me le cachez pas davantage; je préfèrerai votre bonheur au mien, soyez-en certaine; je ne laisserai pas échapper le moindre murmure, j'unirai même mes prières aux vôtres, pour tenter de fléchir la volonté de votre père.

Constance écoutait, et son sein se soulevait avec précipitation; des larmes amères coulaient le long de ses joues, et elle jeta un regard de doux reproche à Philippe.

— Philippe, lui dit-elle en pleurant, vous êtes bien cruel le jour de votre retour!...

— Je vous interroge, Constance, et j'attends votre réponse comme un arrêt de vie ou de mort.

Constance releva sur lui ses beaux yeux allanguis.

— A peine arrivez-vous au château de mon père, reprit-elle, que vous m'accusez d'avoir trahi mes serments, de ne plus vous aimer, d'en aimer un autre... que sais-je, moi!... Je ne serai pas aussi injuste que vous, moi, Philippe; je répondrai avec calme à vos paroles amères, et je vous parlerai, comme il y a trois ans, mon regard sur votre front, mes mains dans vos mains!.. Non, mon ami, non, je n'ai pas cessé de vous aimer; vous savez bien que vous êtes mon premier, mon seul amour!.. vous savez bien que ma vie est désormais étroitement liée à la vôtre, et que si vous étiez mort en Terre Sainte, moi je serais morte ici!..

Philippe mit ses lèvres sur ses mains blanches et froides.

— Vous vous étonnez de me voir ainsi pâlir et pleurer, reprit-elle encore, souffrir et mourir d'un mal inconnu, dont moi-même je ne puis dire le siége ou la cause; que voulez-vous, mon ami, il y a là-dessous un mystère lugubre, une sombre énigme, dont peut-être suis-je sur le point d'avoir deviné le mot terrible.

— Dites vous vrai? s'écria Philippe avec un éclair dans les yeux.

— Je l'espère! répondit Constance.

— Ah! Dieu soit loué, alors, poursuivit le jeune homme, car je ne laisserai pas s'échapper cette occasion de vous prouver que si mes soupçons étaient injustes, mon amour du moins est aussi sincère, aussi dévoué qu'à mon départ, — et j'espère qu'alors vous me pardonnerez ma folie.

Constance secoua tristement la tête.

— Si ce que je pense est vrai, dit elle, avec un pâle sourire, nous n'aurons pas longtemps à souffrir sur cette terre.

— Que dites-vous?

— Un mal sans remède...

— Expliquez-vous!

— Un ennemi qui ne pardonne pas... qui tue lentement, il est vrai, mais qui tue infailliblement.

— Parl. z ' parlez!

— Un VAMPIRE...

Constance prononça ce dernier mot d'une voix éteinte.

Mais ce mot retentit aux oreilles du jeune homme, comme l'éclat de la trompette sinistre.

Un vampire!

Philippe poussa un cri terrible, et retomba accablé et sans force auprès de Constance.

Il savait, en effet, quelle terrible puissance on accordait généralement à ces êtres que l'on appelle *vampires,* et comme Constance, dans le premier moment, il se laissa effrayer par cet infernal pouvoir que le vulgaire leur attribuait.

III.

Quand donc avait-on jamais entendu dire qu'un vampire eût abandonné sa proie avant la mort venue?

Quand donc avait-on ouï parler d'un vampire puni ou vaincu?

Ils venaient, sous les apparences de la beauté, de la force, de l'élégance, — toujours pâles, cependant, avec des yeux de feu, que le sommeil ne fermait jamais, — ils venaient dans les demeures nobles comme dans les pauvres cabanes.

Et la fille de la maison se prenait à pâlir...

Le sang de la vierge s'en allait comme l'eau fuit par les fissures d'un vase ébréché.

Tout son sang !

De telle sorte qu'elles mouraient, les pauvres filles, belles et blanches comme des statues de marbre.

Et le vampire, gorgé de sang, restait plus pâle qu'un linceul !

On disait que ce sang alimentait la flamme rouge de leurs yeux, et qu'il brûlait dans leurs regards comme l'huile dans la lampe...

Bien que superstitieux, Philippe avait un fond de religion éclairée, qui devait le faire revenir bientôt à un jugement plus sain de la situation.

C'est ce qui ne manqua pas d'arriver.

Il se dit qu'il fallait à tout prix s'assurer de la réalité, surveiller l'arrivée du vampire au château du comte de Messein, si vampire il y avait, épier ses moindres actions pendant son séjour, et le suivre à son départ.

Il fit part de son projet au comte de Messein et à Constance, et tous les trois, ils attendirent avec impatience le retour de l'hôte inconnu.

Toutefois, Philippe Ottocar avait une grande mission à accomplir, et il s'occupa, en attendant, des moyens de rendre tout son éclat au nom qu'il avait l'honneur de porter.

Le voyage de Philippe en Terre Sainte n'avait pas eu, en effet, seulement un but religieux, il avait eu encore un but politique.

Ce voyage n'était ignoré de personne en Bohême, on savait que le dernier descendant des rois du pays était allé combattre les infidèles, qu'il était allé visiter le saint sépulcre.

Ce voyage en Terre Sainte avait quelque chose de merveilleux, surtout peut-être depuis que le temps des croisades était passé.

Une sorte d'intérêt particulier s'attachait à ceux qui entreprenaient de pareils pèlerinages, et au retour, leur individualité en recevait un relief considérable.

Philippe avait compté là-dessus, et il n'avait rien négligé pour restaurer, s'il était possible, le trône de ses pères.

La Bohême était alors autrichienne.

Philippe Ottocar avait laissé en partant bon nombre d'amis, qui tous étaient las du joug de l'Autriche ; on ne demandait pas mieux que de retourner à l'ancien gouvernement; d'ailleurs un changement quelconque satisfait toujours certaines ambitions incessamment éveillées, et Philippe acquit en peu de temps la certitude qu'il serait suivi dans son entreprise par un nombre considérable de personnages importants.

Déjà des réunions secrètes avaient eu lieu, et pour mieux dissimuler leurs projets, les amis d'Ottocar avaient fait semblant de vouloir s'introduire dans les rangs de l'association des francs-juges.

A l'abri de cette association, que les empereurs n'avaient garde de poursuivre, ils pouvaient, en effet, tramer leurs complots tout à leur aise.

Il arrivait pour les francs-juges, ce que nous verrons arriver pour presque tous les *Tribunaux secrets*. Quand ces sociétés vieillissent, elles servent tout naturellement de cadre à des sociétés plus jeunes, plus actives.

C'est ce qui est arrivé, notamment de nos jours, pour les francs-maçons et les carbonari.

Philippe déploya, en cette circonstance, une grande énergie et une grande habileté.

Quinze jours après son arrivée au château de Messein, il avait rallié autour de lui tous ceux qui l'aimaient ou pouvaient lui être utiles; il avait visité toutes les cavernes où les francs-juges tenaient leurs séances, et donné des ordres pour que la conjuration s'étendît jusqu'aux extrémités de l'ancien royaume.

Le château de Messein était le centre de ses opérations, et c'est toujours là qu'il revenait après ses excursions, autant pour veiller sur sa fiancée, que pour rayonner sur les réunions qui l'entouraient.

Un soir, Philippe était dans la forteresse.

Trois semaines à peu près s'étaient écoulées depuis son retour, sans qu'aucun changement se fût manifesté dans l'état de Constance.

La gaieté qui était revenue parer son front, grâce à la présence de son amant, s'était peu à peu dissipée, et maintenant elle retombait encore, comme par le passé, dans ses mélancolies indéfinissables; elle soupirait, elle pleurait, elle se sentait malheureuse, sans qu'elle pût cependant dire ce qui la faisait souffrir et pourquoi elle pleurait.

Philippe se désolait de son côté, et se creusait vainement l'imagination pour chercher un remède à cette situation intolérable.

Ce soir là, Constance était moins triste que d'habitude; elle était assise entre son père et son amant, et près de ces deux hommes, qui l'aimaient, et qui semblaient avoir été placés là pour la protéger et la défendre, elle se sentait moins inquiète.

Philippe racontait son voyage en Terre Sainte, et le comte et sa fille écoutaient avec intérêt ces récits qui leur ouvraient une nouvelle vie, un autre monde.

Constance surtout tressaillait à chaque combat que son amant avait soutenu contre les infidèles, et elle frissonnait quand il racontait les dangers terribles qui l'avaient menacé?

La porte de la salle s'ouvrit, et un homme entra.

Philippe le reconnut aussitôt, c'était un des affiliés de l'association des francs-juges qui venait le convoquer pour le soir même.

Philippe s'arracha à regret aux charmes de cet entretien, fit seller son meilleur cheval, et après avoir salué le comte et sa fille, il partit.

La moindre hésitation eût pu lui être fatale; il importait à sa cause de ne négliger aucune occasion, de peur que ses amis ne se relâchassent eux-mêmes de l'activité qu'il leur avait recommandée.

Il partit.

Toutefois, il eut à peine fait un quart de lieue à travers la campagne, qu'il se repentit d'avoir quitté le château.

Au détour d'un sentier, il avait rencontré, en effet, un cavalier singulièrement vêtu, et qu'à sa tournure il n'avait pas tardé à reconnaître pour le VAMPIRE !

Il ne l'avait jamais vu, — mais une voix intime le lui désignait et lui criait : C'EST LUI !

Philippe fut sur le point de tourner bride.

Cependant, il pensa que cet homme ne se rendait peut-être pas à Messein, que d'ailleurs il allait faire diligence ; qu'enfin, il serait sans doute de retour avant le départ de l'inconnu.

Il enfonça, en conséquence, ses éperons dans le ventre de son cheval, et disparut avec la rapidité de l'éclair.

La séance fut courte dans la caverne de Bérann; Philippe crut pouvoir l'abréger encore. Il assigna un autre rendez-vous pour un des jours suivants, et remonta à cheval une demi-heure après.

Il repartit comme il était venu !...

Son cheval brûlait le sol et faisait jaillir mille éclairs sous ses pieds; la nuit était épaisse et profonde, la route bordée de précipices, mais la noble bête était habituée à parcourir les sentiers des montagnes, et elle amena son cavalier sain et sauf à la porte du château.

On attendait Philippe ; dès qu'il parut, le comte poussa un cri de joie, et lui annonça que l'hôte étrange que l'on appelait le *vampire*, était au château, et que l'on allait lui servir à souper.

Philippe éprouva une immense satisfaction en songeant qu'il allait enfin se trouver en face du mystérieux ennemi de la famille du comte, et courut avec ce dernier à la salle où le souper les attendait.

La salle était splendidement éclairée, le vampire s'y était déjà rendu, et il ne parut manifester aucune surprise, aucun étonnement en voyant arriver Philippe.

La conversation fut fort animée, et tout vampire qu'il était, l'hôte inconnu se montra plaisant convive. Seulement, le comte et Philippe remarquèrent qu'il ne touchait à aucun plat de venaison, et se contentait de légumes arrosés d'eau claire.

Malgré ce maigre régime, ce prétendu vampire traita les sujets les plus divers avec une véritable éloquence.

C'était un homme puissamment instruit, versé dans les sciences philosophiques, et qui semblait avoir visité tous les pays de l'univers.

Il demanda courtoisement des nouvelles de Constance.

Quand il prononça ce nom, Philippe vit bien que sa langue s'allongeait sur ses lèvres rouges comme du sang et humides.

Philippe vit aussi briller ses yeux ardents.

Ce fut tout.

Le souper terminé, il se retira, et un domestique le conduisit à la chambre que l'on avait fait préparer pour lui.

Puis, le lendemain matin, avant les premiers feux du jour, il fit seller son cheval, et partit comme d'habitude, sans prendre la peine d'aller saluer ses hôtes.

Mais Philippe avait tout prévu, et quand l'étranger sortit du château, il le suivit à quelques pas.

Pour la première fois, l'inconnu parut éprouver une vive contrariété de se voir ainsi épié, et quand il eut mis une certaine distance entre le château et lui, comme il s'aperçut que le jeune Philippe le suivait toujours, il se retourna brusquement et alla à lui.

— Pardon, mon jeune comte Ottocar, lui dit-il d'un ton railleur, mais je désirerais savoir si votre intention est de m'épier ainsi toute la nuit...

— Ce sera selon mon bon plaisir, répondit le jeune Philippe sur le même ton.

— Cette poursuite me déplaît cependant, ajouta encore l'inconnu.

— Croyez que j'en suis au désespoir, répliqua le comte, mais je tiens à savoir où demeurent les personnages qui vous ressemblent, et vous pouvez être assuré que je ferai tout ce qu'il faudra pour cela!

— Alors, je ne vois qu'un moyen d'éviter une telle importunité.

— Lequel? dit Philippe.

Le vampire tira son épée sans répondre, et en envoya la pointe droit à la poitrine de son adversaire.

Philippe se rejeta en arrière; quelques secondes après, ils croisaient le fer.

La nuit était fort sombre, ainsi que nous l'avons dit: on ne voyait à travers l'obscurité que les éclairs qui jaillissaient du choc terrible des deux épées.

Philippe était adroit, et nul ne maniait une arme comme lui; mais son adversaire n'avait ni moins d'adresse, ni moins d'habileté.

Une chose surtout surprenait Philippe et le glaçait d'effroi : vingt fois peut-être déjà il avait cru rencontrer le corps de son adversaire, et le percer de part en part; mais, à chaque fois, son épée ne rencontrait que le vide, et il entendait un rire sec et bruyant lui répondre.

Une fureur inouïe s'empara de son esprit, il oublia sa prudence et sa science ordinaires, et enfin, il sentit la lame de son ennemi pénétrer profondément dans sa poitrine.

Il poussa un cri et chancela.

Son adversaire n'en attendit pas davantage; il piqua des deux et disparut, prenant la direction de la ville.

Cependant Philippe s'était remis presque aussitôt; il serra vigoureusement la bride de son cheval, lui fit sentir les éperons et courut ventre à terre à la poursuite de son ennemi.

Une heure se passa ainsi, et ils arrivèrent enfin à quelque distance de la ville de Prague.

Là, l'inconnu s'arrêta.

Ils se trouvaient à la porte du cimetière.

Philippe se sentit frémir : un froid glacial pénétra ses os, et sa main lâcha la bride de son cheval.

Mais la situation même, quelque fantastique qu'elle pût être, lui rendit bientôt tout son courage et sa présence d'esprit; il sauta vivement à bas de son cheval, et avant que l'inconnu eût eu le temps de s'éloigner, il s'était précipité sur lui et lui avait arraché le poignard qui pendait à sa ceinture.

L'inconnu ne parut pas prendre garde à cette action, et disparut au milieu des sombres allées du cimetière.

Philippe le vit encore rôder à travers les tombes fraîchement remuées; puis enfin, il le vit descendre dans une de ces tombes.

Le vampire ne reparut plus.

Philippe, d'un grand coup d'épée, brisa un coin du marbre de cette tombe, afin de la reconnaître plus tard; puis il reprit le chemin du château de Messein, où tout le monde l'attendait avec la plus grande anxiété.

Il raconta en détail ce qui lui était arrivé, mais cacha avec soin le poignard qu'il avait arraché à son adversaire.

Sur le manche de ce poignard, on lisait ces deux mots : *Tribunal secret !*

IV.

Le lendemain, tous les gens du voisinage apprirent l'aventure qui était arrivée à Philippe Ottocar, et la ville de Prague s'en émut. Pendant quelques jours, on vint en foule au château de Messein, pour voir les lieux où avait passé le vampire, et on ne cessa d'adresser des questions de toutes sortes sur cet hôte singulier et dangereux.

Car il était bien convenu désormais que c'était un vampire.

Chose étrange! Philippe ne s'était pas ressenti de la blessure qu'il avait cru recevoir, et il remarqua même que son pourpoint n'avait point été déchiré par l'épée de son adversaire.

Constance était heureuse de voir que son amant avait échappé au danger qui l'avait menacé; mais sa santé attaquée ne se restaurait pas, et elle tremblait à chaque instant de voir reparaître le *vampire*.

Pour la rassurer, Philippe, d'accord avec le comte Messein, usa d'un moyen souverain, c'est-à-dire qu'il invoqua contre le vampire la puissance de l'église elle-même.

Il y avait deux choses à faire dans cette situation : rassurer les craintes superstitieuses de Constance, et punir exemplairement l'audacieux qui jouait le rôle terrible de vampire.

Si ce n'était qu'un homme, cependant, comment expliquer le dépérissement de la jeune fille?

Et cette scène du cimetière?

Il fallait l'autorité religieuse pour éclaircir ces derniers doutes.

Car Philippe en était convaincu maintenant, le vampire n'était autre qu'un homme comme lui; et cet homme, le poignard le prouvait du moins, devait appartenir à l'association des francs-juges.

Philippe se mit à l'œuvre, et bientôt il obtint du clergé de la *Ville-Sacrée* qu'on se rendrait en grande pompe, et très-prochainement, au cimetière où le vampire s'était arrêté, et qu'on fouillerait la tombe dans laquelle il avait disparu.

Dès que cette nouvelle se fut répandue dans le pays, elle éveilla au dernier degré la curiosité publique, et chacun se promit bien de ne pas manquer d'assister à un pareil spectacle.

D'ailleurs, les vampires inspiraient une horreur générale; et le peuple, qui avait si souvent tremblé à ce mot terrible, n'était pas fâché, peut-être, de contempler de près ces monstres dont on lui faisait un épouvantail, et de voir comment celui-ci se tirerait du mauvais pas dans lequel il s'était mis!

Au jour convenu, ce fut de tous les points de la province jusqu'au cimetière, une procession inimaginable de fidèles.

Sur toutes les routes, la foule se pressait d'accourir; et quand l'heure fut venue, le cimetière était envahi, et les flots de peuple refluaient jusqu'à une demi-lieue alentour.

C'était un silence plein de murmures bizarres. On attendait avec une anxiété, une impatience qui augmentaient d'instant en instant l'issue de cette cérémonie nouvelle, et chacun appelait de ses vœux les plus ardents l'arrivée du clergé.

Enfin, le clergé parut!...

On avait, pour cette fête, déployé toute la pompe du culte catholique.

D'abord, des jeunes filles, vêtues de blanc, chantant les psaumes d'usage; puis des enfants de chœur, des prêtres portant des bannières, sur lesquelles était représentée la passion du Seigneur.

Enfin, le chef de l'église de Prague, l'évêque de la contrée, avançait lentement, sous un dais ruisselant d'or et de pierreries; derrière lui, le bourreau, suivi de ses valets, portant sur leurs épaules un réchaud enflammé, fermait la marche!

Quand le peuple vit approcher du cimetière ce cortége solennel,

Il poussa des cris d'enthousiasme, et ouvrit respectueusement les rangs pour le laisser passer.

Philippe Ottocar ouvrait la marche avec le comte de Messein, et tous les deux portaient leur épée nue à la main.

Le cortége atteignit bientôt la tombe fatale que Philippe s'était chargé d'indiquer.

Les prêtres et l'évêque se rangèrent silencieusement autour, et les valets du bourreau ayant déposé leur réchaud enflammé à terre, saisirent leurs pioches, et commencèrent à creuser la tombe!...

Il y eut un mouvement instinctif d'épouvante et d'horreur dans la foule, qui reflua un moment vers la porte du cimetière; mais la curiosité la rappela bientôt, et elle se rangea de nouveau, silencieuse et attentive, autour du cercle de prêtres.

Les valets du bourreau continuaient de creuser.

A chaque coup de pioche, la terre rendait un son mat et sourd, et l'évêque ne cessait d'asperger et de bénir.

Enfin, les coups devinrent plus distincts et plus sonores, et l'on entendit les pioches résonner sur le bois même du cercueil.

Le bois se déchira, vola en éclats sur les assistants, et bientôt un cri d'horreur s'éleva des rangs de la foule émue!

Par un mouvement unanime, les rangs s'étaient reculés de quelques pas, et chacun levait les mains et les yeux au ciel.

C'est qu'en effet un spectacle horrible avait frappé tous les regards, au moment où le couvercle avait volé en éclats et laissé le cadavre à découvert!...

Un squelette était couché au fond de la bière, squelette hideux, dont les os semblaient avoir été récemment dépouillés de leur chair.

Par un phénomène singulier, la tête avait conservé encore une apparence de vie.

Cette tête n'avait plus d'yeux, ni de joues, ni de crâne, mais les lèvres restaient, et ces lèvres, rouges, charnues, humides de sang, semblaient encore remuer dans le vide.

Le comte de Messein se pencha alors à l'oreille de Philippe.

— Ottocar, lui dit-il, ne trouvez-vous pas que ce squelette ressemble....

Philippe répondit par un signe de tête affirmatif, et serra convulsivement la poignée de son épée.

Cependant l'évêque avait ordonné au bourreau de préparer ses instruments; un fer long et aigu fut placé dans le réchaud, et un instant après on l'en retira rouge et incandescent.

Le bourreau descendit dans la tombe, et sur l'injonction de l'évêque, il enfonça, à plusieurs reprises, son fer rouge dans la poitrine du squelette.

Et chaque fois, une épaisse fumée s'éleva de la tombe, et un cri d'horreur parcourut l'assemblée.

Pendant cette cérémonie, les chants religieux ne cessaient de retentir, et le peuple entier mêlait sa voix à celles des prêtres, des jeunes filles et des enfants.

Enfin, l'évêque jeta une dernière fois l'eau sainte sur le cadavre fumant, et ayant invoqué encore le secours du ciel, il reprit lentement la route de la ville, suivi du cortége qui l'avait accompagné!

Cette fois, le peuple demeura.

Chacun voulait voir par ses yeux, et, jusqu'au soir, ce fut une procession continuelle, et tous vinrent tour à tour contempler le cadavre, qui, la poitrine déchirée, semblait encore remuer de temps à autre ses lèvres rouges de sang!

Pour le dire en passant, cette exécution bizarre s'est renouvelée à plusieurs reprises en Bohême et en Hongrie.

L'historien Chellius (Scheill) parle d'un squelette du cimetière de Bade, qui avait ainsi gardé ses lèvres gonflées, et pour ainsi dire gourmandes de sang.

R. de Moraine del. Ferdinand sculp.

LE VAMPIRE

Quand le diacre lui perça la poitrine du fer rouge, le squelette de Bade ouvrit les lèvres, et, par un mouvement affreux, sembla sucer le vide.

Un vampire fut aussi déterré, et eut le cœur percé d'un fer rouge, à Temesvar, sur l'ordre du gouverneur de Valachie.

L'esprit moderne s'étonne à la bizarrerie de cette idée : transpercer un mort!

Passer un fer rougi à travers le cœur d'un fantôme!

Mais nous racontons, peu soucieux d'apprécier ces excentricités historiques.

Cependant, le comte de Messein et Philippe s'étaient éloignés depuis longtemps, et avaient repris à la hâte la route du château de Messein. Sans se rendre compte de la raison qui avait ainsi calmé leur inquiétude, cependant ils se sentaient soulagés.

On eût dit que cette exécution religieuse d'un cadavre avait rassuré leurs craintes, et, maintenant, ils s'attendaient à trouver, au retour, Constance revenue à la joie et à la santé!

Malheureusement, il n'en était pas ainsi.

Constance, quand ils revinrent, était sous l'influence d'une terreur superstitieuse qui ne lui permettait pas de raisonner. Elle s'abandonnait tout entière à l'épouvante, et malgré l'autorité de la cérémonie, provoquée par son père et son amant, elle se considérait comme condamnée à mourir, et ne croyait pas à la possibilité d'une guérison!

Philippe la retrouva donc aussi triste; sa terreur s'était peut-être même accrue, car elle ne doutait pas qu'elle allait se trouver exposée à la vengeance terrible du vampire.

Ainsi que nous l'avons dit, Philippe, après avoir accompli la première partie de sa tâche, ne songea plus qu'à s'occuper de la seconde.

Il avait encore le poignard qu'il avait arraché à la ceinture de son adversaire ; cet adversaire devait appartenir à l'association des

Francs-Juges, il fallait à tout prix le découvrir. Cette double expédition devait assurer, à coup sûr, le succès de son entreprise !

Il partit donc le même jour, et se mit à la recherche de son inconnu.

Mais il n'était pas facile de le découvrir.

Seulement Philippe était adroit, actif, courageux, aucun obstacle ne l'arrêtait ; nulle terreur n'avait prise sur son esprit !

Ses premières recherches ne furent pas couronnées de succès ; mais il n'en persévéra pas moins, et continua ses excursions.

V.

Un soir, Philippe Ottocar se trouvait engagé dans les hautes montagnes de la Bohême, à une dizaine de lieues environ du château de Messein.

La nuit l'avait surpris au milieu de ces montagnes, et il se serait infailliblement perdu, s'il n'avait aperçu à quelque distance une cabane de bûcheron.

Il ne se souciait guère de continuer sa route, par une nuit épaisse, à travers des chemins qu'il ne connaissait pas, et à deux pas de précipices sans fond !

Il se dirigea vers la cabane.

Mais cette cabane était située à une centaine de pas environ de la route, et il était impossible de s'y rendre à cheval.

Quand donc il se crut arrivé à une distance convenable, il sauta à bas de sa monture, l'attacha par la bride à la haie vive du chemin, et quitta la route, pour marcher vers ce gîte que le hasard lui présentait.

Il y avait de la lumière à l'intérieur, et Philippe s'apprêta, lorsqu'il en eut atteint le seuil, à frapper la porte du pommeau de son épée.

Mais, au moment où il allait frapper, il s'arrêta, car il venait d'entendre prononcer son nom.

Il colla aussitôt son visage contre cette porte, et, à travers les fentes, il put distinguer ce qui se passait au dedans.

Il restait comme pétrifié de surprise, après ce premier et rapide examen.

A l'intérieur, il y avait deux hommes : l'un était, sans doute, le bûcheron, auquel appartenait la cabane; l'autre n'était autre que le vampire lui-même !

Une curiosité haletante s'empara alors de Philippe ; il prêta l'oreille et écouta.

— Sujot, disait le vampire, tu es un homme comme il m'en faut un dans cette circonstance, et, si tu veux, je te récompenserai au-delà de tous tes souhaits !...

— Que faut-il faire, monseigneur? répondit le bûcheron.

— Tiens-tu à ton âme?

— Fort peu !

— Et à l'argent?

— Beaucoup !

— Tiens, prends cette bourse, et écoute-moi !...

Philippe entendit alors le bruit d'une bourse que le vampire tirait de son pourpoint, et qu'il envoyait à Sujot, le bûcheron.

Puis le vampire poursuivit :

— Tu connais, sans doute, ce Philippe Ottocar dont je te parlais tout à l'heure ?...

— Un peu, monseigneur, répondit le bûcheron.

— Il revient de Terre Sainte, et habite, en ce moment, au château du comte de Messein...

— Je l'ai vu au cimetière de Wisschrad, répartit le bûcheron, en se signant, c'est un beau et noble seigneur.

— C'est un suppôt de Satan, interrompit le Vampire, et c'est lui dont il me faut la vie, misérable, entends-tu?

Et le vampire frappa de son poing sur la table, avec une telle violence, que la lampe chancela et faillit tomber.

Sujot s'inclina.

— Quand je dis un beau et noble seigneur, ce n'est pas que j'aie pour lui la moindre amitié, balbutia-t-il. Monseigneur aurait tort de le croire, et la preuve, c'est que monseigneur n'a qu'à me dire l'heure et le jour où je pourrai le rencontrer, et il verra comment le bûcheron Sujot s'acquitte de la besogne qu'on lui confie.

— A la bonne heure!

— A quand donc, monseigneur?

— A demain.

— Le comte Philippe est donc par ici?

— Depuis deux jours.

— Et je le retrouverai?

— A deux pas de ta maison.

Philippe tressaillit à l'étrange vérité de cette parole.

Les deux interlocuteurs prononcèrent alors quelques mots à voix basse, que Philippe ne put entendre; puis, enfin, le bûcheron ajouta:

— Et quand tout ceci sera terminé, où pourrai-je vous trouver, monseigneur?...

— Demain soir, à la caverne des francs-juges de Karchau!... répondit le vampire.

Philippe n'attendit pas davantage; il quitta aussitôt son poste d'observation, remonta lestement à cheval, et s'élança dans la direction de la caverne de Karchau!

Ainsi, il n'avait maintenant plus rien à apprendre; le vampire n'était autre que le franc-comte de Karchau; le mystère était dévoilé; il savait en quel lieu surprendre son ennemi!

Il savait que le franc-comte était le chef contesté de la vehme, qu'il était soupçonné d'être autrichien dans le cœur.

Bon nombre des amis de Philippe faisaient partie de cette vehme. Sa tâche devenait, dès lors, extrêmement facile.

Il fit donc prévenir les membres de cette réunion qu'il connaissait ; le lendemain soir même, le franc-comte arrivait à la caverne pour y délibérer.

Philippe avait tout prévu.

Il se tint caché à quelque distance, attendant avec impatience le moment de paraître ; et quand l'assemblée se dispersa, il suivit le franc-comte, avec quelques amis, jusqu'à un endroit isolé, que la nature semblait avoir préparé exprès pour un duel à mort !

Dès que le karchau parut, il se plaça au milieu de la route, et lui barra le passage. Puis, lui ayant jeté une épée qui alla tomber à ses pieds :

— Monseigneur, lui dit-il d'une voix et d'un ton impérieux, il n'y a plus ni vampire, ni puissance surnaturelle, il y a deux hommes, portant chacun une épée, et qui vont défendre leur vie dans un duel à mort.

— C'est un guet-à-pens, s'écria le franc-comte en pâlissant.

— Défendez-vous ! dit Philippe...

— Un assassinat !

— Défendez-vous !...

Cette interpellation était faite d'un ton si impérieux, d'une voix si menaçante, que le franc-comte vit bien qu'il n'y avait pas à reculer.

D'ailleurs, les amis de Philippe lui fermaient toute retraite ; et bien qu'ils restassent étrangers à la lutte qui s'engageait, cependant leur attitude annonçait qu'ils étaient décidés à empêcher la fuite du franc-comte.

Ce dernier prit donc son parti en brave, il descendit de cheval, saisit son épée, et se mit en garde.

Un duel à une pareille heure de nuit, et dans ce lieu sauvage et solitaire, avait un caractère mortel. Philippe l'avait dit.

Le vampire avait disparu, il ne restait plus que l'homme, et l'homme avait éprouvé déjà avec quelle merveilleuse adresse Philippe Ottocar maniait son épée!

Ils se mirent en garde!

Pendant quelques minutes, les deux épées se choquèrent avec une fureur égale. Tous les spectateurs de cette scène étaient muets et attentifs, et l'on n'entendait que la respiration haletante des deux adversaires.

Philippe songeait à Constance.

Le triomphe, dans une semblable lutte, c'était le repos et la quiétude pour son amour; c'était un avenir de bonheur, c'était la possession sans partage de cette femme dont il avait fait le rêve de toute sa vie!

Son épée cherchait avec passion la poitrine du franc-comte, sans même prendre garde que l'épée de son adversaire le menaçait également. Il lui fallait son sang, sa vie; c'était la condition à laquelle était attaché son bonheur, et surtout celui de Constance.

Pour le franc-comte, c'était autre chose!

Philippe était en effet, pour lui, non seulement un adversaire, c'était encore le seul homme qui connût son secret. Il avait donc un intérêt puissant à le faire disparaître, et, bien que la nature lui eût refusé le courage, ce fut avec une sorte d'empressement qu'il s'élança contre son adversaire.

Mais il apportait dans ce duel la rage aveugle qui s'était emparée de son cœur, et comme Philippe, il déployait plus d'ardeur que de prudence.

Longtemps le succès fut incertain : tantôt, c'était le baron qui, pressé par le jeune comte, reculait tout en se défendant; tantôt, c'était Philippe.

Cependant tous les deux s'étaient déjà blessés ; le sang coulait de leurs blessures, et les témoins, qui ignoraient le motif de cette rencontre, voulurent un moment s'interposer; mais Philippe les repoussa énergiquement.

— Ce n'est point ici un duel ordinaire, répondit-il à leurs instances, c'est un duel où l'un des deux adversaires doit mourir, que ce soit moi ou le comte... Arrière donc, messeigneurs, et que Dieu nous juge !

Et la lutte, un moment suspendue, reprit aussitôt avec encore plus d'acharnement.

Cette fois, le duel semblait s'être réglé : chacun se tenait sur ses gardes, et n'attaquait qu'en se couvrant.

Toutefois, il était facile de voir que l'avantage était tout entier à Philippe, et que son épée menaçait bien plus souvent la poitrine de son adversaire !...

Enfin, dans un moment où le franc-comte pressait avec impétuosité Philippe qui rompait, l'épée de ce dernier décrivit un cercle foudroyant et alla se plonger tout entière dans la poitrine de Karchau.

Le vampire poussa un cri terrible, tourna deux fois sur lui-même, et alla tomber sans vie à quelques pas.

Les amis de Philippe entourèrent aussitôt le baron avec empressement, mais tous les soins furent inutiles.

Il était mort !

Philippe ne s'était battu que pour arriver à ce résultat ; dès qu'il vit tomber son adversaire, et qu'il eut acquis la certitude qu'il avait cessé de vivre, il s'éloigna et se hâta de retourner au château de Messein.

Le bruit courut dans le pays que, tandis que les témoins creusaient une fosse dans la terre, le cadavre du franc-comte s'était évaporé en fumée.

De retour au château de Messein, Philippe raconta à ses hôtes le duel qui avait eu lieu, la mort de Karchau qui en avait été la suite.

Constance trembla au récit des dangers que son amant avait courus; les terreurs qui l'avaient obsédée semblèrent se calmer en apprenant que celui qui les avait causées n'existait plus, qu'il avait été mis dans l'impossibilité de revenir jamais, tant par les soins du clergé de Prague, que par ceux de son amant.

Peu à peu, la santé lui revint, et deux mois s'étaient à peine écoulés, qu'elle devint l'épouse de Philippe Ottocar.

Nous avons dit cette histoire telle que la racontent les bouquins poudreux et latins de la Hongrie, parce qu'il s'y trouve un franc-juge.

Mais ce franc-juge était-il un vampire?

Peu importe, en vérité!

Coquin mélodramatique pour mélodramatique coquin, un vampire vaut bien un franc-juge, qui ne vaut rien du tout.

CHAPITRE IV.

Suite des francs-juges. — État de l'Europe au XVIe siècle. — Mouvements religieux. — Martin Luther. — Influence des réformateurs sur l'institution des tribunaux secrets. — Les cavernes de Bade. — Proclamation des derniers francs-juges. — Bonard Lerse et Georges Metzler. — Muni Metzler. — Les maçons libres ou *picoteurs de pierres*. — Antonio, le voyageur. — Enlèvement de Marie. — Le bourgmestre de Bade. — Les cloches. — Combat des deux tailleurs de pierres contre les francs-juges. — La chanson des picoteurs. — Invasion des cavernes. — Fin des francs-juges.

Jetons maintenant un coup d'œil rapide sur l'Europe du XVIe siècle.

Grande et solennelle époque! époque de rénovation artistique, politique et sociale!

L'Europe qui venait d'être profondément ébranlée par des guerres de toutes sortes, commençait enfin à se pacifier : les mœurs se polissaient de toutes parts, les beaux-arts renaissaient, les sciences se perfectionnaient, enfin, des inventions sublimes, de gigantesques découvertes venaient de changer la face du globe.

Voyez plutôt.

L'Italie des papes était le centre des lumières : ses villes devenaient chaque jour plus belles ; les palais de marbre s'élevaient çà et là comme par enchantement ; ses habitants formaient le peuple le plus éclairé ; les souverains se disputaient l'honneur d'ouvrir toutes voies au progrès de l'esprit humain.

Les papes, oui, les papes, calomniés par l'ignorance ou par le besoin de gagner quelques gros sous en flattant les passions bonnetières, les papes étaient notoirement à la tête de ce magnifique mouvement ; — les papes mettaient leur puissance sans rivale au service du progrès ; — les papes protégeaient les artistes ; les papes poussaient à la roue de la science ; les papes éditaient ces livres dont les épiciers blasphémateurs ont fait des cornets !

La papauté, quoique dépouillée déjà d'importantes et précieuses prérogatives, était encore la dignité la plus respectée dans l'Occident. Malheureusement, la mort venait de faire descendre du trône pontifical Innocent VIII, vieillard vénérable, et Borgia se faisait un jeu, pour escalader le trône, de fouler aux pieds les lois les plus sacrées.

L'Allemagne était alors aux mains de Frédéric IV, et son fils, Maximilien, qui devait lui succéder, venait de recueillir la riche succession des ducs de Bourgogne.

Ils ajoutaient tous deux à leurs vastes possessions de grandes prétentions et de hautes espérances.

Ces avantages auraient pu, sans contredit, les rendre les princes les plus redoutables de l'Europe ; mais faible, timide, uniquement occupé de son repos, Frédéric n'avait de passion que pour la paix ; tandis que Maximilien, ardent, impétueux, mais vain et imprudent, était aussi peu fait pour poursuivre de grands projets, qu'il était capable de les imaginer.

La France avait également changé d'aspect.

Les grands fiefs venaient d'être réunis à la couronne ; le gouvernement féodal était mort.

Le droit nouveau de fixer les impôts rendait le monarque tout-puissant, et les troupes soudoyées par le fisc ne marchaient plus que sous les ordres du prince.

Charles VIII régnait, monarque bien éloigné de la politique de son père ; mais affable, généreux, vaillant, avide de gloire, dominé par l'esprit des conquêtes, il avait toutes les qualités nécessaires pour les entreprendre, et aucun des talents pour les retenir.

L'Espagne venait enfin, grâce à l'inquisition, d'être réunie sous une même domination.

Les Maures avaient perdu leur dernier asile, et la Castille, si longtemps séparée de l'Aragon, formait avec lui un seul royaume, par le mariage des deux souverains.

Cette puissance, déjà si considérable, le devenait encore plus par la possession de presque toutes les îles de la Méditerranée, et par le caractère de ses deux chefs, tous deux ambitieux, tous deux habiles: Ferdinand, le plus grand politique de son siècle ; Isabelle, l'âme la plus élevée qui régnât en Europe.

Le premier, plus fin, plus artificieux, moins scrupuleux sur les moyens de parvenir ; Isabelle, plus généreuse, plus amie de la véritable gloire.

L'un et l'autre enfin, tendrement unis, plus encore par les liens de l'estime que par ceux de l'hymen.

L'Angleterre, déchirée depuis un siècle par les factions des deux Roses, respirait enfin sous Henri VII.

Ce prince, le premier de la maison des Tudor, avait pu vaincre les innombrables partis qui avaient agité les premières années de son règne, et commençait à jouir d'un calme qu'il devait à un esprit aussi ferme que prudent.

Seules, quelques-unes des républiques italiennes étaient loin de partager la tranquillité du reste de l'Europe.

Sous le nom spécieux de chef de la république, Pierre de Médicis régnait tyranniquement à Florence.

Ce prince n'avait guère hérité des vertus et des talents que ses ancêtres avaient employé à rendre leur patrie florissante.

Au nord de l'État ecclésiastique, on trouvait les petites souverainetés de Faenza, d'Imola, de Rimini, de Bologne, de Ravenne, usurpées sur le siége de Rome, en l'absence des papes.

Le sage Hercule d'Est régnait à Modène et à Ferrare; le brave François de Gonzague, souverain de Mantoue, se distinguait par ses talents militaires; une branche de ces paléologues qui avaient tenu le sceptre de Constantinople possédait la principauté de Montferrat.

Gênes enfin était courbée sous le joug des souverains de Milan, qui, avec le titre de protecteurs, y régnaient en maîtres.

Toutes ces petites républiques se jalousaient entre elles, et semaient partout le trouble et l'agitation.

Comme on le voit, l'état de l'Europe avait singulièrement changé depuis la fondation de l'institution des francs-juges : bien des siècles s'étaient écoulés, des pas énormes avaient été faits dans la voie du progrès, et chaque jour de nouvelles découvertes donnaient un essor plus vif à l'esprit des générations nouvelles.

Le temps des épouvantes superstitieuses était passé, et, sous ce rapport, la réforme de Luther avait profondément ébranlé la foi des peuples catholiques.

Ainsi qu'on l'a dit, Martin Luther avait dépassé de beaucoup le but qu'il voulait atteindre. Né dans le comté de Mansfeld, le 10 novembre 1483, d'un père forgeron, Martin Luther n'avait d'abord à introduire que de simples requêtes, des griefs : il n'attaqua, dans le principe, que les abus des indulgences; bientôt il attaqua les indulgences mêmes, et en nia absolument la vertu; puis, avançant toujours, et son sujet l'entraînant par connexité, et la dispute par sa violence, il ébranla tous les principes de l'Église sur la matière de la justification et des sacrements.

Toute une révolution enfin, qui a séparé une partie de l'Europe du Saint-Siége, et a produit plus de deux siècles de discordes, de fureurs et de combats sanglants et cruels chez toutes les nations.

Ce fut une lutte impie et odieuse dans son principe, malgré tous les prétextes dont on peut la colorer.

Luther avait mis dans ses intérêts une partie des princes d'Allemagne, en leur faisant envisager la riche dépouille des monastères, des évêchés, des abbayes, qu'il parlait déjà d'enlever à l'Église.

Luther avait fait, en un mot, par rapport aux princes, ce que les princes eux-mêmes avaient fait trop souvent à l'égard des soldats mercenaires et compagnies franches; il avait dit : Aimez-vous et pillez !

L'appel devait être entendu.

Les princes virent en rêve un fleuve d'or dévot qui coulait dans leurs caisses.

La guerre commença.

Quand devait-elle finir?

De toutes les guerres, celle-là fut la plus longue et la plus infâme.

Tout le sang qui coula pendant des siècles, les écrivains l'ont jeté à la face auguste du catholicisme.

On n'a pas voulu voir qu'il y avait provocation d'un côté, s'il y avait entêtement de l'autre.

On s'est emparé d'un fait politique, la Saint-Barthélemy, et sur la foi des vers mal rimés de *la Henriade*, on a taillé des millions de plumes d'oie, pour accabler *l'infâme*, — comme disait ce bon M. de Voltaire, en parlant de la religion catholique.

Mais les plumes d'oie, comme les glaives d'acier, se sont émoussées en touchant le bois de la croix.

Et de ces déchirements inouïs, que reste-t-il?

De ces déchirements causés par l'orgueil insensé de quelques professeurs?

Un maudit souvenir, — et tout un peuple abruti, amaigri, affamé, abâtardi par la plus honteuse oppression dont se souvienne l'histoire.

Cette oppression, les plus gentils caudataires de l'encyclopédie ne pourraient la mettre sur le compte des papes.

Car il s'agit de l'Irlande catholique, écrasée et volée, égorgée et pillée par l'Angleterre protestante.

Que reste-t-il, sinon ce mouvement immense, universel, auquel nous assistons depuis quelques années, — mouvement qui se produit en sens contraire des mouvements désordonnés du moyen-âge, — mouvement qui remonte du fond de l'abîme où croupit l'erreur, jusqu'à ces sommets qui servent de base au trône de la Vérité.

Ne voyez-vous pas que l'Angleterre elle-même, avec ses évêques usuriers, ses lords qui mangent chaque jour le dîner de dix mille hommes, ses marchands bigots et son souverain pontife qui est enceint de son huitième ou dixième enfant, ne voyez-vous pas que l'Angleterre s'agite dans les plis étroits du haillon de Calvin!

N'entendez-vous pas les cris de rage de son clergé obèse!

La voix avinée de sa jeune pairie n'a-t elle pas récemment déchiré nos oreilles!

Et ne voyons-nous pas le protestantisme anglais acculé, furieux, enragé comme tous les vaincus, tirer cent mille exemplaires de certaines estampes où le pape est représenté avec une queue de singe et des oreilles d'âne?

Digne vengeance! beaux efforts! noble artillerie!

Le protestantisme mourant ne salue pas César avec grâce comme le gladiateur antique.

Tout rouge de bière, tout bouffi de genièvre, il écarquille ses yeux apoplectiques; il *crève,* passez-nous le mot, en montrant le poing et en tirant la langue comme un boxeur de Covent-Garden.

Qu'il soit enseveli dans une reliure de bible falsifiée! et que son tombeau soit une barrique de *London-Porter!*

Mais, ô lecteur ami, malgré notre passion catholique, n'allez pas nous confondre, de grâce, avec ces odieux petits sacristains qui se font appeler le *parti catholique,* et qui gagnent leur méchante vie à déshonorer le catholicisme!

Le catholicisme est beau autant qu'ils sont laids.

Ce sont les fils bâtards de la Ligue, les héritiers rachitiques et perclus des tueurs de la Saint-Barthélemy.

Ce sont de petits êtres rampants, venimeux, méchants, qui cachent l'échine du cuistre sous la robe du bedeau.

Ces diminutifs de Tartuffe ont ameuté en tous temps les grands esprits et les cœurs généreux contre la vérité.

On s'éloignerait, en effet, du monument le plus splendide, si les degrés en étaient souillés d'ordure.

Mais, en définitive, les grands esprits et les cœurs généreux ont eu tort, car les ordures se balayent, — et pour qu'une lâche couleuvre ne barre plus le sentier verdoyant, il suffit de lui mettre le talon sur la tête, — et de passer.

Pour en revenir à cette réforme toute scholastique de Luther, et quoi qu'il en soit de son immoralité, elle eut du moins ce résultat incontestable d'introduire l'examen dans toutes les questions, même les plus redoutables.

Dès ce moment, on peut le dire, le rôle des francs-juges fut fini.

Quand on ne les craignit plus, on en rit, et comme les membres de l'association continuaient encore à se croire terribles, et se livraient toujours à de ténébreuses exécutions, on le prit une dernière fois au sérieux, — pour les écraser.

I.

A quelques lieues de Bade, il y avait, vers l'année 1515, une de ces sombres cavernes où naguère encore les francs-juges avaient coutume de se rassembler en concile.

C'était là le rendez-vous général de tous les masques et poignards de l'Allemagne et du nord de l'Europe.

Une sorte de diète souterraine.

Mais, depuis quelques années, la condition de ceux qui la fréquentaient avait bien changé, et c'est à peine si l'on y voyait descendre de temps à autre un des hobereaux entêtés appartenant à la noblesse des environs.

Vers cette époque cependant, il se forma à Bade une singulière association qui, sous ce même nom de francs-juges, arriva en peu de temps à une espèce de notoriété.

Les francs-juges de Bade étaient, pour la plupart, des jeunes gens dissolus, qui menaient une existence folle et dissipée, et tenaient à tout instant les bourgeois de la ville dans des terreurs insupportables.

L'empereur Maximilien régnait alors en Allemagne, et il avait mis tous ses soins à faire pourchasser les membres de l'association qui s'obstinaient encore à tenir leurs séances. Il avait presque réussi.

D'ailleurs, tout ce qu'il y avait de vie et d'intelligence dans le sein de la société avait cessé d'en faire part.

Ils avaient trouvé au dehors à utiliser leur activité et leur ardeur ; les luttes religieuses recrutèrent des partisans intrépides dans les cavernes, et il ne resta plus bientôt que les lâches ou les hommes qui trouvaient un grand profit à se couvrir d'un voile, pour se livrer à leurs cruelles et honteuses passions.

Maximilien l'avait bien compris ainsi, et il avait à cœur d'extirper les derniers ferments qui subsistaient encore.

La réunion des cavernes de Bade était composée de deux sortes d'hommes, souvent en hostilité, et qu'un intérêt commun, celui de la conservation, pouvait seul réunir.

Les anciens francs-juges avaient gardé les mœurs et les usages de leurs devanciers; les jeunes gens ne voyaient là-dedans que la facilité de satisfaire leurs fougueux désirs; mais jeunes et vieux savaient s'unir quand il s'agissait de défendre l'ORDRE, et de résister, dans ce but, aux prescriptions de l'empereur.

Il est presque inutile d'ajouter qu'ils faisaient la loi dans la bonne ville de Bade, et que, malgré la protection dont Maximilien semblait les couvrir, les bourgeois n'avaient garde de se révolter contre leur tyrannie.

Un jour, un étrange spectacle ameuta tous les curieux de Bade.

Il était six heures du soir environ, quand tout à coup le son de la trompe retentit, et peu après, un héraut suivi de sergents d'armes se mit à parcourir les rues étroites et sombres.

Un grand concours de peuple s'amassa aussitôt autour d'eux.

Les bourgeois s'accoudèrent à leur fenêtre, ou accoururent sur le pas de leurs portes.

Les questions se croisaient vives, rapides, et nul n'avait pu encore y faire une réponse satisfaisante.

Cependant le héraut s'avançait au pas tranquille de son cheval, sans se préoccuper des sarcasmes qu'il soulevait, calme et grave, comme il convient à un représentant de l'autorité : les sergents-d'armes contenaient la foule, et les trompettes, qui précédaient le cortége, faisaient retentir l'air de leurs solennelles fanfares.

Tout à coup, héraut, trompettes, sergents, peuple, tout s'arrêta.

On était arrivé sur la grande place de Bade.

La foule qui s'était grossie, à chaque carrefour, des curieux que chaque rue lui avait envoyés, se pressait maintenant, pleine de cris et de murmures, autour du cortége immobile...

Les sergents se mirent aussitôt en devoir de faire élargir le cercle mouvant, les trompettes sonnèrent une dernière fanfare, et le silence succéda au tumulte qui régnait un instant auparavant.

Alors le héraut déploya lentement un parchemin, auquel pendait un sceau de métal, et ayant promené à droite et à gauche un regard majestueux, il commença en ces termes :

« Au nom et par la volonté du très-haut et très-puissant *Tribunal secret,* le comte de Weisshaugt, seigneur de Meinstein et de Reichs, gaugrave de Froshthor, électeur de Burschteidt, défenseur des libertés, priviléges et franchises du pays badois, chevalier, procurateur du très-noble concile des francs-juges, etc., etc., etc.,

« Considérant,

« Que l'institution des saints-juges de Bade et des environs a laissé jusqu'à ce jour beaucoup à désirer ;

« Qu'il est utile, pour ne pas dire urgent, qu'une réforme soit introduite au sein de ladite association ;

« Que pour qu'à l'avenir nul ne soit plus exposé, par ignorance, ou toute autre cause, à jeter le trouble dans les familles, il importe que chacun connaisse exactement à qui il a affaire ;

« Considérant, en outre, qu'il s'agit d'une mesure de sûreté commune, pour laquelle il est bon que tous prêtent un concours généreux,

« Fait savoir à tous les habitants, nobles, bourgeois ou manants, tenus par les liens du mariage, qu'ils aient, le jour même, à l'heure de minuit, à se présenter à la caverne de Bade, sous peine d'être déclarés traîtres, et exposés, comme tels, à toute la vengeance du saint tribunal !

« Qu'on se le dise ! »

Dès que le héraut eut achevé la lecture de la pancarte qu'il tenait à la main, il fut salué par les cris injurieux de la foule : mais les sergents d'armes firent bonne contenance ; ils écartèrent les séditieux à coups de masses d'argent, et le cortége put reprendre sa marche magistrale au son des fanfares.

La foule s'écoula peu à peu dans toutes les directions, et la place de Bade se trouva bientôt déserte comme auparavant.

Deux hommes seuls étaient restés : l'un, jeune encore ; l'autre, vieux déjà.

Le premier était petit et fluet, il portait de longs cheveux noirs ; son regard était vague et distrait. Il paraissait avoir à peine compris ce qui s'était passé, et semblait plongé dans une profonde préoccupation.

Ce jeune homme, qu'on eût pris volontiers pour un enfant, si une petite moustache noire, aux courbes grâcieuses, ne se fût dessinée sur les tons blancs de ses joues, pouvait avoir environ vingt-quatre ans.

Sa taille souple était emprisonnée dans un juste-au-corps de velours brun ; sous la délicatesse de l'enveloppe, on devinait une de ces natures vigoureusement douées, et tout, dans son attitude, révélait une fermeté, une énergie peu communes.

Son visage se composait de lignes correctes et sévères ; sans être précisément beau, il possédait, cependant, cet éclat, cette jeunesse, cette dignité, enfin, qu'imprime au visage de l'homme une étude opiniâtre servie par une intelligence souveraine, et que la foule accueille toujours comme un signe de noblesse.

Ce jeune homme s'appelait Bernard Lerse.

L'autre personnage pouvait avoir quarante-cinq ans, et on lisait à première vue, sur son visage, cette rude franchise, ce courage moral qui est la vertu de l'homme du peuple.

Il s'appelait Georges Metzler, et il y avait deux jours seulement qu'il avait donné sa fille en mariage à Bernard.

Georges s'approcha de ce dernier, quand la foule se fut écoulée, et qu'ils se trouvèrent seuls sur la place de Bade, et lui frappant légèrement sur l'épaule, pour l'arracher à sa préoccupation :

— Bernard, lui dit-il, te voilà bien triste, mon ami ; sont-ce donc les mascarades des francs-juges qui t'enlèvent ta gaîté, ou le mariage a-t-il déjà pour toi des tristesses amères?

Bernard releva vivement la tête, et serra les mains de Georges dans les siennes :

— Ne blasphêmez-pas, père Metzler, s'écria-t-il, avec enthousiasme, ne blasphêmez-pas ; Marie est la plus pure enfant que Dieu ait faite à l'image de ses anges ; et je bénis chaque jour le bonheur d'être son époux.

— Alors, pourquoi cet air sombre? demanda Metzler, en essayant de sourire.

Bernard secoua la tête d'un air désespéré.

— Vous les avez entendus, mon père, ces hommes sont insensés ; ils se laissent aller sur la pente fatale qui les entraîne forcément au crime, et désormais il n'y aura plus pour nous ni repos, ni sécurité.

— Et pourquoi donc? fit Metzler.

— Ecoutez, père, reprit Bernard, après quelques instants de silence, ne m'avez-vous pas dit souvent que ce comte de Weisshaupt avait autrefois remarqué la beauté de Marie ; qu'il vous avait fait à son sujet des propositions infâmes ; que vous le teniez enfin pour un homme enfoncé jusqu'au cœur dans la fange des passions, et qu'il était capable de tous les crimes?

— Je l'ai dit et je le répète, dit Georges Metzler, le comte de Weisshaupt n'est pas un gentilhomme ! — c'est un ancien trafiquant qui a payé au poids de l'or le droit de porter ses titres grotesques... le comte de Weisshaupt a fait pis qu'il ne faut pour être cent fois étranglé tout vif.

— Eh bien, vous avez entendu... cette nuit, si je ne veux pas braver la colère de ces tyrans dissolus, il faut que je quitte ma demeure, que je m'éloigne, que je laisse Marie seule, exposée à toutes les insultes, à tous les outrages; vous comprenez bien, mon père, que c'est impossible, et qu'il faut que le comte de Weisshaupt quitte Bade, ou que nous le quittions nous-mêmes.

Bernard se tut, et Metzler, à son tour, parut se laisser absorber par ses réflexions.

Metzler n'avait rien vu autre chose qu'une assez mauvaise plaisanterie dans la mascarade des francs-juges; il ne pouvait se douter que le bonheur de sa fille fût en jeu, ou que son honneur courût quelque danger.

Mais lorsque Bernard lui eut ouvert les yeux, quand il eut compris la véritable portée de l'arrêté pris par l'association, tout changea d'aspect; il pâlit, son poing se ferma avec colère, et, se baissant à l'oreille de son gendre :

— Tu as raison, lui dit-il à voix basse, un grand danger nous menace peut-être : moi, dans ma fille; toi, dans ta femme!... C'est à nous qu'ils en veulent, à nous seuls... je le crois... Bernard, tu as du courage, n'est-ce pas?

— Vous en doutez, quand il s'agit de sauver Marie!...

— Non, non, je n'en doute pas... Bernard!... viens avec moi!...

— Où voulez-vous me conduire?

— Viens, te dis-je!... avant une heure, notre sort à tous sera décidé.

En parlant ainsi, Metzler entraîna son gendre, et tous les deux prirent la direction de la *maison commune*.

II.

Georges Metzler était un des savants *tailleurs de pierre* auxquels nous devons tous ces chefs-d'œuvre du moyen-âge que nous admirons encore aujourd'hui, et, à ce titre, il faisait partie de l'association des *maçons libres* de l'Allemagne.

Nous ne nous étendrons pas ici sur cette institution, nous y reviendrons plus tard avec tous les détails que comporte un pareil sujet : c'est, en effet, à l'association des *tailleurs de pierre* du moyen-âge qu'il faut faire remonter le commencement de la société des *francs-maçons*.

Disons seulement que la commune de Bade avait mis à la disposition des *maçons libres* un vaste local qui, chaque soir, réunissait les membres importants et actifs de l'association.

Ces réunions étaient fréquentes et tumultueuses : l'ambition des uns, la jalousie des autres, l'émulation de tous, jetaient au milieu de l'association une vie chaque jour nouvelle, qui dégénérait souvent en tumulte.

Ce soir-là, ils étaient tous réunis, comme d'habitude, autour du foyer commun.

Les conversations étaient fort animées ; on parlait d'art, de chefs-d'œuvre, de tous les travaux de l'esprit humain.

Composée de membres essentiellement nomades, l'association y gagnait en variété. Chacun apportait au centre commun, non-seulement le fruit de ses études, mais encore les bénéfices de ses voyages...

Jamais donc la causerie ne languissait, et, ce soir-là, la mascarade des francs-juges lui avait donné un aliment inaccoutumé.

Tout à coup la porte de la grande salle s'ouvrit; Georges Metzler et Bernard Lerse entrèrent.

A la vue de Georges, chacun s'était levé comme devant un maître, et tous coururent d'un mouvement unanime lui serrer la main; Metzler reçut ces marques de sympathie avec une dignité calme, et, ayant, par un geste, imposé silence à toutes les questions:

— Mes amis, dit-il d'une voix rapide, il ne s'agit plus en ce moment de causer d'art dans la salle commune de Bade, l'insolence des francs-juges ne connaît plus de bornes, et, aujourd'hui même, elle ne craint pas de s'en prendre à l'honneur de votre grand-maître.

Les rangs se serrèrent autour de Metzler, et chacun renouvela ses questions.

— Qu'y a-t-il? qu'y a-t-il? demanda-t-on de toutes parts.

— Il y a, répondit Metzler, que ce soir, si vous ne me venez en aide, ma fille, Marie, sera perdue et déshonorée.

Un cri s'échappa en même temps de toutes les poitrines, et tous demandèrent ce qu'il fallait faire.

Metzler, on le voit, allait maintenant plus loin que Bernard lui-même.

C'est que Metzler en savait plus long que Bernard.

Avant de répondre, il promena un moment son regard sur les membres présents; puis, quand il eut achevé cette inspection rapide :

— Mes amis, reprit-il, vous n'ignorez pas, sans doute, qu'il s'agit ici de lutter contre le comte Weisshaupt lui-même, et que cette lutte peut amener la guerre.

— La guerre! alors, la guerre! lui fut-il répondu tout d'une voix.

— Pesons, avant de nous engager, toutes les chances qui nous sont promises.

— Parlez!...

— Et si, enfin, vous ne craignez pas ces hommes qui sont la honte de notre ville, nous pourrons, grâce à votre énergie, rendre un service éminent à la ville de Bade qui nous aime, à l'empereur Maximilien qui nous protége...

Les questions impatientes redoublèrent, et Metzler expliqua, en peu de mots, ce dont il s'agissait.

— Mon gendre, Bernard Lerse, dit-il, va se rendre, ainsi qu'il lui est enjoint, à la caverne des francs-juges, et le sort désignera celui d'entre vous qui devra l'accompagner. Nous, pendant ce temps, nous irons à la demeure de Marie, et nous la défendrons contre toute tentative... Si ce projet vous plaît, ne perdons pas un temps précieux en paroles inutiles ; que Bernard s'éloigne en toute hâte, et hâtons-nous, de notre côté, de nous rendre à notre poste.

Le conseil de Georges Metzler fut aussitôt suivi.

Comme le couvre-feu sonnait, Bernard s'éloignait en compagnie d'un jeune tailleur de pierre, tandis que Metzler, et toute l'assemblée, convenablement armée, se dirigeaient vers la demeure de Marie.

Le jeune homme que le sort avait désigné pour accompagner Bernard, avait vingt-deux ans au plus, s'appelait Antonio, et était Italien d'origine. Il avait successivement parcouru l'Espagne, la France, l'Angleterre, et venait récemment d'arriver à Bade, où l'association l'avait accueilli comme un frère. Il avait une physionomie extraordinairement mobile, la parole vive et spirituelle, et une certaine spontanéité pleine de sève et de vigueur.

Pendant les premières minutes, les deux voyageurs gardèrent le silence, et marchèrent à côté l'un de l'autre, sans échanger une parole.

Mais ce silence n'était pas l'affaire de l'Italien, et il trouva bientôt moyen de lier conversation, malgré la taciturnité de son partner.

— Or çà, dit-il tout à coup, et comme ils sortaient de la ville, voilà un comte de Weisshaupt qui, permettez-moi de le dire, me semble avoir affaire à des enfants !

— Comment cela ? objecta Bernard.

— Certainement, messire Bernard, certainement, à des enfants ;

comment, vous voilà ici un millier de travailleurs intelligents et courageux, étroitement liés entre vous par l'association la mieux organisée, la plus jeune, la plus sympathique aux bourgeois de Bade, et vous vous laissez sottement malmener par un comte de Weisshaupt, qui est vieux, sans doute, qui est laid, probablement, et que toute la ville exècre !...

— Cet homme est puissant, objecta Bernard.

— C'est possible, répartit Antonio; mais ne l'êtes-vous pas?

— Il a derrière lui des protecteurs actifs, et que tout le monde redoute...

— Eh! n'avez-vous pas aussi derrière vous, maître Bernard, des hommes jeunes, actifs, et qui pourraient, s'ils le voulaient, se faire craindre tout autant, sinon plus!

— Vous avez peut-être raison, fit Bernard.

— D'ailleurs, poursuivit l'Italien avec un fin sourire, vous avez tout d'abord commis une grave faute !

— Laquelle? demanda Bernard étonné.

— Ce n'est pas d'aujourd'hui, sans doute, que le comte de Weisshaupt recherche la fille de Metzler?

— Il y a un an au moins...

— Il a sans doute effectué quelques tentatives, déjà?

— En effet.

— Alors, vous étiez suffisamment averti, et il fallait prendre vos mesures.

— Et quelles mesures voulez-vous que l'on prenne contre ces hommes devant lesquels toute la municipalité tremble?

L'Italien poussa un éclat de rire et haussa les épaules.

— Mon cher ami, reprit-il bientôt après, il vous faudrait, je le vois, quelques années de voyages pour vous donner un peu d'habitude des affaires.

— Mais expliquez-vous! demanda Bernard, avec un commencement d'impatience.

— Eh bien! retenez bien ceci, mon ami : quand la justice est impuissante à venger les injures qui nous sont faites, il faut faire en sorte de les venger nous-mêmes.

— Et pour cela?...

— Pour cela, rien de plus simple, répondit Antonio avec un geste d'une gaîté enthousiaste; à Naples, on emploierait le sable; à Rome, l'eau; à Venise, le verre.

— Que voulez-vous dire?

— Pour le premier moyen, on remplit de sable une peau d'anguille, et on frappe... dix à douze coups, appliqués modérément entre les épaules, suffisent; le sang s'extravase, se coagule, et bonsoir la compagnie...

Pour le second, il y a, à Rome, deux ou trois maisons connues et bien hantées, dans lesquelles on distille à merveille l'*aqua tophana :* deux cuillerées de cette liqueur dans une carafe d'eau, étendue avec soin et bien mélangée, manquent rarement leur effet; la personne qui en prend un verre est perdue en moins de trois mois, et vous brûle infailliblement la politesse.

Quant au troisième, il est employé avec succès à Venise; il est moins dangereux, mais tout aussi sûr : vous chargez un brave de votre affaire; il a à la main un stylet de verre; au premier coup qu'il donne, le stylet se brise dans la blessure, et la rend incurable. Vous comprenez que si vous aviez usé de l'un de ces trois moyens, votre homme ne vous embarrasserait guère aujourd'hui!

Bernard avait écouté jusqu'au bout.

Il ne connaissait point Antonio, et s'effrayait de rencontrer tant de dépravation dans un cœur si jeune; Antonio, cependant, n'était pas dépravé; ce n'était, de sa part, qu'une exagération de langage et rien de plus.

Quand on est Italien et dépravé, seigneur-Dieu ! on ne dit pas ces naïvetés-là.

Quand Antonio eut fini, il se prit à rire.

— Allons ! dit-il, je vois que ma recette ne vous plaît pas ; eh bien ! soit, nous avons l'un et l'autre une bonne épée au côté, et j'espère que les francs-juges ne tenteront pas notre courage. A vrai dire, d'ailleurs, je ne suis vraiment pas fâché de leur faire visite ; je ne connais point leurs cavernes, et cette excursion aura du moins pour moi l'attrait de la nouveauté.

— Nous n'en sommes plus éloignés, dit Bernard.

— Dieu soit loué, car, vraiment, la route n'a rien par elle-même de fort divertissant.

Comme il achevait ces mots, ils entendirent au loin le pas de quelques chevaux lancés au galop.

Bernard éprouva comme un tressaillement.

Les chevaux accouraient avec une rapidité inouïe ; en peu d'instants ils les eurent rejoints.

C'étaient quatre cavaliers revêtus du costume classique des francs-juges ; les deux tailleurs de pierre se reculèrent pour les laisser passer, et alors seulement ils purent remarquer que l'un des cavaliers tenait une femme entre ses bras.

Les cavaliers passèrent.

Cependant, Bernard était resté pensif sur le revers de la route, et il ne songeait plus maintenant à poursuivre son chemin.

Une émotion extraordinaire s'était emparée de son cœur, et sans savoir pourquoi, il sentait gronder en lui une colère terrible.

Antonio alla lui frapper sur l'épaule.

— Encore de la tristesse, compagnon, lui dit-il gaîment ; que voulez-vous donc ?.... N'allez pas oublier que l'on nous attend à l'heure de minuit, et que nous devons retourner cette nuit à Bade ; allons, allons, c'est assez rêver pour cette fois... à la caverne !

— Vous avez raison, répondit Bernard, à la caverne !

Et ils se remirent en marche.

Mais Bernard avait beau faire, cette femme qui venait de passer, portée entre les bras d'un franc-juge, lui troublait l'esprit, et parfois il croyait avoir reconnu Marie.

Cette idée était insensée, les *maçons libres* avaient promis de veiller sur elle ; Metzler était avec eux, Marie était en sûreté.

Bernard chassa toutes ses terreurs imaginaires, et marcha d'un pas ferme vers la caverne des francs-juges.

La caverne de Bade, dont nous avons eu déjà occasion de parler, était une des plus belles qui eussent servi aux réunions secrètes des francs-juges.

Elle se trouvait située au pied d'une haute montagne, à quelque distance d'un torrent impétueux, à deux pas d'une forêt profonde.

Ce château appartenant au comte de Weisshaupt occupait le sommet de la montagne, et dominait de là toute la plaine environnante.

C'était, disait-on, une des plus anciennes cavernes qui fût en Allemagne, et à ce titre, elle inspirait encore par elle-même une certaine terreur aux habitants du pays.

Bernard y descendit le premier, et Antonio le suivit.

En chemin, ils furent arrêtés par deux gardiens du *tribunal secret*, et ce ne fut qu'après qu'ils eurent délivré leurs noms et fait connaître le motif qui les amenait, que les deux maçons libres eurent permission de passer.

La curiosité d'Antonio était vivement éveillée ; c'était la première fois qu'il assistait à un pareil spectacle, et il apportait dans cette excursion toute la gaité native de son caractère.

Il critiquait joyeusement tout ce qu'il voyait, trouvait les corridors fort longs et fort mal éclairés, les francs-juges taciturnes et très-laids. Mais, malgré la vivacité de ses saillies, et l'originalité de son esprit, il n'avait pu encore réussir à égayer la mélancolie de son compagnon de voyage.

Bernard était, en effet, fort sombre, une inquiétude mortelle tourmentait son cœur, l'image de cette femme qu'il avait vu passer près de lui, un instant auparavant, était toujours présente à sa pensée.

Il n'écoutait donc que ses propres impressions, et ne prenait point garde à ce que disait Antonio.

Tout à coup, cependant, tous les deux s'arrêtèrent d'un commun mouvement et se regardèrent dans l'ombre.

Un cri terrible venait de s'élever à deux pas d'eux, et Bernard avait tressailli jusqu'au plus profond de son cœur.

La voix qui avait poussé ce cri, il l'avait reconnue à ne pas s'y méprendre ; c'était celle de Marie !

Cependant, ils se trouvaient en ce moment au milieu d'un long corridor noir, on ne voyait pas à deux pas devant soi, et, de toutes parts, un mur épais régnait.

Les deux tailleurs de pierre avaient tiré leurs épées, et ils se mirent en devoir de tâter le sol.

Quelques minutes s'écoulèrent dans cette recherche, quelques minutes qui parurent à Bernard longues comme un siècle.

— Bah ! dit enfin Antonio, ce que nous avons entendu, c'est peut-être le dernier cri de la vertu qui résiste ; m'est avis que nous arriverons trop tard... qu'en dites-vous ?

Un éclair jaillit des yeux de Bernard.

— Je dis, répondit-il, que cette voix que nous avons entendue est celle de la fille de Metzler, que la fille de Metzler est ma femme, et que je veux la sauver ou périr !

Antonio se redressa :

— Que ne parliez-vous plus tôt ? dit-il avec vivacité ; je ne ris pas toujours, mon camarade !... à l'œuvre donc, et dépêchons !...

Antonio avait découvert dans le mur une porte secrète ; les deux artisans commencèrent aussitôt leurs opérations avec ardeur, et, quelques secondes après, la porte cédait sous leurs efforts.

Bernard ne s'était pas trompé.

Dans la salle qui s'offrit alors à leurs regards, il y avait le comte de Weisshaupt et Marie.

Le comte, l'œil en feu, la poitrine haletante, poursuivait la jeune femme qui cherchait son salut dans une fuite impossible.

Marie, à demi-vaincue déjà, mais luttant encore, se défendait énergiquement contre les étreintes du comte.

L'arrivée des deux jeunes gens mit fin à cette lutte odieuse, et Marie alla se réfugier dans les bras de son époux, tandis qu'Antonio s'avançait l'épée à la main vers le comte.

Cet Antonio avait de l'audace à revendre; mais il ne pouvait, en aucune circonstance, se dépouiller entièrement de cet esprit railleur qui lui était particulier.

Il salua donc le comte de Weisshaupt avec toute la courtoisie d'un gentilhomme, et, ayant planté en terre la pointe de son épée :

— Seigneur comte, lui dit-il avec un sourire sur les lèvres, ce n'est point ici un meurtre, un assassinat que nous voulons commettre, c'est tout simplement un duel, un duel à mort. Vous avez devant vous, monseigneur, un honnête garçon, qui vous regarde comme le plus vil coquin de la terre, et qui éprouvera une joie peu commune à vous couper la gorge. Veuillez donc lui faire l'honneur de croiser votre noble épée contre sa pauvre lame... et que Dieu ait pitié de vous!

Le comte de Weisshaupt regardait et écoutait; il avait été si brusquement interrompu, qu'il était à peine remis de son émotion et de son étonnement.

Il ne pouvait croire à tant d'audace, et se croyait le jouet de quelque rêve fou.

Demeraine del Ferdinand sculp

LES PICOTEURS.

Dès qu'il put réfléchir, il pensa que le principal, pour lui, était de de gagner du temps.

— Le comte de Weisshaupt, répondit-il lentement, a pour habitude de ne se battre qu'avec ses pairs, il ne souillera pas sa main au contact de la première épée qu'un manant lui présentera.

Antonio se prit à rire.

— J'en suis fâché pour vous, monseigneur, dit-il avec la même voix railleuse, j'en suis fâché; car, pour mon compte, il faut que vous le sachiez, je n'hésiterai pas plus à pourfendre la poitrine d'un gentilhomme que celle d'un manant. Défendez-vous donc, monseigneur de Weisshaupt, ou vous êtes un homme mort!...

Le comte rassembla ses forces et cria :

— A moi, Gunther de Berhagel!... à moi, Franz de Hordach!... à moi, mes amis et mes compagnons!...

Nulle voix ne répondit.

Bernard, cependant, tenait sa femme évanouie entre ses bras.

— Laisse, dit-il, c'est à moi de combattre cet homme.

Antonio haussa les épaules.

— Mon compagnon, répondit-il, tu combattras Gunther de Berhagel et Franz de Hordach, quand ces bons seigneurs seront venus. En attendant, une dernière fois, en garde, monseigneur de Weisshaupt!

Son épée toucha la figure du comte, qui devint livide et dégaina.

La lutte s'engagea.

Le comte rompait.

Antonio le poussait furieusement.

Le comte criait :

— A moi, Berhagel! à moi, Hordach! à moi, à moi!...

Et parfois il semblait à Antonio qu'un bruit lointain de fête et d'orgie répondait à ce cri désespéré.

Le comte était déjà couvert de blessures.

Le sang d'Antonio n'avait pas encore coulé.

Cependant, tout en reculant, le comte de Weisshaupt était arrivé à l'extrémité de cette immense salle; c'était son dernier refuge; une fois acculé contre la muraille, il semblait être perdu, et c'en était fait de lui!

Antonio le poursuivait avec une rage implacable; la lutte l'avait exalté, la vue du sang, l'enivrement du combat, tout, jusqu'à l'étrange horreur du lieu même dans lequel cette scène se passait, contribuait à l'irriter et à l'exciter : on eût dit que c'était sa fiancée qu'il voulait sauver ou venger!

Toutefois, il ne devait réussir qu'à moitié dans sa poursuite; car, dès que le comte eut atteint l'extrémité de la salle, le corps couvert de blessures, le pourpoint taché de sang, il se cramponna avec désespoir à la cloison, fit jouer un invisible ressort, et cria une dernière fois d'une voix éteinte :

— A moi, Gunther de Berhagel! à moi, Franz de Hordach!

Il tomba sans mouvement, presque sans vie, sur le seuil de la porte qui s'ouvrit!...

Antonio et Bernard demeurèrent stupéfaits devant le tableau qui s'offrit à leurs regards!

Marie elle-même, éveillée par l'éclatante lumière qui se répandit tout à coup dans la salle, ouvrit les yeux et poussa un cri d'épouvante.

Une immense table était dressée dans la galerie voisine, servie avec profusion, étincelante de cristaux, et autour de cette table cent francs-juges étaient assis.

Les lustres resplendissaient de toutes parts; le vin pétillait dans les coupes, les esclaves circulaient autour de la table, versant, avec le vin, l'oubli des choses de ce monde.

Il y avait là des femmes demi nues; la gaieté bruyante régnait de

tous côtés, et les voûtes sonores se renvoyaient, en les prolongeant, les éclats de cette gaîté folle!

Cependant, au cri poussé par le vieux comte de Weisshaupt, les rires et les chants se turent tout à coup; chacun se précipita sur les trophées d'armes, et tous se ruèrent à l'envi vers la porte, au seuil de laquelle le comte venait de tomber.

Bernard et Antonio virent bien que tout espoir de fuite était perdu.

Bernard lâcha Marie qui retomba sur ses genoux.

Il vint mettre son épée auprès de celle d'Antonio, en disant :

— A mon tour!... car voici venus Gunther de Berhagel et Franz de Hordach!

Dix glaives étaient déjà levés contre leurs poitrines.

III.

Pendant que ces choses se passaient dans la caverne du concile, Metzler s'apercevait, à Bade, de la disparition de sa fille.

Il était parti de la *maison commune*, avec les *maçons libres*, décidé à repousser énergiquement toute tentative de violence de la part des francs-juges; mais ceux-ci avaient déjà pris les devants, et quand Metzler arriva à la demeure de Marie, elle avait disparu.

Il serait difficile de peindre la fureur qui s'empara de Metzler et de ses compagnons, quand ils apprirent cet enlèvement; ils jurèrent de venger l'honneur de Marie, et d'avoir enfin raison de l'infamie des membres de l'association.

Metzler se rendit, à la tête de ses compagnons, chez le chef de la municipalité de Bade.

Le bourgmestre, Sievers, était, pour le moment, un homme d'une soixantaine d'années; mais, depuis sa plus tendre enfance, cet honnête bourgeois avait constamment vécu dans la sainte terreur de l'association des francs-juges.

On ne pouvait pas dire, certainement, qu'il ne ressentît pas pour ses administrés toute la bienveillance, toute l'amitié, tout l'amour même d'un père pour ses enfants ; mais, grâce à cette bonté même de son caractère, il avait plongé la ville dans un désordre dont la violence seule pouvait la retirer.

Maître Sievers ne faisait pas le mal, mais il le laissait faire ; — ce qui n'est pas meilleur !

Les francs-juges étaient son épouvantail ; ils empoisonnaient ses joies, jetaient le trouble dans son esprit, inspiraient à son sommeil des rêves pleins de terreur.

Une de leurs menaces suffisait à le tenir tremblant pendant plusieurs semaines, et il ne savait rien refuser, quand on lui parlait de tribunal secret ou de sainte vehme.

Metzler trouva maître Sievers sur le point de se mettre au lit. Il força la consigne des domestiques, et se fit annoncer.

Maître Sievers s'attendait bien à quelques objections de la part des Badois, à l'occasion de l'ordonnance faite le jour même au nom de l'association des francs-juges. Pour couper court à toutes remontrances embarrassantes, il avait fait fermer sa porte.

Malheureusement, il n'avait pas compté sur Metzler, et ce nom, quand on le lui annonça, résonna désagréablement à son oreille.

Auprès de Sievers, en effet, Metzler avait toujours passé pour une assez mauvaise tête ; Metzler n'avait jamais pris la peine de dissimuler sa haine pour les francs-juges, et le pauvre bourgmestre se doutait bien que quelque chose d'extraordinaire allait se passer.

Il interrompit donc sa toilette nocturne, passa une houpelande, et donna l'ordre d'introduire le visiteur.

Metzler entra, et le chef de la municipalité badoise lui fit l'honneur de son plus aimable sourire.

— Bonsoir ! bonsoir ! maître Metzler, lui dit-il, après les premières salutations ; le ciel soit avec vous, mon ami, et avec toute votre famille.

— Je vous remercie bien, monsieur Sievers, répondit Metzler en s'inclinant, mais je suis venu vous parler d'une affaire importante, et pour laquelle j'aurai besoin de votre aide.

— Toutes les affaires sont importantes, maître Georges, répartit Sievers, qui essayait de gagner du temps, elles le sont toutes ; mais il est bien tard, mon ami, et, Dieu merci, je pense qu'il fera encore jour demain.

— L'affaire dont je viens vous entretenir, interrompit Metzler, est urgente, monsieur Sievers ; demain, il sera trop tard ; c'est ce soir même qu'il me faut une solution.

— Cependant, mon ami...

— Cependant, monsieur Sievers, il n'y a pas de temps à perdre, et il faut que cela soit comme j'ai l'honneur de vous le dire.

— Allons, allons, maître Georges, fit le pacifique bourgmestre, ne nous fâchons pas, et causons. De quoi s'agit-il ?

— Il s'agit de ma fille, monsieur Sievers, répondit Metzler ; de ma fille, qui est depuis quinze jours à peine la femme de Bernard Lerse, et que les francs-juges viennent d'enlever.

— Que dites-vous là ?

— La vérité, monsieur le bourgmestre.

— Les francs-juges !

— Eux-mêmes !... Et, permettez-moi de le dire, monsieur le bourgmestre, si vous aviez, depuis quelque temps, déployé plus d'énergie ou de fermeté, ces hommes auraient montré moins d'audace, et je n'aurais pas à déplorer le malheur qui me frappe aujourd'hui !...

— Et que voulez-vous que je fasse ? demanda le malheureux Sievers.

— Une chose fort simple, répondit Metzler. Vous allez sur le champ convoquer, au son de la cloche, tous les membres de la municipalité et la milice bourgeoise ; vous vous mettrez à notre tête, et nous marcherons tous à l'extermination de ces hommes qui sont notre honte !...

Maître Sievers faillit sauter au plafond.

Mais Metzler n'avait pas le temps de prolonger la discussion.

Il aperçut les clefs de la maison de ville au chevet de Sievers, et mit la main dessus.

Une minute après, les cloches sonnaient à toute volée à la maison de ville, et les membres de la municipalité, ainsi que les bourgeois de la milice, accouraient en toute hâte à cet appel sinistre.

Pendant quelques instants, ce fut un mouvement, un tumulte que rien ne pouvait apaiser. De lugubres rumeurs circulaient de toutes parts ; bien des époux se trouvaient frappés comme Bernard Lerse, chacun racontait son malheur et sa honte ; mais tous hésitaient encore, s'imaginant, sans doute, qu'une nouvelle catastrophe les menaçait, puisque la cloche les appelait comme dans les jours de grands dangers !...

Metzler profita de ce moment pour paraître ; il leur expliqua, en peu de mots, l'objet de la convocation ; leur demanda s'ils n'étaient pas las du joug honteux qu'ils subissaient ; s'ils ne désiraient point en tirer une vengeance éclatante !

Et comme cette proposition répondait précisément à la haine que chacun manifestait un moment auparavant, elle fut accueillie avec un empressement auquel Metzler lui-même était loin de s'attendre.

Tous demandèrent des armes. On mit en réquisition tous les chevaux que l'on put trouver ; des hommes, portant des torches, parcouraient les rues pleines de sinistres clartés ; la cloche ne cessait de sonner ; c'était une confusion, un désordre, on s'exaltait réciproquement, on s'armait à la hâte, et avec les premiers instruments de travail qui tombaient sous la main.

Toute la corporation des *Maçons libres* était là, munie de ciseaux, de pioches, de marteaux, de compas.

Enfin, quand Metzler vit tous ses hommes prêts, il donna le signal du départ.

Cependant Bernard et Antonio se trouvaient dans une situation désespérée !

Les deux tailleurs de pierre s'étaient postés, chacun à l'un des côtés de la porte, et armés de leur épée, ils tentaient encore de se défendre.

Marie priait, les mains jointes et les cheveux épars.

Antonio avait déjà reçu plusieurs blessures ; il perdait beaucoup de sang, et la fatigue commençait à s'emparer de ses membres.

Cette lutte l'épuisait ; il se rapprocha de Bernard.

— Bernard, lui dit-il à voix rapide et basse, nos efforts sont vains, mes forces s'épuisent ; fuyez !...

Bernard fit un signe négatif et continua de combattre.

— Prenez Marie dans vos bras, poursuivit Antonio, partez, ne restez pas un instant de plus ici ; je tâcherai de protéger votre fuite... C'est désormais le seul moyen de salut pour vous et pour elle !...

— Non ! répondit Bernard ; nous mourrons ensemble, s'il le faut, mais je ne vous abandonnerai pas. — Et voyez, d'ailleurs, n'est-il pas trop tard ? Vous pâlissez, votre sang coule en abondance, Antonio !...

Antonio venait de recevoir un coup d'épée en pleine poitrine.

Il chancela un moment, se retint à la porte pour ne pas tomber ; mais son épée s'échappa de ses mains, et il s'affaissa sur lui-même !

Les francs-juges poussèrent un cri de triomphe ; ils allaient s'élancer, quand tout à coup un chant étrange s'éleva à quelque distance, et vint pour l'instant détourner leur attention.

Ce chant était répété par des milliers de voix.

Voici ce qu'il disait :

Où vas-tu pèlerin errant?
Voyons, notre cour est assise:
Es-tu bourgeois, noble ou manant?
Sers-tu l'enfer, sers-tu l'église?
— J'ai dans ma main, la corde et le ciseau,
L'hironde vole au-dessus du nuage,
Moi, compagnon, rien qu'avec mon courage,
J'irai plus haut!

C'était la chanson des *picoteurs de pierre.*

Bernard écoutait, et il ne pouvait en croire ses oreilles.

Ce secours inattendu arrivait si à propos, c'était si évidemment une intervention directe de la puissance divine, que son courage, un moment abattu, se releva, et qu'Antonio lui-même retrouva la force qui allait l'abandonner.

Marie s'était précipitée vers la porte opposée qui ouvrait sur le corridor, et, de ses cris perçants, elle appela son père et tous les hommes armés qui le suivaient.

Ils accoururent.

Dès qu'ils les virent paraître, les francs-juges commencèrent à trembler.

Les Badois étaient profondément irrités : ils avaient si souvent souffert sans rien dire, ils avaient tant de fois été humiliés, que la revanche devait être sanglante et redoutable!

C'était la mort qu'on apportait aux derniers francs-juges, et, à leur tour, ils se disposèrent à vendre chèrement leur vie!

Bien que l'ORDRE eût constamment dégénéré depuis des années, c'étaient encore tous gens habiles à manier le fer ; — tous avaient subi ces épreuves qui trempent l'âme. — Ils se battirent.

Mais ils moururent.

Gunther de Berhagel et Frank de Hordach tombèrent sur le cadavre du franc-comte de Weisshaupt.

Ce fût, pendant une heure, un fracas horrible de fer, au-dessus duquel tonnaient les blasphêmes.

Puis les blasphêmes s'éteignirent dans les plaintes.

Puis les plaintes dans le râle.

Les maçons libres avaient du sang jusqu'à la cheville.

Ils tuèrent, — ils tuèrent.

Quand le dernier râle se tut, c'est qu'il n'y avait plus de francs-juges.

La catastrophe qui avait fermé violemment la caverne de Bade eut un retentissement immense en Allemagne, et ne contribua pas peu à déconsidérer les diverses associations de francs-juges que l'on trouvait encore çà et là.

Du moment où le public n'avait plus peur des saints tribunaux, ce furent les saints tribunaux qui eurent peur du public.

D'ailleurs, les tailleurs de pierre de Bade ne restèrent pas sans imitateurs, et peu à peu la grande institution disparut.

Les édits de l'empereur Maximilien aidèrent beaucoup à amener ce résultat; les mœurs de l'époque réprouvaient de pareilles institutions, du moins dans le pays où elles avaient pris le plus de développement, et, en peu d'années, l'Allemagne en fut entièrement délivrée.

Toute chose se déshonore quand elle n'a plus de raison d'être.

Toute chose qui se déshonore meurt.

L'INQUISITION.

CHAPITRE PREMIER.

Raisons d'être de l'inquisition. — Saint Dominique. — Torquemada. — Naissance et commencement de saint Dominique. — Son éloquence. — Sa clémence. — Il fonde l'ordre des *Frères prêcheurs*. — Sa mort. — Torquemada et la mauresque. Ferdinand et Isabelle. — Cruautés politiques de Torquemada. — Situation de l'Espagne vis-à-vis des Juifs et des Maures.

Il faut bien aborder enfin ce sujet taché de tant de boue ; il faut bien parler enfin de cet austère et sanglant tribunal où toutes les plumes affamées vont, depuis un demi-siècle, chercher leur repoussante pâture.

L'inquisition ! romans imbéciles et mélodrames idiots ! L'inquisition ! pochades à la manière noire, ou pages sales, écrites avec de la lie de vin bleu !

L'inquisition ! thème éternel des collégiens et des vieillards en enfance! Lieu commun plus ressassé que la *Bastille*, et presque autant battu que les *Jésuites!*

L'inquisition! qui a dû être, en effet, bien coupable, puisque de son cadavre sont sortis, comme un courant méphitique et impur, tant de déclamations, tant de mensonges, tant de sottises!

Un de ces méchants alexandrins, que nos professeurs nous forçaient d'admirer dans les classes universitaires, dit:

Si Dieu n'existait pas, il faudrait l'inventer.

Ainsi est-il de l'inquisition.

Il faudrait l'inventer; car c'est une merveilleuse machine à flatter l'ignorance, la jalousie, l'impiété fanfaronne : le béotisme, enfin, quelles que soient ses vertus.

Il faudrait l'inventer; car, à ce nom seul, les pruneaux bondissent, la cassonnade fermente, les bonnets de coton redressent leurs mèches irritées!

L'inquisition! la Bastille! les Jésuites!

Trois grands casse-noisettes! trois impayables mécaniques qui ont soldé par milliers les notes de cabaret.

Sommes-nous à bout, pauvres diables, qui vivons de scandales, qui parlons comme on hurle, et qui néanmoins avons grand faim? Vite! allons vite! l'inquisition! les Jésuites ou la Bastille!

Du papier, ventrebleu! du charbon! du cirage! n'importe quoi, pourvu que cela soit blanc et noir! Servons à ces bons lecteurs leur brouet favori, gibelotte ou civet : civet d'inquisiteurs, gibelotte de Jésuites, cachots de la Bastille à la marengo!

Et tapez dur, la grosse caisse! Et ne laissez pas, ô Bobêche, les gros sous glisser entre vos doigts!

Si notre nom, mis en tête de ce livre, n'a point suffi pour ôter aux amateurs toute espérance de semblables festins, c'est que nous avons perdu notre temps depuis des années; si l'on a pu penser un instant que nous descendrions à de semblables parades, c'est que notre plume ne vaut pas mieux que notre nom, et que son encre effacée déjà n'a point laissé de traces.

Et ce serait alors le cas de le dire, puisque personne apparemment ne le saurait : Nous sommes un honnête homme de lettres. Cette plume habile ou non, nous prétendons la tenir aussi ferme, aussi haut, aussi droit qu'un soldat d'honneur tient son épée.

Ceux qui aiment le matou n'ont qu'à courir à la gargotte.

Ils jouent de leur reste, ces bonnes gens qui exploitaient naguère avec tant de succès l'ignorance pyramidale de la petite bourgeoisie. — Car le peuple, plus instruit, prend de tout cela ce qui convient à ses espoirs, et sourit de l'effort naïf que l'on tente pour le tromper. — Tandis que la petite bourgeoisie, qui ne sait lire que des chiffres, qui ne sait écrire que des factures, qui ne sort de chez elle que pour aller entendre les acteurs mugissants du boulevard du Crime, on peut tout lui dire impunément.

Le temps est passé déjà où l'on *gagnait sa vie* à rabâcher d'obscurs blasphêmes, illustrés cahin-caha.

Il se fait par le monde, nous l'avons dit, un mouvement étrange, en sens contraire de ce mouvement scholastique et funeste qui prit naissance dans la science affolée du moyen-âge, qui produisit de siècle en siècle tant de beaux génies fourvoyés, en partant de Luther pour arriver à Voltaire, et qui s'arrêta au commencement de notre âge, parce qu'il était à bout ; il se fait un mouvement universel, immense, impossible à nier.

Le protestantisme tremble sur sa base ruinée ; il se meurt en poussant des cris insensés.

Le philosophisme est mort.

Et n'assistions-nous pas hier à un spectacle bizarre, mais assurément significatif? Le *Constitutionnel,* cette feuille qui a une importance historique, cette feuille qui a fait deux révolutions, cette feuille chère entre toutes à la bourgeoisie, se frappait hier la poitrine, et reniait Voltaire, — son Dieu, — à la face de l'univers!

L'erreur n'a qu'un temps. La vérité seule est immortelle.

Mais l'inquisition nous attend, entre les Jésuites et la Bastille.

Laissons, pour le moment, la Bastille et les Jésuites, et donnons audience à l'inquisition.

Inquisition, qui es-tu?

— Une monstruosité, répond en chœur toute une populace de drames, de pamphlets, de romans.

Car, et c'est Voltaire qui parle cette fois: il suffit qu'un sot ait prononcé une fois ce jugement, pour que cinq cents l'aient répété en vers et en prose.

C'est le destin.

A part tout parti pris d'opinion, il nous a paru curieux, à nous, qui sommes désintéressé dans le débat, et qui n'y apportons que la passion de la vérité, il nous a paru curieux de suivre, avec impartialité, l'histoire, d'étudier les nombreux documents que le passé nous transmet, et de juger, à nouveau, et sans prendre garde aux opinions déjà faites, la mémoire de cette sombre institution.

Tout d'abord, cette mémoire se présente sanglante, entourée d'instruments de meurtre et de tortures. — Qu'elle soit maudite à jamais dans ses crimes! —Qu'elle soit maudite surtout, pour le prétexte qu'elle a fourni d'attaquer Dieu et de miner la croyance des peuples!

Qu'elle soit maudite à l'égal des industriels qui l'ont exploitée!

Elle fut assurément moins hideuse qu'ils ne l'ont faite; mais elle le fut trop encore, et ses agents prévaricateurs déshonorèrent souvent la robe du prêtre.

Qu'elle soit maudite, — mais que l'éclaboussure de cette malédiction ne rejaillisse pas sur la foi radieuse, refuge des malheureux, consolation suprême de ceux qui souffrent !

A moins de pousser l'esprit de système jusqu'à l'extravagance et la folie, on ne peut nier, en effet, que l'inquisition n'ait eu sa raison d'être, qu'elle n'ait eu sa cause avouable, légitime. C'est cette raison qu'il convient d'abord de rechercher, c'est cette cause qu'il est utile de montrer à tous.

Nous ne prétendons pas justifier l'inquisition de tous les crimes qu'on lui attribue ; il y en a tant qui ont été commis sous son nom par ses ennemis mêmes ! Nous voulons seulement prouver que la fondation de cette institution n'a eu, pour principe, que le bien de l'Église, et, pour but, l'unité du monde chrétien.

C'est-à-dire, un principe de civilisation, de conservation et de progrès.

Si, d'une part, cette pensée est bien celle qui a présidé à la création de l'ordre, et que, de l'autre, les crimes qu'on lui attribue soient, en partie, apocryphes, en partie imputables au siècle entier que l'institution traversait, que reste-t-il, sinon cette douloureuse sentence : L'humanité est faillible, et toute institution humaine a son côté déplorable?

Notre thèse ne va pas plus loin que cela. Une défense absolue serait aussi entachée de mauvaise foi que les attaques absolues des flatteurs de la foule.

Nous n'excusons pas le sang versé à flots. Nous prétendons que l'inquisition eut pour point de départ l'utilité commune, et qu'elle ne s'écarta jamais tout à fait de la voie indiquée par ce point de départ.

Quant aux individus, nous serions disposés à en livrer plusieurs au couteau de cuisine des littérateurs-restaurateurs à prix fixe.

Nous ne voulons, pour prouver notre assertion principale, que l'examen attentif, l'étude sérieuse des deux types d'inquisiteurs qui, à nos yeux, représentent suffisamment l'institution, comme ayant présidé à son origine, et concouru à son développement.

Le lecteur jugera.

Les deux inquisiteurs dont nous voulons parler, sont saint Dominique et Torquemada.

Saint Dominique était né vers l'année 1171, au bourg de Calarnega, dans le diocèse d'Osma, en Castille, d'un gentilhomme espagnol, du nom de Félix de Guzman, et de Jeanne d'Aça.

Il fut d'abord élevé chez son oncle, archiprêtre de l'église de Graniel d'Issau; puis, à l'âge de quatorze ans, on l'envoya étudier à Palencia, qui était la plus fameuse école qui fût alors en Castille.

Les écoles de Castille, aussi bien que celles de France et d'Italie, étaient fréquentées par des jeunes gentilshommes qui, la plupart, n'aimaient la vie que pour les plaisirs qu'elle offre, et menaient grand train, donnant leurs jours à la débauche et leurs nuits à l'orgie. Les étudiants hantaient plus les mauvais lieux que les écoles, et on les trouvait tous les jours battant les bourgeois ou faisant l'amour avec les jolies filles.

L'école de Castille était entretenue sur un grand pied; le roi Alphonse IX y avait assemblé les savants de France et d'Italie, et les professeurs chargés de l'enseignement y recevaient des appointements considérables.

Les dangers qui accueillirent Dominique à son arrivée à Palencia, furent évités avec soin par lui; il ferma soigneusement son cœur aux séductions de la débauche, et ouvrit son esprit aux enseignements de ses professeurs.

Pendant quatre ans, il étudia ainsi; il priait et veillait beaucoup, et ne se détournait de ses occupations journalières que pour satisfaire de temps à autre cet immense besoin de charité dont le germe était déjà en lui. — On raconte que pendant une famine, il vendit jusqu'à ses livres pour venir au secours des pauvres.

Tant de vertus attirèrent bientôt l'attention, et on voulut le nommer sous-prieur du chapître d'Osma, ce qui n'était rien moins que la première dignité après celle d'évêque.

Mais Dominique ne se laissa pas toucher par les honneurs; il désirait se consacrer tout entier à la prédication, et demandait pour unique faveur d'être autorisé à aller par le monde prêcher la parole de Dieu.

Dominique de Guzman était d'une taille médiocre, mais fine et souple; son visage, légèrement coloré, avait cependant une certaine gravité austère; sa barbe et ses cheveux rappelaient la barbe et les cheveux du Christ, et ses yeux, où brillait par instants toute l'ardeur d'une exaltation ascétique, attiraient impérieusement l'attention.

Dominique avait déjà, à cette époque, les qualités essentielles du prédicateur; sa parole était à la fois onctueuse et sévère; une vivacité toute méridionale éclatait incessamment dans ses traits, et sa voix, quoique pleine de douceur, avait cependant une sonorité majestueuse.

Avec de belles qualités, il ne pouvait manquer d'atteindre le but qu'il s'était proposé; et, en effet, à la fin du concile de Latran, le pape lui donna toutes les autorisations nécessaires pour commencer la prédication.

C'est ainsi que commença l'ordre des FRÈRES PRÊCHEURS.

Dominique ne prit pas un moment de repos qu'il n'eût achevé son œuvre; il alla à Toulouse, où l'attendaient ses frères en religion, fit élire, séance tenante, huit *Provinciaux* de l'ordre, et les répartit en autant de provinces, savoir : l'Espagne, la France, la Lombardie, la Romagne, la Provence, l'Allemagne, la Hongrie et l'Angleterre.

C'était le moment des croisades contre les Albigeois; Dominique se mit corps et âme à l'œuvre, et comme il prévoyait les sanglantes horreurs que Simon de Montfort allait commettre au nom de la religion, il ne négligea rien pour arracher par la douceur ce malheureux peuple à l'hérésie.

Diégo de Azèbes, évêque d'Osma, l'accompagnait, et tous les deux, pieds nus et tête nue, les reins ceints d'un cilice, se mirent à parcourir les campagnes.

Dominique était, à coup sûr, celui qui devait produire le plus d'effet sur les masses.

Il était, disent les historiens, singulièrement charitable et pieux, et *savait pleurer à propos.* Il allait par les plaines, par les montagnes, ne s'apercevant pas que les cailloux lui déchiraient les pieds, que les ronces lui déchiraient les mains.

Ils étaient, son compagnon et lui, poursuivis de toutes parts par les huées insultantes d'une populace grossière, recevant çà et là les injures les plus cruelles. L'évêque d'Osma y oubliait souvent sa douceur native. Un jour, irrité de l'inutilité de tant de fatigues, il avait levé les mains au ciel et s'était écrié : « Seigneur, abaisse ta main et punis-les ; le châtiment seul pourra leur ouvrir les yeux. »

Dominique, lui, n'implorait pas le châtiment, mais le pardon.

Durant les rares instants de loisir que lui laissait la prédication, Dominique s'occupait activement de l'ordre qu'il avait fondé.

Comme il était robuste, infatigable, dur à toutes fatigues, il voulait chez ses disciples la même abnégation, le même dévouement, la même humilité qu'il apportait lui-même dans chacun de ses actes.

Il portait autour des reins une ceinture de fer, et couchait sur un sac : c'était un rude apôtre, et nul n'eût osé lui désobéir pendant sa vie.

Un jour, frère Rodolphe, procureur de la maison des prêcheurs de Bologne, était occupé à faire relever les cellules trop étroites, lorsque Dominique arriva dans la ville. Il fut fort étonné en voyant ce changement, et réprimanda fortement le procureur et les autres frères.

« Eh quoi! leur dit-il les armes aux yeux, vous voulez déjà renon-
« cer à la pauvreté et bâtir de grands palais! »

Nul ne répondit, et l'ouvrage resta inachevé.

On était au mois d'août de l'année 1224 : la chaleur était excessive. Dominique revenait d'un voyage de Lombardie; il arriva à Bologne, extrêmement fatigué et brûlé par la chaleur. Néanmoins, il s'occupa, dès son arrivée, de régler les affaires de l'ordre avec le prieur de la maison.

En s'en allant, les frères prêcheurs prièrent instamment Dominique de prendre le repos dont il avait tant besoin ; mais il n'en voulut rien faire. Il se rendit à l'église, et après avoir passé toute la nuit en prières, il assista à Matines.

Quand elles furent finies, il dit au prieur qu'il ressentait un violent mal à la tête, et on le porta dans son lit ordinaire.

Il couchait sur un sac.

Alors, sentant que sa fin était proche, il se fit amener les novices, leur recommanda l'amour de Dieu et l'observance de la règle de saint Augustin. Les prêtres succédèrent aux novices, et il se confessa au prieur de tous ses péchés. Il finit sa confession en leur disant :

« Jusqu'à présent, Dieu m'a conservé dans la virginité; afin de la
« garder aussi, évitez tout commerce dangereux avec les femmes.
« Avec cette vertu et la pauvreté, vous serez agréables à Dieu et uti-
« les au prochain par la bonne odeur de votre réputation. »

Il mourut étendu sur la cendre, le sixième jour d'août, et fut enterré à Bologne. Il avait cinquante-un ans [1].

Saint Dominique est, à nos yeux, la plus complète personnification de l'inquisition naissante.

[1] Vie de saint Dominique.

En lui se résument, en effet, les qualités que les papes ont dû demander, au début de l'institution, à ceux qu'ils investissaient de la charge importante de grand inquisiteur.

D'un caractère humble et fier tout à la fois, animé par une foi ardente, doué d'une éloquence persuasive, menant une conduite saintement irréprochable, paré des seuls vêtements de sa pauvreté, saint Dominique est le meilleur argument que nous puissions invoquer contre les exagérations des auteurs. Ce n'est point le fer qu'il emploie, ce ne sont point des massacres qu'il commande. Il va à travers les campagnes, seul, pieds nus et tête nue ; il ne répond pas même aux injures qu'on lui prodigue, il a son but divin, il le poursuit à travers les sarcasmes qui l'accueillent ; apôtre inspiré d'une religion menacée, aucun obstacle ne l'arrête ; nul découragement, nul dégoût ne s'emparent de lui, rien ne peut lasser sa patience ou sa douceur.

Ainsi était l'inquisition à sa première heure.

Les massacres, les cruautés de tout genre étaient en dehors d'elle et contre elle.

Simon de Montfort, le bourreau, saint Dominique le Clément, voilà comment se personnifiaient la politique et la vraie religion.

Nous disons la *vraie religion.*

Car le fanatisme n'est point notre client, et nous ne plaidons pas la cause de la folie furieuse.

Non, l'inquisition, à sa naissance, n'avait pas de hache ; elle n'avait qu'une voix.

Il est à remarquer qu'elle ne s'est servie du fer et du feu qu'au jour où la politique l'a absorbée.

Ainsi, en Espagne notamment, ce ne sont pas, comme on l'a répété à satiété, des sacrifices religieux auxquels elle préside le plus souvent, mais bien des exécutions politiques. Et pour qu'on ne s'y trompe pas, le roi assiste aux auto-da-fé, et c'est lui qui fait hommage à l'institution du plus magnifique fagot.

Le roi, c'est-à-dire, en définitive, le représentant de l'idée démo cratique à l'encontre de l'idée féodale.

Au début, l'inquisition n'est autre chose qu'une prédication active, ardente, exaltée peut-être, mais ce n'est qu'une prédication. Les soldats de fortune, les princes, les légats au temporel, s'emparent audacieusement de prétexte, et se livrent à une guerre d'extermination ; mais Dominique, c'est-à-dire l'institution même, demeure étranger à ces horreurs, et en décline, avec raison, la responsabilité.

Torquemada, c'est autre chose.

Torquemada, c'est l'homme qui consacre dans le sang le mariage adultère de la politique et de la religion.

C'est vers le milieu du quinzième siècle que Thomas Torquemada naquit à Valladolid.

« Ses parents, dit Pierre Zaccone, dans son beau livre, les *Socié-*
« *tés secrètes*, possédaient une fortune considérable ; ils donnèrent
« à leur fils une éducation distinguée, et l'envoyèrent à l'université
« pour compléter ses études. Le caractère naturellement aventu-
« reux du jeune Torquemada, une sorte d'inquiétude permanente
« qui le dévorait déjà, lui firent entreprendre, dès son jeune âge,
« un voyage fort long, pendant lequel il visita successivement
« Salamanque, Tolède, Cordoue, et en général, les principales
« villes d'Espagne. Cordoue était encore alors peuplé d'une grande
« multitude de Maures.

« Torquemada était jeune ; mille passions violentes et inassouvies
« emplissaient son cœur.

« Les femmes de Cordoue étaient belles, et elles ne cachaient pas
« même, derrière leur voile transparent, les ardeurs qui brillaient
« dans leurs regards. Torquemada vit une de ces femmes et l'aima.

« Il apporta, dans ce premier amour, tout ce que son cœur cou-
« vait depuis longtemps de désirs insensés, tout ce que son esprit

« s'était promis de voluptés, et, pendant les premiers jours, ce fut « un oubli complet du ciel et de la terre.

« Torquemada n'avait pas le temps de s'effrayer de l'immensité « de son bonheur.

« Il se complaisait dans cette ivresse qui lui versait l'oubli dans « une coupe d'or, et s'endormait bercé par toutes les divinités vo- « luptueuses de l'antiquité.

« Le réveil fut terrible !

« Il n'avait aucune des qualités physiques qui peuvent inspirer « l'amour ou la passion. Quand il eut semé autour de lui, à pleines « mains, tout l'or que sa bourse contenait, le désenchantement « perça. Un matin, il apprit que sa maîtresse lui avait été enlevée « par un Maure. »

Torquemada conçut de cette aventure un mortel dépit, il jura une haine implacable à la nation à laquelle appartenait son rival, et résolut de renoncer au monde. Il quitta Cordoue, qui ne pouvait lui rappeler que des souvenirs douloureux, se dirigea vers Sarragosse, dans l'intention de pousser jusqu'à Barcelone, où il se serait embarqué pour l'Italie.

Un incident changea tous ses plans.

A Sarragosse, où il s'arrêta quelques jours, il fit la connaissance du chef d'un couvent de Dominicains, lequel s'appelait Lopès de Cervera.

Lopès était un vieux moine fanatique, qui vit presque aussitôt à qui il avait affaire. Il raconta à Thomas Torquemada ce que l'inquisition pouvait être, exalta son ambition, et le gagna à la cause du fanatisme politique.

Torquemada avait une profonde érudition ; il avait beaucoup lu, beaucoup étudié ; son intelligence était hardie, audacieuse ; rien ne l'arrêtait, rien ne l'effrayait.

D'ailleurs, il avait la parole abondante et facile ; il connaissait à fond toutes les subtilités de la scholastique; il avait prêché à Sarragosse, et jamais la foule n'avait manqué à ses prédications.

Il se rappela l'exemple de saint Dominique. Les temps étaient changés; il fallait d'autres mœurs, un autre langage; Torquemada comprit à merveille la situation, et, sans attendre davantage, il partit pour Tolède.

C'était à Tolède que se trouvait la cour.

C'était à la cour que Torquemada voulait arriver.

A Tolède, le même enthousiasme accueillit ses prédications. Le peuple a des sympathies faciles; ce nouveau prédicateur, aux allures hautaines et fougueuses, était ce qu'il lui fallait; sa parole était sévère, sa doctrine absolue, le peuple accourut.

Car le peuple n'aime et ne comprend que les doctrines absolues.

Et peut-être bien que le peuple a raison.

La cour, elle-même, ne put rester indifférente à ce mouvement unanime; elle fit plus que d'entendre le jeune dominicain, elle crut devoir se l'attacher entièrement, et on le nomma aumônier de la jeune Isabelle.

Bientôt il devint son précepteur, plus tard, son unique confident et son meilleur ami.

Enfin, quand Isabelle se fit l'épouse de Ferdinand V, héritier du trône d'Aragon, Torquemada mit tout en œuvre, et parvint, à force de souplesse et d'habileté, à fonder un premier Tribunal de l'inquisition, dans le couvent de Saint-Paul des PP. dominicains de Séville, le 2 janvier 1481.

Notez que Pierre Zaccone, et les historiens auxquels il emprunte lui-même ces détails, ne sont pas des amis de l'inquisition.

Si nous étions nous-même *un ami* de l'inquisition, nous prendrions la peine de contrôler ce beau petit roman de la mauresque infidèle qui s'en va, — comme beaucoup de chrétiennes, — quand la bourse du jeune homme est vide.

Mais qu'importe ici le motif de l'inquisiteur?

Il nous plaît, avant tout, de constater que ce motif n'avait rien de doctrinal.

C'était un dépit conçu par une nature méchante et ardente.

Qui donc a jamais nié l'existence des scélérats en ce monde?

Dès que Torquemada se vit au pouvoir, il se sentit pris d'une sorte d'enivrement, et le nombre des prisonniers incarcérés au nom de l'inquisition devint, en peu de temps, si considérable, que le couvent assigné aux inquisiteurs ne suffit bientôt plus pour les contenir, et que l'on fut obligé de transférer leur Tribunal dans le château de *Briana*, situé à l'extrémité d'un des faubourgs de Séville.

On fit placer au-dessus de la porte d'entrée de ce nouveau local, l'inscription suivante:

Le saint-office de l'Inquisition, établi contre la malice des hérétiques dans les royaumes d'Espagne, a commencé à Séville, l'an 1481, *sous le pontificat de Sixte IV, qui l'a accordé, et sous le règne de Ferdinand V et d'Isabelle, qui l'ont demandé.*

Le premier inquisiteur général a été le P. Thomas de Torquemada, prieur du couvent de Sainte-Croix de Ségovie, de l'ordre des frères prêcheurs. Dieu veuille, pour la propagation et le maintien de la Foi, qu'il vive jusqu'à la fin des siècles, etc... Levez-vous, Seigneur, soyez juge dans votre propre cause, prenez pour vous les renards!

L'auteur de cette fantastique inscription était Thomas Torquemada lui-même.

Torquemada était surtout ambitieux, et il n'avait qu'une pensée, en fondant l'inquisition à Séville, c'était de servir les maîtres qu'il s'était donnés.

Ce n'est pas, en effet, aux Espagnols qu'il s'adresse; on dirait qu'il a déjà conçu l'idée de l'unité du royaume; car, ceux qu'il recherche, ceux qu'il tente de ramener à la foi commune, ce sont précisément ces hommes qui n'appartiennent à aucune nation, et qu'on trouve partout à cette époque.

Les Juifs!

Qu'on lise plutôt les différents cas prévus par l'édit qu'il publia dès qu'il fut arrivé au pouvoir, où la délation est non pas permise, mais impérieusement commandée.

Nous avons cru utile de donner cet édit :

« La délation est commandée :

« 1° Lorsque le juif, devenu chrétien, attend le Messie, ou dit qu'il n'est point arrivé ; qu'il viendra pour racheter ceux de sa nation et les délivrer de la captivité dans laquelle ils gémissent, afin de les conduire dans la terre de promission ;

« 2° Lorsque celui qui a été régénéré dans le baptême, embrasse de nouveau la religion judaïque ;

« 3° S'il dit que la loi de Moïse est maintenant aussi efficace pour nous sauver que celle de Jésus-Christ ;

« 4° S'il garde le Sabbat, par respect pour la loi qu'il a abandonnée, ce qui est suffisamment prouvé ; s'il porte, ce jour-là, une chemise et des vêtements plus propres qu'à l'ordinaire ; s'il met du linge blanc sur sa table, et s'il s'abstient de faire du feu dans sa maison, depuis le soir du jour précédent ;

« 5° S'il retire de la chair des animaux dont il se nourrit le suif ou la graisse ; s'il en ôte tout le sang en le lavant dans l'eau, et s'il retranche certaines parties, telles que la glande ou la noix de la cuisse du mouton, ou de tout autre animal tué pour être mangé ;

« 6° Si, avant de l'écorcher, ainsi que les brebis dont il veut se nourrir, il examine si la lame du couteau dont il doit se servir n'a aucune brèche, en le passant sur l'ongle du doigt, et s'il en couvre le sang avec de la terre, en prononçant certaines paroles, d'après la coutume des Juifs ;

« 7° S'il mange de la viande les jours de carême, ou dans les temps marqués par l'abstinence, sans nécessité, et croyant pouvoir le faire sans offenser Dieu ;

« 8° S'il observe le grand jeûne des Juifs, connu sous les différents noms de jeûne du *pardon*, des *expiations*, du *chipmurih* ou *quipur*, lequel a lieu dans le dixième mois des Hébreux, nommé *Isiri*; ce qui sera prouvé s'il reste les pieds nus pendant le temps de ce jeûne, à la manière des véritables Juifs ; s'il a récité leurs prières ou s'est trouvé alors avec des Juifs pour suivre leurs pratiques, et surtout l'usage de se demander pardon les uns aux autres pendant la nuit ; si le père a posé la main sur la tête de ses enfants, sans faire le signe de la croix et sans prononcer aucune parole, si ce n'est celle-ci : « Sois béni du Seigneur et de moi ; » car toutes ces cérémonies appartiennent à la loi de Moïse ;

« 9° S'il renouvelle le jeûne de la reine Esther, que les Juifs observent dans le mois d'*Adar*, en mémoire de celui qui fut pratiqué par leurs pères pendant leur captivité, sous le règne d'Assuérus ;

« 10° S'il fait le jeûne de *Rebasio*, appelé le jeûne de la Maison sainte, qui a lieu le neuvième jour du mois de *Ab*, en mémoire et à cause de la destruction du temple, arrivée deux fois, l'une sous Nabuchodonosor, l'autre sous Titus ;

« 11° S'il observe les jeûnes prescrits par la loi de Moïse, le lundi et le samedi de chaque semaine, ce qu'on pourra supposer s'il s'abstient ces jours-là de manger jusqu'au lever de la première étoile de la nuit, s'il se prive de l'usage de la viande, s'il s'est purifié la veille, s'il a coupé ses ongles et l'extrémité de ses cheveux, et s'il les a gardés ou jetés dans le feu ; s'il récite certaines prières des Juifs en baissant et levant alternativement la tête, le visage tourné vers la muraille, après s'être lavé les mains avec de l'eau et de la terre, vêtu de serge, d'étamine et de lin, et ayant les reins serrés avec des cordes de fil ou des lanières de cuir ;

« 12° S'il célèbre la Pâque des *Azimes*, en mangeant le matin de ce jour-là de l'ache, des laitues ou d'autres légumes et plantes potagères ;

« 13° S'il observe la Pâque des *tentes* ou tabernacles, laquelle commence le dixième jour du mois de *Isiri*, ce qu'il sera permis de croire s'il élève devant sa maison des rameaux d'arbres verts, s'il propose ou accepte quelque festin, et s'il envoie ou reçoit des présents de table pendant cette solennité des Juifs ;

« 14° S'il observe la *fête des Rambeaux*, que les Juifs célèbrent le 25 du mois de *Caslen*, en mémoire du rétablissement du Temple, sous les Macchabées ; s'il a fait brûler ce jour-là, depuis une heure jusqu'à dix, et s'il les éteint en récitant des prières que font les Juifs dans la même circonstance ;

« 15° S'il a fait la bénédiction de la table de la même manière que les Juifs ;

« 16° S'il a bu du vrai *cazer*, mot dérivé de *caxer*, qui veut dire légal, en regardant comme vin légal des Juifs celui qui a été préparé par des personnes professant la loi judaïque ;

« 17° S'il a fait le *Bahara*, c'est-à-dire la *bénédiction*, en prenant dans les maisons un vase plein de vin, et en prononçant sur lui certaines paroles, avant d'en donner à chacun des assistants ;

« 18° S'il s'est nourri de la chair de quelque animal égorgé par les Juifs ;

« 19° S'il a mangé des mêmes viandes que les Juifs, et s'il s'est assis à leur table ;

« 20° S'il a récité les psaumes de David, sans réciter la fin, *Gloria patri*, etc. ;

« 21° Si, par respect pour la loi mosaïque, une femme a manqué de se présenter à l'église, quarante jours après qu'elle a été accouchée ;

« 22° Si quelqu'un a circoncis ou fait circoncire son fils ;

« 23° S'il lui a donné un nom hébreu choisi parmi ceux que portent les Juifs ;

« 24° Si, après avoir fait baptiser ses enfants, le *nouveau chrétien* leur fait laver la partie de la tête qui a reçu le saint chrême;

« 25° S'il a fait plonger, sept jours après leur naissance, ses enfants dans un bassin où l'on a mis avec l'eau, de l'or, de l'argent, de la semence de perle, du blé, de l'orge et d'autres substances, suivant la coutume des Juifs, en même temps que l'on a prononcé certaines paroles;

« 26° S'il a tiré l'horoscope de ses enfants au moment de leur naissance, et annoncé ce qui doit leur arriver pendant leur vie, à l'inspection des astres, espèce de superstition particulière aux fatalistes;

« 27° S'il s'est marié en observant les rites prescrits dans la loi de Moïse;

« 28° S'il a fait le *ruaya*, cérémonie qui consiste à donner un repas à ses amis et à ses parents, la veille du jour où l'on doit entreprendre un voyage; on le nomme le *repas de séparation;*

« 30° Si, au moment de faire le pain, il prend une partie de pâte, et la fait brûler en signe de sacrifice, à l'exemple des Juifs, qui font à Dieu l'offrande d'une masse de pâte, comme des prémices des biens qui leur appartiennent;

« 31° Si, à l'article de la mort, il a tourné le visage du côté de la muraille, ou s'il a été mis par quelqu'un dans cette posture avant d'expirer;

« 32° S'il a lavé ou fait laver dans l'eau chaude le corps d'un homme lorsqu'il est mort; s'il lui a fait raser le visage, les aisselles, et d'autres parties; s'il l'a fait ensevelir dans un linceul neuf, avec des chausses, une chemise et un manteau; s'il lui a mis sous la tête un oreiller fait avec de la terre vierge, ou une pièce de monnaie dans la bouche;

« 33° S'il s'est adressé aux morts pour faire leur éloge, ou s'il leur a récité des vers tristes;

« 34° S'il a répandu l'eau des cruches et des autres vaisseaux dans la maison du mort et dans celles des voisins, pour se conformer à la coutume des Juifs;

« 35° S'il s'est assis derrière la porte du défunt, en signe de deuil, et s'il a mangé du poisson ou des olives, au lieu de viande, pour honorer sa mémoire;

« 36° S'il reste enfermé dans sa maison pendant un an, après les funérailles de quelqu'un, pour prouver sa douleur;

« 37° S'il a fait enterrer un mort dans une terre vierge, ou dans le cimetière des Juifs. »

L'édit qu'on vient de lire est sévère, il ne laisse aux malheureux qu'il poursuit aucune chance d'échapper au tribunal de l'inquisition.

Mais on doit faire observer qu'il s'attaque seulement aux Juifs relaps, c'est-à-dire deux fois apostats.

L'effet de cet édit fut immense; un grand nombre de Juifs se convertirent; et bien que l'on pût douter de la sincérité de cette conversion, due à de pareils moyens, cependant on ne saurait nier qu'il en dut résulter un grand bien pour l'Espagne.

La politique ici se servait déjà de la religion comme d'un instrument.

Mais Torquemada dépassa bientôt le but qu'il s'était d'abord assigné, et il donna le signal de sanglantes horreurs.

Nous raconterons cette histoire avec impartialité, et le lecteur pourra juger lui-même si le saint-office d'Espagne n'est pas purement et simplement une machine politique qui échappe à la main de l'Église pour devenir une arme dans celle des rois patriotes.

Ce sont les Juifs et les Maures que le saint-office poursuit avec acharnement, et les Juifs et les Maures, qu'on ne l'oublie pas, sont les plus mortels, les plus irréconciliables ennemis de l'Espagne.

C'est une lèpre et un danger!...

L'intérêt de l'Église disparait complétement; il ne s'agit plus de la foi, ce ne sont pas des hérétiques que l'on cherche à ramener à l'orthodoxie ; c'est l'intérêt de l'Espagne qui est en jeu, ce sont des ennemis qu'il faut frapper, c'est toute une population qu'il importe d'extirper et de faire disparaître.

Thomas Torquemada a, sur-le-champ, compris toute la vérité de la situation ; il a deviné l'intention de ses maîtres, il a surpris leur secret, et il s'est mis à l'œuvre.

Homme de passion, il s'est dévoué au service des passions des autres, tout en trouvant moyen de satisfaire ses propres vengeances.

On ne peut plus dire, en effet, que ce soit le fanatisme qui l'inspire ; c'est la cruauté dans tout son développement, d'une part, tandis que, de l'autre, c'est le machiavélisme érigé en doctrine politique.

Ces réserves une fois faites, nous n'avons qu'à raconter brièvement et fidèlement cette dramatique histoire de l'inquisition, si souvent défigurée à plaisir. Nous rétablirons bien des faits erronés qui ont défrayé jusqu'ici les historiens de hasard, et nous laisserons le public dégager lui-même la conséquence juste de ces faits.

CHAPITRE II.

Suite de l'inquisition. — Les Albigeois. — Raymond de Toulouse. — Le légat Pierre de Castelnau. — Sa mort violente. — Honteuses tergiversations du comte Raymond. — Le catéchisme des hérétiques. — Progrès de l'hérésie. — Première persécution. — Décision des conciles. — L'hérésie à Rome. — L'*hérétication*. — Naissance de l'inquisition régulière. — Peines et pénitences.

L'inquisition commence aux Albigeois ; c'est là son point de départ matériel, et ce n'est point la faute de cette institution si elle a eu une aussi fatale origine.

Les Albigeois occupaient au douzième siècle cette partie de la France qui est comprise entre la Garonne et la rive droite du Rhône. Quoi qu'en aient dit certains historiens, cette population nous a toujours paru fort turbulente et occupée, presqu'exclusivement, du soin de faire de l'opposition à quelque chose ou à quelqu'un.

A l'époque où nous prenons cette histoire, il est du moins constant que les Albigeois conspiraient, et ils assistaient à des réunions secrètes que, de notre temps, on aurait appelées des *clubs*.

Guillabert de Castres et maître Sicard étaient les orateurs habituels de ces réunions, et comme la violence n'a jamais manqué son effet sur les masses passionnées, ils ne se faisaient pas scrupule d'exalter l'imagination de leurs naïfs auditeurs, et de jeter le trouble dans leur esprit.

Au château de Facyaux, c'étaient les enseignements de Guillabert de Castres que l'on allait écouter ; au château de Lombers, c'était la parole de Sicard.

Une tribune était préparée pour eux, et du haut de cette tribune, ils dominaient la foule et dogmatisaient.

Ils prenaient habituellement pour texte de leurs prédications la corruption du clergé, ses honteuses habitudes de débauches, ses richesses scandaleuses ; ils disaient que les plus simples religieux ne marchaient jamais qu'escortés d'un nombreux domestique, que le cortége des abbés était égal à celui des rois ; ils tonnaient contre l'autorité des papes, en appelaient à la vengeance du peuple, et leur annonçaient des jours meilleurs.

La foule attentive recueillait avec respect de tels enseignements ; l'heure à laquelle ces scènes se passaient, le lieu dans lequel ces réunions tumultueuses avaient lieu, les jetaient dans une sorte d'exaltation fanatique, et bien souvent, tous sortaient de ces assemblées l'esprit en proie au trouble le plus violent, le plus désordonné.

Un nombre considérable d'abus existait alors, en effet, et les deux prédicants avaient quelque raison d'élever la voix ; c'était la constante occupation des papes de combattre ces abus, et ils n'avaient pu encore réussir à les extirper complétement.

La simonie, entre autres, s'exerçait presque ouvertement.

Mais ces abus pouvaient être réformés ; l'autorité cléricale ne négligeait aucune occasion de les punir; il y avait danger patent à prendre un pareil sujet pour texte de prédications faites à de pauvres paysans.

Le mal fut, en effet, terrible, et en peu de mois, toute la contrée des Albigeois fut infestée par l'hérésie naissante.

Les Albigeois se distinguèrent dès lors, entre eux, par les appellations de *parfaits* et de *croyants.*

C'était une organisation complète.

Les *parfaits* vivaient, dit-on, avec la plus grande sobriété et dans la continence la plus absolue. Ils s'interdisaient l'usage de la viande, des œufs et du fromage, ne proféraient jamais ni serments ni blasphêmes, et portaient un habillement noir.

Les *croyants*, moins sévères pour eux-mêmes, suivaient néanmoins une règle constante. Ils avaient une médiocre confiance dans la miséricorde de Dieu, et pensaient ne pouvoir se sauver s'ils ne recevaient, en mourant, l'imposition des mains.

Nous ajouterons à ces détails les circonstances qui accompagnaient les cérémonies habituelles de leurs réceptions :

Lorsque quelqu'un se *rend* aux hérétiques, celui qui le reçoit lui dit :

— Ainsi, si tu veux être des nôtres, il faut que tu renonces à la foi que tient l'Eglise de Rome.

Le récipiendaire répondait :

— J'y renonce.

— Reçois donc des *bons hommes* le Saint-Esprit.

Et alors on lui soufflait sept fois dans la bouche.

On lui disait encore :

— Renonces-tu à cette croix que le prêtre t'a faite, au baptême, sur la poitrine, les épaules et la tête, avec l'huile et le chrême?

— J'y renonce.

— Crois-tu que cette eau opère ton salut?

— Je ne le crois pas.

— Renonces-tu à ce voile, qu'à ton baptême, le prêtre t'a mis sur la tête?

— J'y renonce.

Quand ces demandes et ces réponses étaient faites, tous les assistants lui imposaient les mains sur la tête et lui donnaient un baiser.

On le revêtait d'un vêtement noir et, dès-lors, il était comme un d'entre eux.

Malheureusement pour les Albigeois, ce mouvement de l'opinion vers une opposition contre l'autorité de Rome, coïncidait avec une sorte d'insurrection morale qui, de toutes parts, semblait également menacer le Saint-Siége.

La philosophie commençait son travail et répandait le doute partout.

Abailard, cet eunuque de la pensée et de l'amour, avait déjà jeté le trouble en France, et après sa mort, Pierre le Lombard avait continué son œuvre. Pierre de Bruys et Arnaldo de Brixia suivent son exemple.

De toutes parts, chacun se préparait à saper de son mieux le grand édifice catholique.

Le pape sentait que l'autorité lui échappait, que la religion était menacée; il s'indignait! Déjà la prédication ne suffisait plus pour contenir le mouvement insurrectionnel, et ramener les esprits égarés à la foi du Christ! On commençait à faire un mauvais parti aux prêtres.

En ces siècles barbares encore, la défense devait être naturellement aussi violente que l'attaque.

Un jour, l'évêque de Carcassonne prêchait dans cette ville; on essaya de lui imposer silence.

« Vous ne voulez pas m'écouter, leur dit-il; croyez-moi, je pousserai contre vous un si grand mugissement, que des extrémités du monde viendront des gens qui détruiront cette ville; et tenez pour certain que vos murs, fussent-ils de fer et de hauteur prodigieuse, ne pourront vous défendre de la juste vengeance que tirera le souverain juge de votre incrédulité et de votre malice. »

Mais ceux de Carcassonne le chassèrent de la ville, défendant expressément, par la voix du hérault, que nul, pour acheter ou vendre, osât communiquer avec lui ou quelqu'un des siens.

Dom Vaissette raconte que le peuple en vint bientôt à un tel degré d'exaspération et de haine contre les prêtres catholiques, que c'était une coutume populaire très-répandue de dire, en parlant d'une action infâme : *J'aimerais mieux être prêtre que d'avoir fait cela!*

Comme on le voit, une lutte était imminente; le moindre incident devait la faire éclater.

En 1198, frère Raguier et frère Gui, tous deux de l'ordre de Citeaux, auxquels on adjoignit Pierre de Castelnau, archidiacre de Maguelonne, reçurent de Rome des pouvoirs illimités, et partirent pour aller visiter les provinces infestées d'hérésie, et tenter de les faire revenir à l'orthodoxie.

Le pape désirait user de tous les moyens de douceur qui étaient à sa disposition, avant de pousser les choses à l'extrême.

Les trois commissaires partirent donc; mais malgré l'ardeur qu'ils apportaient dans leur mission, malgré le secours de Dominique et de l'évêque d'Osma, Diégo de Azèbes, leur éloquence ne ramena au bercail aucune brebis égarée.

Raymond VI, comte de Toulouse, était alors le plus puissant prince de tout le midi de la France.

C'était une nature singulièrement irrésolue; il n'avait jamais su prendre un parti, et pendant tout le temps que dura la croisade, il se laissa dominer tantôt par la cruauté, tantôt par l'intérêt, et fut peut-être l'unique cause de tout le mal qui fut fait à son peuple.

« Dès le berceau, dit un auteur contemporain, il chérit et choya « les hérétiques; et comme il les avait dans sa terre, il les honora de

« toutes manières. Encore aujourd'hui, à ce que l'on assure, il mène « partout avec lui des hérétiques, afin que s'il venait à mourir, il « meure entre leurs mains. Il dit au vénérable évêque de Toulouse, « *comme l'évêque me l'a raconté lui-même,* que les moines de Citeaux « ne pouvaient faire leur salut, puisqu'ils avaient des ouailles livrées « à la luxure.

« Le comte disait encore à l'évêque de Toulouse qu'il vînt la nuit « dans son palais, et qu'il entendrait la prédication des hérétiques; « d'où il est clair qu'il les entendait souvent la nuit.

« Il se trouvait un jour dans une église où on célébrait la messe; « or, il avait avec lui un bouffon qui, comme font les bateleurs de « cette espèce, se moquait des gens par grimaces d'histrion. Lorsque « le célébrant se tourna vers le peuple en disant : *Dominus vobiscum*, « le scélérat de comte dit à son bouffon de contrefaire le prêtre. Il « dit une fois qu'il aimerait mieux ressembler à un certain *hérétique* « de Castres, dans le diocèse d'Alby, *à qui on avait coupé les mem-* « *bres,* et qui traînait une vie misérable, que d'être roi ou empereur. »

Il faisait si peu de cas du sacrement de mariage, que toutes les fois que sa femme lui déplut, il la renvoya pour en prendre une autre. Je ne dois pas passer sous silence que lorsqu'il avait sa première femme, il l'engagea souvent à prendre l'habit religieux. Comprenant ce qu'il voulait dire, elle lui demanda exprès s'il voulait qu'elle entrât à Citeaux ; il dit que non.

Elle lui demanda encore s'il voulait qu'elle se fît religieuse à Fontevrault ; il dit encore que non.

Alors elle lui demanda ce qu'il voulait donc.

Il répondit que si elle consentait à se faire solitaire, il pourvoirait à tous ses besoins, et la chose se fit ainsi.

Il fut toujours si luxurieux et si lubrique, qu'il abusait de sa propre sœur, au mépris de la religion chrétienne.

Dès son enfance, il recherchait ardemment les concubines de son père; aucune femme ne lui plaisait guère, s'il ne savait qu'elle n'eût appartenu à son père.

« Le comte jouait un jour aux échecs avec un certain chapelain, et, tout en jouant, il lui dit : Le Dieu de Moïse, en qui vous croyez, ne vous aiderait guère à ce jeu; et il ajouta : Que jamais ce Dieu ne me soit en aide!

« Une autre fois, le comte devait aller de Toulouse en Provence, pour combattre quelque ennemi; se levant au milieu de la nuit, il alla à la maison où étaient rassemblés les hérétiques toulousains, et leur dit :

« — Mes seigneurs et mes frères, la fortune de la guerre est variable; quoi qu'il m'arrive, je remets en vos mains mon corps et mon âme!

« Un jour que ce maudit comte était malade dans l'Aragon, le mal, faisant beaucoup de progrès, il se fit faire une litière, et, dans cette litière, se fit transporter à Toulouse; et, comme on lui demandait pourquoi il se faisait transporter en si grande hâte, quoique accablé par une grave maladie, il répondit :

« — Parce qu'il n'y a pas de *bons hommes* dans cette terre, entre les mains de qui je puisse mourir. »

Malgré l'exagération passionnée qui perce dans cette appréciation du caractère du comte de Toulouse, on peut en induire que Raymond VI n'était pas précisément un homme d'une moralité respectable, et il est bien certain que le spectacle des mœurs dissolues de sa cour ne contribuait pas peu à maintenir son peuple dans l'hérésie.

Pierre de Castelnau ne se trompa pas, et, dès les premiers moments, il vit bien de quel côté il fallait attaquer de préférence. D'ailleurs, il comptait sur la faiblesse connue du comte, et espérait l'amener facilement à composition.

Pierre de Castelnau était un homme de la trempe de saint Dominique; avec moins d'intelligence, il avait une foi aussi ardente, une exaltation plus absolue, et moins de douceur aussi dans le caractère.

L'hérésie était pour lui un objet d'horreur, et il ne comprenait pas la longanimité dont le pape avait fait preuve jusque là. Il avait été nourri des enseignements de Dominique, et, comme il avait plus de détermination dans l'esprit, il n'hésita pas à s'adresser directement au comte de Toulouse.

Ses remontrances n'eurent pas, bien entendu, tout le succès qu'il en attendait. On lui rapporta même, que, suivant sa coutume, Raymond VI avait appris à son fou à imiter sa voix et ses gestes, et, qu'à de certaines heures de la journée, il le faisait, en effigie, bâtonner par ses gens.

Car il n'est rien de si audacieux dans l'ombre que les gens qui ont peur au soleil.

Pierre de Castelnau s'indigna de tant d'obstination et de persévérance dans l'insulte, et, sans attendre davantage, il se rendit à Toulouse, et alla voir le comte.

Il lui parla d'abord dignement, et comme il convenait au caractère officiel dont il était revêtu : il lui démontra que sa conduite encourageait les Albigeois dans leur hérésie; il lui dit que la neutralité n'était plus possible, que le temps des hésitations était passé, qu'il fallait prendre un parti, et se décider à défendre ouvertement les hérétiques, ou prêter un concours loyal aux légats du pape.

Mais le comte désirait ne pas s'engager, il ne répondit rien de précis; bref, la discussion s'envenima, et le comte de Toulouse s'emporta jusqu'à menacer de la main Pierre de Castelnau.

Ce dernier ressentit profondément l'offense, et partit en annonçant au comte qu'il le rendait responsable devant Dieu des maux que son impiété allait causer.

Assurément, cette colère du légat était peu évangélique; mais tout prêtre n'est pas nécessairement un saint, et pourquoi chargerait-on la mesure commune envers un homme, à cause de l'habit qu'il porte?

Pierre de Castelnau, dans sa retraite, était accompagné de son collègue; ils se dirigèrent vers le Rhône; mais, comme la nuit approchait, ils en remirent le passage au lendemain, et se retirèrent dans une misérable auberge située à quelque distance.

L'irritation de Pierre de Castelnau s'était calmée; il n'éprouvait maintenant qu'une profonde pitié pour son ennemi, et priait le ciel de l'éclairer.

La nuit était venue; une nuit sombre et désolée. Le vent soufflait avec une âpre violence; on entendait le mugissement du fleuve; la pluie fouettait rudement la porte de l'auberge.

On servit un mauvais souper aux deux légats du pape, et ils s'entretinrent, avec tristesse, des événements de la journée.

Pendant que Pierre de Castelnau et son compagnon se disposaient ainsi à passer une assez mauvaise nuit, le comte de Toulouse était resté au château de Saint-Gilles, assez mécontent de lui-même et du légat; et seul, avec son fou, il se demandait, avec inquiétude, ce qui allait advenir de tout ceci.

Le fou le regardait avec malice, et riait sournoisement des inquiétudes de son maître; puis, à un moment où le comte ne pensait déjà plus à lui, il alla s'agenouiller à ses pieds, et se prit à lui sourire.

— La nuit est bien sombre, lui dit-il, en frissonnant; monseigneur n'est-il pas d'avis que les légats sont des fâcheux, et qu'ils vont tristement déranger notre existence.

— Qui t'a dit cela? demanda vivement le comte.

— Je le lis dans vos regards, monseigneur, répondit le fou.

— Eh bien! qu'y faire? poursuivit Raymond VI; les légats sont partis, ils vont fomenter la guerre, m'excommunier peut-être, et toute ma cour avec moi... qu'y faire?

— Monseigneur, prononça doucement le fou, demandez-moi ce que je ferais à votre place.

— Que ferais-tu donc, toi?...

— Tant de choses arrivent, monseigneur, tant de malheurs nous frappent, sans que nous sachions d'où ils viennent...

— Que veux-tu dire? interrompit Raymond.

— Les légats sont seuls...

— Eh bien!

— Ils peuvent se noyer en passant le Rhône, être attaqués dans le bois qui l'avoisine... saurait-on demain à qui attribuer cette catastrophe? non, sans doute; et demain, nous serions délivrés de leurs menaces.

Il se tut, et ajouta quelques secondes après, d'un ton grave :

— Car ils vous ont menacé, monseigneur!

C'était vrai.

Le comte de Toulouse ne répondit pas, et devint pensif.

Or, comme Pierre de Castelnau et son collègue étaient attablés dans l'auberge où ils devaient passer la nuit, deux hommes à mine suspecte entrèrent, et demandèrent une chambre. Nul ne prit garde à eux, et la nuit se passa sans événement.

Le lendemain, les légats se levèrent de bon matin.

Ils devaient traverser le Rhône en bateau; ils pressaient le pas.

Les deux inconnus avaient sans doute le même projet, car lorsque Pierre de Castelnau sortit de l'auberge, ils suivirent son exemple, et prirent la même direction que lui.

Ils étaient armés de lances, portaient de longs manteaux bruns, et sous leurs manteaux de voyage, on voyait, de temps à autre, briller la poignée d'une épée.

Cependant, on était arrivé au bord du fleuve; une barque, préparée pour recevoir les légats, attendait, amarrée à la berge. Dès qu'on les vit venir, il se fit un grand mouvement; chacun courut à la barque avec empressement, si bien que Pierre de Castelnau se trouva tout à coup seul entre les deux hommes aux longs manteaux.

Il eut alors comme un pressentiment de sa fin prochaine, et voulut presser le pas. Mais un des hommes s'était approché de lui, et il tomba presqu'aussitôt, frappé au bas des côtes d'un coup de fer de lance. La blessure était mortelle.

Au cri qu'il poussa en tombant, les bateliers accoururent, mais les assassins avaient déjà pris la fuite.

Pierre de Castelnau était baigné dans son sang, et pouvait à peine parler. On voulut se mettre à la poursuite des hérétiques, et parcourir les environs. Pierre arrêta tout le monde : « *Que Dieu leur pardonne*, dit-il d'une voix mourante, *puisque je leur pardonne!* »

Et il rendit le dernier soupir!

On comprend sans peine l'indignation qu'un pareil crime souleva dans toute la chrétienté! Mille voix s'élevèrent de toutes parts pour demander vengeance, et toutes désignèrent le comte Raymond comme l'instigateur du meurte.

C'était l'incident que chacun attendait; dès ce moment, la croisade contre les Albigeois fut résolue, et immédiatement prêchée.

Nous n'avons pas l'intention de raconter cette croisade sanglante; elle n'amena, bien entendu, aucun résultat satisfaisant, et ne fit qu'éloigner davantage encore les Albigeois de la foi du Christ. Le comte Raymond fut obligé de faire une pénitence publique, et il mit autant de lâcheté à consentir à cet acte, qu'il avait mis de cruauté à faire tuer Pierre de Castelnau. Sans énergie, toujours prêt à trahir son peuple pouvu qu'il y trouvât son intérêt, il ne sut même pas protéger ceux que son exemple avait, en quelque sorte, poussés à l'hérésie, et il les abandonna à Simon de Montfort.

Après cette croisade, qui avait mis un moment l'Europe en feu, et en présence des résultats négatifs qu'elle avait produits, les conciles se rassemblèrent de toutes parts, et se mirent à l'œuvre pour venir en aide à l'autorité menacée.

Des mesures furent prises immédiatement ; et c'est réellement de cette époque que datent les commencements de l'inquisition.

L'examen des décrets rendus par ces conciles peut seul nous donner une idée précise de la progression dans la sévérité des mesures, et, sous ce point de vue, il nous est impossible de les passer sous silence.

En 1229, il y eut à Toulouse un concile, auquel assistèrent le comte Raymond *réconcilié,* les archevêques de Narbonne, de Bordeaux, d'Auch, beaucoup d'évêques et des députés de Toulouse et de plusieurs autres villes.

On y régla, avec l'envoyé du pape, la manière de se conduire envers les hérétiques. Les mesures qui y furent prises diffèrent peu de celles qu'avaient décrétées les conciles de Vérone et de Latran.

Une seule semble importante et nouvelle.

C'est celle qui chargea les évêques de nommer, dans chaque paroisse de leurs diocèses, un, deux ou plusieurs prêtres, et de les obliger, par serment, à faire une recherche exacte et fréquente des hérétiques dans quelque lieu qu'ils se réfugient : de les faire arrêter ; de prendre toutes les précautions nécessaires pour empêcher leur évasion, et d'informer l'évêque et le seigneur du lieu ou le gouverneur de leur arrestation.

La même disposition porte que nul ne pourra être puni comme hérétique qu'après avoir été déclaré tel par l'évêque.

Les hérétiques qui se seront convertis volontairement, ajoute la même décision, ne pourront continuer d'habiter le même pays, parce qu'il est suspect d'être infesté d'hérésie ; afin de prouver leur éloignement pour l'erreur dans laquelle ils sont tombés, ils porteront sur leurs habits deux croix, une de chaque côté de la poitrine; ceux que la cruauté de la mort portera à se convertir, seront mis en réclusion, sous la juridiction de l'évêque; dans chaque paroisse, il sera dressé une liste de tous les habitants, dont ceux qui auront atteint l'âge de quatorze ans parmi les hommes, et douze parmi les femmes, promettront, avec serment, de professer la religion catholique, de détester l'hérésie, de quelque nature qu'elle soit, et de poursuivre les hérétiques; ils seront obligés de renouveler ce serment tous les deux ans; et ceux qui refuseront de le faire, seront suspects d'hérésie; tous les habitants portés sur la liste, se présenteront au tribunal de la pénitence, dans leurs paroisses respectives, trois fois l'année, à Noël, à Pâques et à la Pentecôte, et celui qui y manquera, sera également traité comme suspect d'errer dans la foi.

A notre époque de liberté, de pareilles dispositions semblent reculer les limites de la tyrannie.

Il faut, pour les apprécier, changer de milieu et voir l'Europe entière menacée d'une immense conflagration.

Quand l'incendie, dévorant, enveloppe et fait craquer déjà les poutres d'une maison, mesure-t-on son effort?...

Mais, de grâce, cependant, ne croyez pas qu'il faille aller si loin dans les siècles passés pour trouver une oppression mille fois plus odieuse!

La Terreur de 1793 perfectionna ces rudiments de persécution, et notre guillotine, plus civilisée que le bûcher, laissa échapper moins de victimes.

Et parce que la Terreur tuait au nom de la liberté, faut-il renier la liberté?

Non! cent fois non! Ne confondez jamais l'abstraction avec l'homme, l'idée avec le fait.

L'homme est fils d'Adam, pécheur, et l'idée vient du ciel.

En 1233, un autre concile s'assembla à Melun : le comte de Toulouse, qui semblait vouloir racheter *ses péchés*, y assista, ainsi que l'archevêque de Narbonne, accompagné de ses suffragants.

Des dispositions y furent prises, et presque toutes sont conformes aux précédentes :

« On y décréta surtout, dit Lorente, dans son *Histoire de l'Inquisition*, que tous les barons, les chevaliers, les commandants des villes et les autres vassaux du comte, seraient tenus d'y prendre toutes les mesures nécessaires pour découvrir, faire arrêter et punir les hérétiques ;

« Que toute ville où il en serait trouvé, payerait un marc d'argent pour chacun, à celui qui les aurait dénoncés et fait arrêter ;

« Que toutes les maisons qui leur auraient servi d'asile, seraient rasées, ainsi que celles où ils auraient prêché, et que les biens des propriétaires de ces maisons seraient confisqués ;

« Qu'on mettrait le feu à toutes les cavernes où l'on pourrait croire qu'il s'en serait réfugié ; que toutes les propriétés des hérétiques seraient saisies, sans que leurs enfants eussent le droit d'en réclamer la moindre partie ; que leurs fauteurs, recéleurs ou défenseurs seraient condamnés à la même peine ; que tout habitant suspect d'hérésie, serait obligé de faire sa profession de foi, après avoir prêté serment de dire la vérité, sous peine d'être puni comme hérétique ;

« Que les réconciliés porteraient les deux croix sur la poitrine, de manière que tout le monde pût les voir ; et qu'ils seraient dépouillés de leurs biens, ou subiraient toute autre peine de droit, s'ils refusaient de se conformer à cette disposition. »

La même année, un autre concile se tenait à Beziers, et un nouveau règlement y fut décrété pour la recherche des hérétiques.

Il y était ordonné à toute personne d'arrêter les hérétiques ; aux curés, de former une liste de tous ceux de leurs paroissiens suspects d'hérésie, et de les faire assister, tous les dimanches et les jours de fête, aux offices de l'église, sous peine d'être condamnés eux-mêmes à perdre leurs bénéfices, après avoir été avertis une fois.

Un autre article obligeait les hérétiques *réconciliés* à porter les deux croix sur leur vêtement extérieur, l'une sur la poitrine et l'autre sur l'épaule; elles devaient être faites de drap jaune, avoir trois doigts de large, deux palmes et demi de haut, et deux de droite à gauche; et si l'habit était accompagné d'un capuchon, cette partie devait aussi en porter une; ceux qui ne se conformeraient pas à ces articles, seraient déclarés relaps et dépouillés de leurs biens.

Pendant que de semblables mesures étaient prises de toutes parts, et que la recherche des hérétiques devenait, pour ainsi dire, universelle, l'hérésie redoublait d'audace, et allait chercher des sectaires jusque dans le sein de Rome même!

Ceci est dans l'ordre naturel. L'exagération de l'attaque amène l'exagération de la défense.

Ainsi s'était fondée dans le sang des martyrs la religion du Christ elle-même.

Mais le successeur de saint Pierre, défié jusqu'au pied de son trône, dut se souvenir que les clefs saintes de l'Eglise étaient confiées à sa garde.

Et quand Rome elle-même fut souillée par les pratiques folles et impies de ce fanatisme furieux, dont l'histoire incrédule se détourne elle-même avec dégoût, le pape lança une nouvelle bulle contre ces possédés.

Il faut lire les écrivains du temps, pour comprendre à quel degré de vertige étaient arrivés ces Albigeois. Leurs *hérétications* ou consolations par le fer firent couler autant de sang que les effroyables batailles de Carcassonne et de Beziers.

Leur exaltation en était venue à ce point qu'ils se frappaient entre eux dans leurs synodes enragés, et que celui qui demandait la *con-*

solation des saints, tombait mort, toujours au milieu de tortures inouïes.

A une époque plus moderne, les convulsionnaires ont rappelé cette étrange pratique des Albigeois.

Et pour trouver quelque chose de plus analogue encore, il faudrait, en vérité, exhumer les inventions dénaturées du marquis de Sade !

Plus une chose est absurde dans son excentricité, plus elle conquiert de partisans fanatiques : témoin le succès de tous les charlatans. — Les extravagances des *parfaits* mirent l'Europe à deux doigts de sa ruine.

Il y allait non-seulement de l'autorité des papes, qui était ouvertement méconnue, mais du repos, de l'unité même de la chrétienté.

Le souverain pontife n'hésita plus, et, en 1231, la terrible bulle parut.

Dans cette bulle, il ordonne que tous les condamnés soient livrés au juge séculier, pour recevoir le juste châtiment de leur crime, après avoir été dégradés, s'ils étaient engagés dans l'état ecclésiastique; que si quelqu'un demandait à se convertir, il subit une pénitence et la peine de la prison.

Que ceux qui auraient embrassé la doctrine de ces faux prêtres fussent réputés hérétiques, et que les habitants qui les auraient reçus dans leurs maisons, protégés ou défendus, fussent excommuniés, et surtout déclarés infâmes et privés du droit d'occuper aucun emploi public, de déposer en justice, de faire aucune disposition testamentaire, d'avoir part à aucun héritage ou de porter aucune demande devant la loi, si, après leur excommunication, ils négligeaient de demander leur réconciliation à l'Église catholique.

La bulle portait que s'ils étaient juges, aucun procès ne serait plaidé à leur audience, et que les jugements qu'ils auraient prononcés seraient déclarés nuls.

S'ils étaient avocats, on ne leur permettrait point de défendre aucune cause.

S'ils étaient notaires, leurs actes n'auraient aucune validité.

Quant aux prêtres, ils devaient être dégradés et dépouillés de leurs bénéfices.

Les personnes qui ne fuiraient pas le commerce de ces excommuniés seraient condamnées à l'excommunication et soumises à d'autres peines; celles qui, étant suspectes d'hérésie, ne s'empresseraient point de détruire le soupçon, par la voie de l'épreuve canonique, ou de quelque autre manière proportionnée à leur qualité et aux causes du soupçon, devaient être excommuniées et réputées hérétiques, si, au bout d'un an, elles n'avaient point satisfait à ce qu'elles devaient à l'Église.

Il était défendu d'admettre leurs réclamations et leurs appels, et les notaires ni les avocats ne pouvaient leur prêter leur ministère dans aucune transaction, ni pour aucun procès, sous peine d'être interdits pour toujours.

Il était défendu aux prêtres de les admettre à la participation des sacrements, et de *recevoir leurs aumônes et leurs offrandes;* la même défense, à l'égard de ce dernier article, était faite aussi aux *hospitaliers,* aux templiers et aux autres ordres réguliers.

Le gouvernement de Rome prêta, en cette circonstance, un concours actif au pape Grégoire IX; le sénateur Annibal et les autres membres du gouvernement rendirent différentes lois municipales, dans le but de faire rechercher et punir les hérétiques.

Une de ces lois obligeait le sénateur de Rome à faire prendre les hérétiques qui se trouveraient dans la ville, et surtout ceux qui auraient été découverts par les inquisiteurs du Saint-Siége, ou par d'autres catholiques; de les retenir en prison jusqu'à leur condamnation par l'Église, et de les punir huit jours après qu'ils auraient été condamnés.

La même loi, entrant dans une voie funeste, accordait le tiers des biens du coupable au délateur; un autre, au sénateur juge; et le troisième devait être employé aux frais de réparation des murs de Rome.

Il était dit aussi, dans ce code de la justice municipale des Romains, que les maisons qui auraient servi de lieu de rassemblement secret aux hérétiques seraient rasées pour toujours; de même que celles des habitants qui auraient reçu des hérétiques l'imposition des mains.

Celui qui connaîtrait des partisans de l'hérésie et ne les dénoncerait pas, serait condamné à une amende de vingt livres; et, s'il était hors d'état de l'acquitter, il serait sujet à la proscription jusqu'à ce qu'il ait satisfait à la loi; si quelqu'un avait protégé, défendu ou caché des hérétiques, il serait dépouillé de la troisième partie de ses biens, qu'on emploierait aux mêmes dépenses municipales; si cette peine était insuffisante pour ramener les hérétiques à la foi, ils seraient bannis de Rome pour toujours.

Comme on le voit, c'était une mise hors la loi commune, dans toute sa rigueur; mais il n'était pas encore question de bûcher; la résistance seule, et les meurtres innombrables commis en désespoir de cause par les hérétiques, amenèrent les inquisiteurs sur le terrain des sanglantes représailles.

Les bûchers s'allumèrent. Dans les premiers temps, il n'y avait pas de procureur fiscal chargé d'accuser les personnes suspectes. Les accusés étaient interrogés verbalement par les inquisiteurs, et voici à peu près les questions convenues qu'ils leur adressaient.

Si la personne était *simplement hérétique,* on lui faisait subir l'interrogatoire suivant :

Savez-vous qui nous cherchons ici?

Avez-vous entendu quelqu'un parler des hérétiques?

Croyez-vous à ce qu'ils disent ?

Connaissez-vous les avis que nous avons donnés aux hérétiques?

Connaissez-vous des hérétiques dans le pays?

Savez-vous si quelqu'un, dans cette contrée ou dans cette ville, reçoit des hérétiques dans sa maison?

Connaissez-vous les lieux où se réunissent les hérétiques?

Quels sont ceux qui assistent à leurs sermons, et quelle matière ils traitent dans ces sermons?

Quel jour ou quelle nuit, et à quelle heure, ont lieu ces cérémonies?

Les assistants communiaient-ils, et avec quoi?

Disaient-ils leur *benedicite?*

Quelques paroles y sont-elles prononcées contre la foi?

Combien d'années avez-vous été hérétique?

Qui vous a instruit, et avec qui l'avez-vous été?

Qui vous a entraîné vers les hérétiques?

Avez-vous caché des hérétiques, après la publication des injonctions qui leur ont été faites?

Avez-vous fait un pacte avec les hérétiques, pour ne pas vous trahir réciproquement?

Si la personne suspecte était *juive*, ou appartenait par des liens quelconques à la nature hébraïque, c'était l'interrogatoire suivant auquel on l'obligeait de répondre :

Quel est ton nom et ton surnom?

Où es-tu né?

Tes parents sont-ils ou ont-ils été Juifs?

Où sont-ils nés?

As-tu des frères ou des sœurs?

Quelques-uns d'entre eux ont-ils été baptisés?

Es-tu Juif ou Chrétien?

Quelle est la loi qui te semble meilleure, et dans laquelle tu veuilles mourir?

As-tu une femme et des enfants?

Ta femme et tes enfants sont-ils baptisés?

As-tu été baptisé?

Quand, et où?

Quel nom t'a-t-on donné, et quelles personnes étaient avec toi?

Dis-nous le nom de ces personnes, et où elles sont?

Ces personnes sont-elles retournées au judaisme?

Ont-elles des femmes?

Quand devins-tu Chrétien?

As-tu été confessé?

As-tu communié?

As-tu appris le *Pater noster*, l'*Ave Maria* et le *Credo?*

Peu à peu, cependant, l'inquisition prit des formes plus arrêtées, et elle fut traitée avec tout le cérémonial qu'exigeait une institution à laquelle on attachait tant d'importance, et qui allait avoir une si grave mission à remplir.

Lorsque l'inquisiteur arrivait dans une ville où il se proposait d'entrer en fonctions (et qui était ordinairement le siége de l'évêché), il en informait d'office le magistrat, et l'invitait à se rendre auprès de lui, en lui indiquant le jour et l'heure où il était attendu, afin de prendre connaissance de l'objet de sa mission. Le commandant de la ville se présentait aussitôt chez l'envoyé de l'inquisition; il prêtait serment entre ses mains de faire exécuter toutes les lois contre les hérétiques, et de fournir les moyens nécessaires pour les découvrir et les arrêter. Si le représentant de l'autorité royale refusait d'obéir, l'inquisiteur avait recours à l'excommunication.

Mais ce cas ne se présentait que fort rarement, car, ainsi que nous l'avons dit, c'était plutôt l'intérêt de la royauté que celui des papes que les inquisiteurs étaient appelés à servir.

Si le gouverneur ne faisait aucune difficulté d'exécuter les ordres qui lui étaient donnés, l'inquisition indiquait un jour de fête pour se rendre avec le peuple dans l'église, où il devait annoncer aux habitants l'objet de sa mission.

A la suite de cette publication, l'inquisiteur déclarait que les personnes coupables d'hérésie, qui se présenteraient d'elles-mêmes pour s'accuser avant leur mise en jugement et l'expiration du terme de grâce, obtiendraient l'absolution, et n'auraient à subir qu'une légère pénitence canonique; mais si elles attendaient qu'on les eût dénoncées après ce délai (qui était ordinairement d'un mois), elles seraient poursuivies suivant toute la rigueur de la justice.

Quand des dénonciations avaient lieu, elles étaient enregistrées dans un livre particulier; mais elles n'avaient aucun effet jusqu'à ce qu'on eût vu si les personnes dénoncées se présentaient de leur propre mouvement; après l'expiration du terme accordé, le dénonciateur était demandé; on lui annonçait qu'il y avait trois manières de procéder pour découvrir la vérité : l'accusation, la dénonciation et l'inquisition.

On lui demandait à laquelle il donnait la préférence.

La plupart déclaraient que le motif qui les portait à faire des dénonciations n'était que la crainte d'encourir les peines dont la loi menaçait ceux qui ne déféraient pas au saint-office les hérétiques; ils désiraient que leur dénonciation fût tenue secrète, à cause du danger de mort auquel ils seraient exposés si elle était connue, et ils nommaient les personnes qu'ils croyaient plus en état de parler sur le dénoncé.

Il y en avait même qui déclaraient que leur intention n'était pas de faire croire que le dénoncé fût hérétique, puisqu'ils n'en savaient rien; mais seulement de dire l'impression qu'avait faite sur leur esprit une certaine rumeur publique qui semblait rendre ces hommes suspects en matière de foi.

L'inquisiteur interrogeait les témoins, assisté du greffier et de deux prêtres qui étaient chargés de veiller à ce que les déclarations fussent fidèlement rédigées; quand les déclarations étaient faites, on en faisait la lecture. Elle avait lieu en présence des témoins, à qui on demandait s'ils avouaient ce qui venait d'être lu.

Si le crime ou le soupçon d'hérésie était prouvé dans l'instruction préparatoire, on arrêtait le dénoncé, et il était traduit dans la prison ecclésiastique, lorsqu'il n'y avait pas dans la ville de couvents dominicains, qui ordinairement en tenaient lieu.

Après son arrestation, le prévenu était soumis à l'interrogatoire, et l'on procédait ensuite contre lui, d'après les règles, en comparant ses réponses avec les témoignages de l'instruction préliminaire.

Si, au contraire, le crime imputé à l'accusé n'était pas constant, on le déclarait dans le jugement, et on l'acquittait, en lui remettant une copie de cette déclaration. Toutefois, on ne lui cachait pas moins le nom de son dénonciateur; on supposait toujours que ce dernier n'avait point agi par haine, et qu'il n'avait prétendu que rapporter simplement ce qu'il avait vu ou entendu, afin de se conformer à l'édit concernant les hérétiques.

Quand l'accusé reconnaissait son erreur, l'abjuration se faisait quelquefois dans le palais habité par l'inquisiteur, quelquefois dans le couvent des dominicains, plus souvent dans la principale église de la ville, qui servait aux auto-da-fé.

Elles étaient accompagnées de cérémonies, qui variaient suivant les circonstances.

Le dimanche avant cette espèce de solennité, on annonçait dans toutes les églises de la ville le jour où elle devait avoir lieu, et l'on recommandait aux habitants d'assister au sermon que l'inquisition ferait à cette occasion.

Au jour indiqué, le clergé et le peuple s'y réunissaient autour d'une estrade, où l'accusé était placé debout, la tête nue, afin qu'il pût être aperçu par tout le monde.

On chantait la messe, et l'inquisition interrompait l'office divin après l'épître, prêchait contre les hérésies qui avaient donné lieu à la cérémonie du jour : il annonçait que celui que l'on voyait sur l'échafaud était suspect d'y être tombé; afin de le prouver, il rapportait les actions, les paroles et les écrits qui faisaient la matière du procès, et terminait cet exposé en disant que le coupable était prêt à abjurer et que toutes les dispositions avaient été faites pour cela.

On présentait ensuite à celui-ci la croix et l'évangile, et on lui faisait lire son abjuration, qu'il était obligé de signer, s'il savait écrire. L'inquisition lui donnait ensuite l'absolution, le réconciliait, prononçait la sentence, et lui imposait les peines et les pénitences qu'on jugeait utiles.

La nature des peines variait suivant le degré de la faute reprochée à l'accusé.

Parmi ces peines, il faut compter celle qui consistait à porter l'habit de pénitent, connu en Espagne sous le nom de *san benito*, qui est une corruption de *saco benito;* son véritable nom en espagnol était *zamarra.*

Le premier devint le nom vulgaire, parce que, depuis le temps des Hébreux, on appelait *sac* l'habit de pénitence.

Avant le treizième siècle, on avait coutume de bénir le *sac*, et c'est ce qui lui fit donner le nom de *benito.*

C'était une tunique fermée comme la soutane des prêtres, que l'on obligeait les réconciliés à porter, ainsi que l'atteste l'acte suivant.

Il y est dit :

« A tous les fidèles chrétiens qui auront connaissance des pré-
« sentes lettres, Fr. Dominique, chanoine d'Osma, le moindre des
« prêcheurs, salut en Jésus-Christ :

« En vertu de l'autorité du seigneur abbé de Citeaux, légat du
« Saint-Siége apostolique (que nous sommes chargés de représen-
« ter), nous avons réconcilié le porteur de ces lettres, Ponce
« Roger, qui a quitté, par la grâce de Dieu, la secte des hérétiques,
« et lui avons ordonné (après qu'il nous a promis, avec serment,

« d'écouter nos ordres) de se laisser conduire, trois dimanches de « suite, depuis la porte de la ville, jusqu'à celle de l'église. Nous « lui imposons également, pour pénitence, de ne manger ni viande, « ni œufs, ni fromage, ni aucun autre aliment tiré du règne animal, « et cela pendant sa vie entière, excepté les jours de Pâques, de la « Pentecôte, de la Nativité de Notre-Seigneur, auxquels jours nous « lui ordonnons d'en manger, en signe d'aversion pour son an- « cienne hérésie, de faire trois carêmes par an, sans manger de pois- « son pendant ce temps-là ; déjeuner en s'abstenant de poisson, « d'huile et de vin, trois jours par semaine pendant toute sa vie, si ce « n'est pour cause de maladie, ou travaux forcés de la saison ; de « porter un habit religieux, tant pour la forme que pour la couleur, « avec deux petites croix cousues de chaque côté de la poitrine ; « d'entendre la messe tous les jours, s'il en a la facilité, et d'assis- « ter aux vêpres les dimanches et fêtes ; de réciter exactement l'of- « fice du jour et de la nuit, et le *Pater* sept fois dans le jour, dix « fois le soir, et vingt fois à minuit ; de vivre chastement, et de faire « voir la présente lettre, une fois par mois, au curé du lieu de « Cereri, sa paroisse, auquel nous ordonnons de veiller sur la con- « duite de Roger, qui devra accomplir fidèlement tout ce qui lui est « commandé, jusqu'à ce que le seigneur légat nous ait fait con- « naître sa volonté, et si ledit Ponce Roger y manque, nous ordon- « nons qu'il soit regardé comme païen, hérétique et excommunié, « et qu'il soit éloigné de la société des fidèles. »

Les pénitences imposées aux hérétiques varièrent, du reste, à l'infini, et prirent même un caractère plus grave, à mesure que l'opposition devenait plus violente.

Mais, avant d'entrer plus avant dans les détails de l'histoire, disons de suite ce qu'était l'inquisition, et quelle organisation elle reçut, quand elle fut officiellement constituée en tribunal.

Au sommet de l'édifice, le pape ; le pape, chef spirituel de l'Eglise, prenant une part chaque jour moins directe à son action ; au dessous de lui, les cardinaux; plus bas, les grands inquisiteurs ; plus bas encore les petits inquisiteurs; et, enfin, dans l'ombre, toute cette famille ténébreuse d'officiers subalternes que l'inquisition traînait partout après elle.

Le saint-office se composait à Rome, de cardinaux et de *consulteurs*. Les cardinaux étaient les juges, les *consulteurs* représentaient le barreau.

Après les consulteurs et les cardinaux venaient les secrétaires et le procureur fiscal, et une grande multitude d'officiers subalternes. Le saint-office exerçait une autorité suprême sur toutes les inquisitions particulières d'Italie, celle de Venise exceptée. Elles devaient lui rendre compte de toutes les affaires importantes, le consulter sur toutes les questions majeures, attendre ses réponses, s'y conformer sans réclamation, et obéir scrupuleusement à ses ordres, quels qu'ils fussent.

Ce que l'on appelait à Rome le saint-office, s'appelait, en Espagne, le conseil suprême de l'inquisition.

Toutes les inquisitions particulières de ces deux royaumes dépendaient de leur conseil respectif.

Le roi d'Espagne nommait le grand inquisiteur, et la confirmation de cette nomination était le seul droit que les papes pussent exercer sur les inquisitions établies au-delà des Pyrénées.

Le conseil suprême était composé du grand-inquisiteur et de cinq conseillers; un de ces conseillers devait être dominicain : cette condition était de rigueur.

Les autres officiers étaient : un procureur fiscal, un secrétaire de la chambre du roi, deux secrétaires du conseil, un alguazil chef, un receveur, deux relateurs et deux qualificateurs.

Les officiers attachés, d'une manière permanente, au service de l'inquisition, jouissaient, en Espagne, de priviléges fort étendus (ils n'étaient justiciables que de l'inquisition); ce qui explique pourquoi beaucoup de grands seigneurs demandèrent, avec instance, à en faire partie.

Le conseil suprême exerçait sur les inquisitions inférieures d'Espagne la même autorité que le saint-office exerçait de Rome sur toutes celles d'Italie.

Les inquisitions inférieures étaient composées, en Italie, d'un inquisiteur assisté d'un vicaire, d'un procureur fiscal, d'un *tabellion* ou notaire, et de quelques *consulteurs ;* en Espagne, de trois inquisiteurs-juges, de trois secrétaires, d'un alguazil-chef et de trois receveurs-qualificateurs ou consulteurs.

Enfin, au-dessous du conseil suprême fonctionnaient deux corporations qui méritent de fixer l'attention.

L'une était l'*Hermandad*, l'autre, la *Cruciata.*

L'*Hermandad* était un corps de sbires ou d'espions, répandu non-seulement dans toutes les villes, mais encore dans tous les bourgs et dans tous les villages.

Il n'était point de si petit hameau qui n'eût son représentant de l'*Hermandad.*

L'inquisition n'avait pas d'agents plus actifs, plus rusés, plus dévoués. Toute espèce de rôle leur était propre, et pour quelques maravédis, ils se livraient à l'espionnage le plus effronté.

La *Cruciata* était une société d'un ordre plus relevé, et les membres qui la composaient se recrutaient d'habitude dans les premières classes de la société. Une grande partie des évêques, archevêques et presque tous les grands seigneurs espagnols étaient entrés dans cette confrérie.

La *Cruciata* avait pour but de veiller sur les mœurs des catholiques, et de les déférer s'ils manquaient à remplir leurs devoirs de chrétiens.

En dehors de ces deux corporations, dit Pierre Zaccone, il en existait une troisième, connue communément sous la dénomination de *milice du Christ* ou *famille de l'inquisition.* C'était, en quelque sorte, un ordre de chevalerie institué sur le modèle de celui des Templiers. Elle s'était formée sous le pontificat d'Honorius III, et n'avait pas tardé à se rendre digne de la mission qu'elle s'était imposée, puisque quelques années après sa fondation, le pape Grégoire IX écrivit une lettre pour féliciter ses membres du zèle qu'ils mettaient à seconder les évêques et les inquisiteurs, en employant les armes qu'elle avait reçues pour la défense de la religion et la ruine de ses ennemis.

Jusqu'alors, cependant, l'inquisition n'a fait qu'accomplir une mission de propagande. On ne parle point encore de ces *tourments*, de ces *questions*, de ces bûchers qui ont ensanglanté l'Espagne pendant plusieurs siècles. C'est ce que nous verrons dans les chapitres qui suivent.

CHAPITRE III.

Suite de l'inquisition. — La danseuse juive. — La juiverie de Sarragosse. — Ramiro Sanchez et la belle Agar. — Le sang de l'enfant. — Les Sbires. — Le chrétien-juif-maure Pierre Arbuès, premier inquisiteur de Sarragosse. — La *chambre des tourments*. — La question. — La *Garduna*. — Statuts de l'*honorable confrérie*. — Carillo le postulant. — Sanchez et Pierre Arbuès. — Entrevue de Ramiro Sanchez et d'Agar.

I.

Le 1er août de l'année 1484, vers six heures du soir, il y avait foule sur la place de Sarragosse.

Malgré la sévérité des édits publiés par l'ordre de l'inquisiteur, Pierre Arbuès, ou maître Epila, comme on l'appelait, la curiosité avait été plus forte que la crainte, et les Espagnols, rassemblés en cercle, regardaient et applaudissaient.

L'objet de cette attention si vive était une jeune fille, juive de naissance, qui se livrait, avec une grâce toute charmante, aux évolutions d'une danse originale, et souriait naïvement aux applaudissements qui l'accueillaient et aux pièces de monnaie qui tombaient comme une pluie autour d'elle.

La jeune Agar avait seize ans au plus, mais elle était extraordinairement développée, et on lui en eût bien donné dix-huit.

Son costume rehaussait d'ailleurs singulièrement sa beauté.

Elle portait une sorte de tunique blanche, ornée de paillettes étincelantes, et dont la coupe heureuse laissait voir ses brunes épaules et ses jambes rondes et fines. Un turban aux couleurs éclatantes parait son front, et de charmantes babouches chaussaient son pied si petit, qu'on l'aurait pris volontiers pour le pied d'un enfant.

Agar dansait avec toute la gaieté d'un jeune faon échappé à sa mère; elle tournait en cadence, frappant le sol de son petit pied, une main sur la hanche, et son tambour de basque dans l'autre.

Les flots noirs de ses cheveux dénoués couraient sur ses épaules nues, son œil brillait d'une ardeur mal contenue, et, à chaque pièce qui tombait dans son escarcelle, un fin et doux sourire effleurait ses lèvres colorées.

Les Espagnols qui l'entouraient consentaient bien cependant à l'admirer et à l'applaudir; mais ils se fussent gardés de tenter de la protéger, dans le cas où la police de Sarragosse eût trouvé à redire à son industrie.

C'est ce qui ne manqua pas d'arriver peu après.

En effet, une demi-heure à peine s'était écoulée ainsi, que le rassemblement formé autour de la jeune danseuse se dispersa peu à peu, et qu'Agar se trouva bientôt seule, au milieu de la place.

Mais elle était vraisemblablement habituée à ces sortes d'interruptions; car, dès qu'elle vit ce mouvement de retraite s'opérer autour d'elle, elle s'arrêta tout court dans ses évolutions chorégraphiques, ramassa son escarcelle, qu'elle vida dans sa poche, et se mit à courir vers une petite rue détournée qui aboutissait sur la place.

Malgré l'abondance de la recette, Agar était légère, et ses pieds effleuraient à peine la terre ; elle courut ainsi pendant quelques minutes, et quand enfin elle se fut assurée que personne ne l'avait suivie, elle ralentit le pas et se mit à marcher.

Toutefois, elle ne paraissait pas encore tout à fait rassurée, car son regard inquiet interrogea les sombres détours de la rue que la nuit envahissait, et elle hésita un moment sur le chemin qu'elle prendrait.

Tout à coup son regard s'éclaira d'une joie bien franche, et elle courut vers un homme qui venait derrière elle, en hâtant le pas. Agar se suspendit à son bras aussitôt qu'elle l'eut rejoint, et ils s'éloignèrent, en prenant la direction de la *Juiverie,* ou quartier juif.

La nuit était venue, les rues étaient désertes, Agar et son cavalier marchaient rapidement. Agar était si fière, si heureuse d'appuyer son bras sur celui de son amant, qu'elle ne s'apercevait pas ni de sa tristesse, ni de sa taciturnité.

Son amant s'appelait Don Sanchez, et appartenait à une des familles les plus riches de l'Espagne ; il était jeune, vingt ans à peine, mais l'influence de la température de ce pays l'avait singulièrement développé. Sanchez était presque un homme déjà, et, comme Agar, il portait plus que son âge. D'ailleurs la fermeté, l'énergie de son regard, les lignes vigoureusement accentuées de son visage, sa peau brune, tout dénotait une nature audacieuse et résolue.

Sanchez et Agar s'étaient aimés le jour même où ils s'étaient vus pour la première fois ; comme Sanchez était riche, et qu'Agar, bien que vivant près de ses parents, jouissait d'une liberté illimitée, ils s'étaient rapprochés presqu'aussitôt, et, depuis un mois environ, Sanchez reconduisait chaque soir la jolie danseuse jusqu'à la Juiverie, d'où, bien souvent, il ne sortait qu'au point du jour.

Agar s'était livrée tout entière à cet amour; un bonheur immense emplissait son jeune cœur, et elle ne pensait pas qu'il dùt jamais finir.

L'amour de Sanchez l'avait, pour ainsi dire, relevée à ses propres yeux, et elle était fière de ce sentiment nouveau, qui l'avait fait entrer tout à coup dans une vie d'enchantements ignorés jusqu'alors.

Le quartier dans lequel Sanchez accompagnait Agar était sale, fétide et d'un aspect repoussant.

On sait quelle destinée a été faite de tout temps à ce malheureux peuple juif!

Ils arrivaient dans un pays, pauvres et nus, cachant avec peine leur humilité sous les haillons de leurs vêtements; ils vivaient à part, isolés, au milieu de populations ennemies, s'occupant exclusivement de leur négoce, malgré l'exécration universelle dont ils étaient l'objet.

On les obligeait à habiter des quartiers séparés qu'on appelait *Juiverie,* à y rentrer avant la nuit; et, dans certaines contrées, pour qu'on ne fût point exposé à se trouver en contact avec eux, sans les reconnaître préalablement, ils étaient tenus de porter sur le dos une rouelle de drap jaune.

C'était une humiliation permanente qu'on leur faisait subir, mais dont ils se gardaient bien de se plaindre; ils travaillaient sans relâche, étendant chaque jour leur commerce, doublant leurs relations, établissant leur influence.

Peu à peu, leur fortune augmentait; ils vendaient d'abord des marchandises; ils se mettaient bientôt à vendre de l'argent.

Les Juifs sont les banquiers du moyen-âge.

Puis, quand une fois leur richesse était bien établie, quand ils pouvaient se croire certains de l'avenir, la jalousie et la cupidité venaient détruire leur œuvre : on les chassait et on confisquait leurs biens.

Le bannissement des Juifs devint pour les rois d'Espagne, plus Juifs que les Juifs, une excellente ressource. C'était un moyen tout simple de battre monnaie. Il y a des rois qui les ont chassés et rappelés jusqu'à six fois. Depuis lors, les Juifs se sont vengés. Ils sont devenus les maîtres du Monde. Leurs caisses obèses regorgent de tout l'or de l'univers.

Hosannah ! au plus haut de la rente !

Sanchez et Agar entrèrent dans une vaste salle d'une des premières maisons de la Juiverie.

La salle n'était éclairée que par une lampe, qui jetait çà et là quelques pâles rayons. A droite et à gauche, se dressaient de grands bahuts sculptés, où la richesse et le fini des détails le disputaient à l'élégance de l'ensemble.

D'énormes vases en terre cuite, des bocaux en cristal de Bohême, d'élégantes amphores aux formes bizarres, gisaient çà et là sur le sol ; une étagère en bois blanc régnait autour de la salle, à hauteur d'homme ; et sur cette étagère, mille oiseaux ou insectes, bien que morts et empaillés, semblaient néanmoins, grâce aux capricieuses lueurs de la lampe, exécuter une sarabande fantastique en l'honneur de leurs hôtes.

Sanchez traîna un fauteuil, en bois de chêne, auprès de la haute cheminée où couvait un feu demi-mort ; il s'y assit, sans mot dire, pendant qu'Agar donnait des ordres pour que la salle fût éclairée, et que l'on ranima le feu presque éteint.

Puis, quand ses ordres furent exécutés, elle accourut vers Sanchez, sauta gaîment sur ses genoux, et jeta nonchalamment ses deux bras autour de son cou.

Alors seulement Agar s'aperçut de la tristesse profonde répandue sur les traits de son amant, et aussi prompte à s'alarmer qu'à se réjouir, elle lui prit vivement les mains, ramena de son côté ses yeux que Sanchez cherchait à détourner, en prenant un air de doux et tendre reproche :

— Sanchez, lui dit-elle avec une anxiété affectueuse qui se révélait dans son regard, Sanchez, pourquoi êtes-vous donc ainsi triste et taciturne ce soir? Un malheur aurait-il frappé vous ou quelqu'un des vôtres? Sanchez, c'est la première fois que vous ne paraissez pas heureux de me voir ; Sanchez, pour Dieu, que se passe-t-il? qu'avez-vous? répondez!...

Sanchez secoua tristement la tête, et regarda Agar.

— Aucun malheur ne m'a frappé, répondit-il ; non, Agar, non ; comme hier, je suis heureux de ton amour, et mon regard se plaît à contempler ta beauté ; mais, je ne sais, une mortelle tristesse m'a pris en te rencontrant tout à l'heure, et je me suis souvenu alors de tout ce qu'on m'avait dit au début de notre amour.

— Et que vous a-t-on dit? fit vivement Agar.

— Des calomnies.

— Mais encore...

— Non, Agar, non ; je ne veux point souiller votre mémoire de pareilles infamies. Ceux qui les profèrent, ces calomnies, ne vous connaissent pas... Ce n'est pas vous que ces hommes désignent dans leur colère.

— Et qui donc?

— Ceux avec qui vous vivez!

— Ma mère?

— Êtes-vous sûre que ce soit votre mère, Agar? les gens de cette profession ont, dit-on, l'habitude de voler les enfants en bas-âge ; et quand ils ne les tuent pas, ils les font servir à leurs intérêts...

— Quelle infamie!

— Et tenez, Agar, poursuivit Sanchez avec un accent de profonde mélancolie, tenez, puisque nous en sommes venus à nous expliquer sur cette particularité de votre existence, laissez-moi vous dire que jusqu'aujourd'hui, tous les jours, j'ai voulu vous demander de faire pour moi, pour notre amour, un sacrifice qui sera peut-être au-dessus de vos forces ; que j'ai hésité, que j'ai reculé ; qu'enfin, cette demande, cette prière, elle m'échappe aujourd'hui, et qu'il faut que je vous dise tout.

— Vous m'effrayez, murmura la jeune fille.

— Vous m'aimez, n'est-ce pas? reprit Sanchez, après un moment de silence.

— Il le demande! dit Agar avec des larmes dans les yeux.

— Vous m'aimez ! et vous m'avez dit souvent, mon Agar adorée, que, pour cet amour, vous feriez tout ce qui est possible à la nature humaine!

— Oui ! oui ! et je le dis encore !

— Eh bien! Agar, le moment est venu.

— Parlez !

— Chaque jour, c'est pour moi un chagrin mortel de vous savoir entre les mains de ces gens qui vous exploitent, qui, à une heure donnée peut-être, pourraient vous vendre.

— Me vendre ! s'écria la jeune fille indignée. — Me vendre ! mon père et ma mère?

— Il faut les quitter.

— Mon père! ma mère! répéta Agar avec un accent douloureux.

— Agar, c'est au nom de notre amour que je vous en supplie!

Agar essuya ses yeux et se redressa belle de fierté.

— A votre tour; en êtes-vous bien certain, Sanchez? dit-elle, et ne pensez-vous pas obéir plutôt à un sentiment de fausse honte vis-à-vis de vos amis et du monde?

— Ne le croyez pas, Agar.

— Et que leur reprochez-vous donc, à mon père, à ma mère surtout? ils m'ont élevée, ils m'ont entourée d'une affection sainte; ils me laissent vous aimer, sans murmurer, et, s'ils avaient nourri cette idée infâme de me vendre, que vous leur supposez, vous auraient-ils laissé pénétrer près de moi... dites... dites, Sanchez, votre demande est-elle bien raisonnable, et ne croyez-vous pas que c'est un ennemi qui vous l'a inspirée?

Sanchez garda quelques instants le silence; puis il prit les mains d'Agar, et les baisa avec amour.

— On dit bien des choses, murmura-t-il; beaucoup de bruits circulent, contre lesquels je n'ai pu élever la voix, bruits qui, moi-même, me glacent d'effroi, quand je me les rappelle et que j'y songe!

— Quels bruits? demanda Agar.

— On m'a souvent dit, poursuivit Sanchez, que les Juifs entretenaient un commerce impie avec les mauvais esprits de l'autre monde, qu'ils rendent à Satan un culte pareil à celui que les chrétiens rendent à Dieu, avec les mêmes cérémonies, les mêmes signes, les mêmes paroles; on a même répandu le bruit, et ceci, je ne le répète qu'avec horreur, on a répandu le bruit qu'ils crucifient même des enfants de chrétiens, pour représenter les outrages de la mort qu'on a fait souffrir au Sauveur du monde!

A ces mots, Agar sourit à son amant, et, se cachant, émue et rougissante, sur sa poitrine:

— Sanchez, murmura-t-elle à voix rapide et basse, vous verrez qu'ils ne crucifieront pas notre enfant!...

Mais à peine avait-elle achevé ces paroles, qu'un grand cri retentit dans la maison, et que Sanchez, se débarrassant tout à coup de son étreinte passionnée, courut, hors de lui, vers une porte qui donnait accès sur d'autres appartements contigus.

Agar avait éprouvé le même sentiment de terreur, et elle s'élança sur ses pas.

— Avez-vous entendu? dit Sanchez.

— J'ai entendu! répondit Agar.

— C'est un cri d'enfant.

— Vous avez raison.

— Un enfant qu'on assassine, qu'on crucifie peut-être !...

Et, tout en parlant, il ébranlait, de sa main puissante, la porte contre laquelle il venait de s'arrêter.

— Malheur ! malheur à eux ! s'écriait Sanchez ; j'ai mon épée !

— Malheur ! malheur à moi ! répondit Agar accablée.

La porte céda enfin sous les efforts de Sanchez, et un spectacle atroce s'offrit à leurs regards.

La salle était pleine d'hommes et de femmes appartenant à la nation juive, rangés symétriquement le long de la muraille : au milieu, deux hommes étaient debout, un poignard à la main, et, près d'eux, un berceau où gisait un enfant !

Il y avait du sang à la pointe de chaque poignard.

Le sang de l'enfant !

Sanchez jeta un cri de colère et de rage à ce spectacle, et, ayant tiré son épée, il s'élança au milieu de l'assemblée.

Mais au moment même où il allait faire bonne justice d'un pareil crime, la porte de la rue s'ouvrait elle-même, et livrait passage aux familiers de l'inquisition.

Ce fut comme un coup de théâtre.

Les Juifs disparurent immédiatement par les portes du fond, qui s'ouvraient sur de secrets passages, et il ne restait, quand les familiers entrèrent dans la salle, que Sanchez, l'épée sanglante à la main, et Agar, agenouillée et priant.

Il n'en fallut jamais davantage, hélas, à la justice humaine !

Depuis longtemps, la Juiverie de Sarragosse était signalée au saint-office ; on s'empara d'Agar et de Sanchez, malgré les réclamations de ce dernier, et on les conduisit aussitôt dans la prison de l'inquisition.

Sur la question de savoir si les Juifs tuaient, oui ou non, des en-

G. Staal del — Ferdinand sc

SANCHEZ ET AGAR

(Crimes secrets)

fants dans leurs sacrifices secrets, nous rappelons que cent auteurs sérieux l'affirment, et que néanmoins nous en doutons fort.

Les Juifs ont toujours mêlé des pratiques superstitieuses à l'exercice de la médecine.

L'enfant venait peut-être de subir une opération chirurgicale.

Et qui sait si les poignards n'étaient point des bistouris?

Les crimes des Juifs sonnent aussi mal à notre oreille impartiale que les crimes des rois, que les crimes des papes et autres crimes des auteurs à la grosse.

Il y a eu des coquins juifs, comme des mauvais rois et des papes indignes. De plus, la race juive a une tache au front, mais qui est du domaine théologique.

Nous connaissons tant d'honnêtes Juifs qui ne prêtent jamais au-dessus de vingt-quatre pour cent, — à moins de circonstances exceptionnelles!

Que feraient-ils d'enfants morts, ces dignes escompteurs?

II.

Deux jours se passèrent sans qu'aucune personne, autre que le guichetier, vînt troubler Sanchez dans la solitude de sa prison.

Il ignorait encore la sombre et terrible puissance de l'inquisition, et espérait que quelques heures suffiraient à reconnaître l'erreur dont il était victime, et que, le lendemain, il serait rendu à sa famille et à ses amis; mais ces deux jours se passèrent sans que Sanchez entendît parler ni de ses amis, ni de sa famille.

C'est qu'en effet, la terreur qu'inspirait l'inquisition avait ceci de particulier et de redoutable, qu'une personne atteinte était, par ce fait seul, isolée du reste du monde, et qu'on n'osait plus en approcher, ni même en parler, sans craindre de partager le même châtiment!

Aucun des amis de Sanchez, aucun des membres de sa famille n'avait donc osé le réclamer; à peine avait-on demandé ce qu'il était devenu.

Et pourtant dom Ramiro Sanchez appartenait à une maison noble et catholique.

Le deuxième jour, le geôlier de Sanchez lui annonça qu'il aurait, dans la journée même, à le conduire à la grande salle du Tribunal.

Sanchez crut que cette comparition était une simple formalité d'usage, et qu'aussitôt après on le remettrait en liberté.

Il attendit avec confiance.

Vers midi, les familiers de l'inquisition vinrent le prendre, et le conduisirent en ordre à la salle des séances.

Cette salle était carrée, tendue dans toute son étendue d'un drap noir, parsemé de larmes d'argent. Au bout de la salle, contre la tenture, et touchant presqu'au plafond, un grand crucifix d'argent se détachait en relief sur une croix d'ébène. Une table circulaire occupait le fond, et, derrière cette table, se dressait un fauteuil de velours noir, surmonté d'un dais de même étoffe.

C'était le fauteuil de l'inquisiteur.

A droite et à gauche du fauteuil étaient placés d'autres fauteuils, occupés par les inquisiteurs conseillers, qui, avec le secrétaire, composaient le Tribunal.

Plus loin, se tenaient les deux greffiers chargés d'écrire sous la dictée du président, et enfin, derrière encore, dans la pénombre de la salle, les sbires du saint-office, et quatre hommes, vêtus de longues robes noires, la tête couverte d'un capuchon percé aux endroits du nez, des yeux et de la bouche, assistaient debout et silencieux à la séance.

Une sorte de chevalet, placé en face du fauteuil de l'inquisiteur, servait de siége au prévenu.

Cet appareil sinistre manquait rarement son effet sur les malheureux qui entraient dans cette salle. Les quelques heures qu'ils venaient de passer en prison, la terreur naturelle qu'inspirait à chacun tout ce qui tenait à l'inquisition ou tout ce qui venait d'elle, l'amer regret d'avoir perdu leur liberté et la crainte de ne la recouvrer jamais, livraient les prévenus, sans défense, à leurs juges.

Mais la position de Sanchez était différente de celle des prévenus ordinaires.

Pour lui, en effet, il n'était prisonnier de l'inquisition que par le fait d'une erreur; il devait lui suffire de quelques paroles pour faire cesser cette erreur et recouvrer la liberté; il était jeune d'ailleurs, plein d'espoir, et ne croyait pas encore à l'inquisition.

Il s'avança d'un pas ferme dans la salle, et salua, sans crainte, l'inquisiteur, qui lui fit signe de s'asseoir.

L'inquisiteur était ce Pierre Arbuès, ou maître Epila, qui faisait trembler tout Sarragosse, et avait déjà rempli les prisons de malheureux Juifs.

On le disait né pourtant d'un père juif et d'une mère mauresque. — Il tenait, sans doute, à faire oublier son origine.

Pierre Arbuès, après un moment de silence, ordonna à Sanchez de se lever, et lui dit de répondre, sans détour, aux questions qui allaient lui être faites. Mais, dès les premières paroles, Sanchez commit l'imprudence de l'interrompre :

— J'appartiens, dit-il avec la fierté espagnole, à une famille qui a toujours servi son Dieu et son roi avec honneur et loyauté. L'inquisition s'est trompée en voyant en moi un coupable; mon arrestation ne peut être que le résultat d'une erreur; je demande que l'on me remette en liberté.

Pierre Arbuès fronça le sourcil :

— Ramiro Sanchez, lui dit-il d'une voix sévère et avec un regard courroucé, c'est en vain que tu espères abuser le saint Tribunal. L'inquisition ne se trompe pas, et si tes aveux ne la satisfont point, je te préviens que la torture t'attend.

Le feu de l'indignation monta, à ces mots, au visage de Sanchez, et l'inquisiteur continua, sur un ton irrité :

— On t'a trouvé dans la *Juiverie* le jour du Sabbat, est-ce vrai? demanda Pierre Arbuès.

— C'est vrai, répondit Sanchez.

— Tu y étais en compagnie de la juive Agar?

— C'est vrai!

— Lorsque les familiers du saint-office sont entrés dans la salle où tu t'étais retiré, ils t'ont surpris, l'épée à la main, près du cadavre d'un enfant que tu venais d'assassiner?

— C'est un infâme mensonge!

— Il y avait du sang au bout de ton épée!

— C'est que cette épée venait de punir les assassins! répondit Sanchez.

Il y eut alors un moment de silence.

Maître Arbuès paraissait réfléchir : Sanchez attendait.

— As-tu assisté quelquefois, avant ce dernier jour du Sabbat, aux réunions secrètes des Juifs? reprit enfin Pierre Arbuès.

— Jamais! répondit Sanchez.

— Quel lien t'attachait à eux?

— Aucun!

— Qu'est-ce donc que cette jeune fille qui a été trouvée près de toi?

— Agar est une pauvre enfant que j'aime, dit Sanchez, et que mon amour va perdre, sans doute!

— Ce n'est pas ton amour qui l'a perdue, répliqua l'inquisiteur; prends garde que le sien ne te perde!... mais ce n'est point d'elle qu'il s'agit ici, et il importe que tu fasses connaître les noms de ceux qui assistaient avec toi à cette cérémonie sanglante?

— Je ne les connais pas! dit Sanchez.

— Prends garde, jeune homme, répéta l'inquisiteur, ton obstination est une insulte grave pour le Tribunal qui t'écoute; réponds, si tu veux éviter l'humiliation des tortures?

— Et que m'importent, à moi, vos questions et vos tortures! s'écria Sanchez, hors de lui, et dont l'irritation augmentait d'instant en instant. Pierre Arbuès, fais de moi ce que ta folie t'inspirera; mais rappelle-toi bien que, dès ce jour, je te voue aux poignards de mes amis, et que si je sors jamais de cette prison, où ta colère aveugle m'a fait entrer, je n'aurai pas de repos que je ne me sois vengé!

Pierre Arbuès sourit de pitié à cette menace; puis, se tournant vers les sbires, il leur fit signe de s'emparer du prévenu, et de l'emmener à la *chambre du tourment.*

La *chambre du tourment* était une prison souterraine, creusée profondément sous le sol, par les soins de maître Epila lui-même. Ce chrétien-juif, croisé de Maure, était méchant comme un diable. Il avait inventé deux ou trois genres nouveaux et très-ingénieux de tortures.

La *chambre du tourment* était obscure et entourée de murs épais, afin que les cris arrachés aux victimes ne fussent entendus, ni au dehors, ni au dedans de la prison.

Dans la *chambre du tourment,* le prévenu retrouvait les quatre hommes masqués qu'il avait pu voir, un instant auparavant, apparaître derrière le siége de l'inquisiteur.

De toutes parts, autour d'eux, on n'apercevait que des instruments de torture, des brodequins de fer, des cordes, des chevalets, des clous énormes, et dans le coin le plus reculé, un brasier ardent, projetant sur ces fatals ornements les lueurs sanglantes de ses rouges éclairs.

Avant d'arriver à cette chambre, on traversait des corridors tortueux, on montait et on descendait alternativement des escaliers sombres, humides, glissants.

Un guichetier précédait Sanchez que rien encore n'avait pu intimider; quatre sbires le suivaient.

Sbires et guichetier étaient armés.

Dans le trajet de la salle des séances à la *chambre du tourment*, un spectacle saisissant vint tout à coup frapper ses regards, et jeter dans son cœur un premier sentiment de terreur.

Le guichetier venait de lui ordonner de s'arrêter, et tous s'étaient rangés contre la muraille pour laisser passer un effrayant cortége d'hommes et de femmes.

C'étaient de malheureux prisonniers qui sortaient de la *chambre du tourment* et que les bourreaux reconduisaient à leur prison.

Hommes et femmes étaient nus jusqu'à la ceinture, et les *tourmenteurs* les poussaient à coups de fouet devant eux, comme des bêtes de somme.

Sanchez sentit son cœur se serrer.

Une femme venait la dernière.

Ses cheveux dénoués flottaient sur ses épaules nues; elle marchait avec peine sur le sol glissant et cachait sa tête dans ses mains, comme si elle eût rougi de cette nudité qu'on lui imposait.

En passant près de Sanchez, elle leva la tête.

C'était Dieu peut-être qui l'avait avertie, car deux cris partirent, et, malgré la sévérité des gardiens, Agar alla un moment poser sa tête sur la poitrine de son amant.

Mais ce ne fut qu'un éclair, les tourmenteurs les eurent bientôt séparés, et, quelques minutes après, Sanchez entrait dans la *chambre du tourment,* tandis qu'Agar était rejetée dans son cachot!...

Que se passait-il cependant dans le cœur de Sanchez?

La vue d'Agar avait exalté sa colère jusqu'à la rage, et quand il entra dans la *chambre du tourment*, il ne se possédait plus. Agar avait bien changé déjà, et il avait pu lire sur son visage maigri et pâli, la trace des atroces tortures qu'on lui avait fait subir. Son cœur s'était déchiré ; une amère douleur s'était emparée de lui, et un désir implacable de vengeance le dévorait.

Mais quel moyen?

Il était prisonnier de l'inquisition, et commençait à comprendre que l'inquisition était souveraine.

Pendant les quelques secondes que la pauvre Agar avait passées la tête sur son sein, elle lui avait dit :

— Pierre Arbuès est ton ennemi.

— Pierre Arbuès est juif dans le cœur.

— Pierre Arbuès abrite, sous le manteau d'inquisiteur, la main que l'inquisition couperait, le cœur que l'inquisition déchirerait, la tête que l'inquisition écraserait ; — si l'inquisition savait !...

Ces paroles étaient dans la mémoire de Sanchez comme la voix d'un songe confus et impossible.

En entrant dans la *chambre du tourment*, il retrouva Pierre Arbuès.

Aux termes du dix-huitième article du code de l'inquisition, l'inquisiteur devait, en effet, assister lui-même à l'application de la torture. Pierre Arbuès remplissait ses fonctions avec tout le zèle convenable.

Mais sa présence, dans la *chambre du tourment*, n'avait d'autre but apparent que d'engager le prévenu à abandonner son hérésie, à faire une abjuration complète, et quand le prévenu persistait dans son impénitence, l'inquisiteur l'abandonnait entre les mains des tourmenteurs et s'éloignait.

C'est ce qui arriva pour Sanchez.

Il n'entrait pas dans la pensée de ce dernier de faire amende honorable : sans doute, la vue d'Agar avait singulièrement ébranlé son obstination, il était bien décidé à saisir la première occasion qui lui serait offerte pour sortir de cette prison, mais il ne voulait pas éveiller les soupçons de ses bourreaux, en paraissant trop désireux, et il avait résolu de n'arriver à ce résultat que par gradation.

C'était, du reste, le parti le plus sage.

Agar ne lui avait-elle pas dit : Pierre Arbuès est ton ennemi!

Pierre Arbuès lui adressa les demandes d'usage; il lui dit que son obstination le perdrait infailliblement, que l'inquisition, après tout, ne tenait pas tant à punir les coupablès, qu'elle avait bien plus à cœur de ramener les âmes égarées, et il finit en exhortant Sanchez à plus de modération et plus de soumission.

Sanchez continua à repousser toutes les offres qui lui étaient faites. Il dit que l'inquisition était puissante, et qu'il s'inclinait devant le pouvoir spirituel qu'elle représentait, mais que son arrestation était l'effet d'une erreur coupable, qu'il avait des amis actifs à la cour, et qu'il attendrait le résultat des démarches qu'ils avaient entreprises.

Arbuès lui demanda encore s'il ne voulait point dire les noms de ses complices.

Sanchez répondit qu'il n'en avait pas, et l'inquisiteur se retira, le livrant aux tourmenteurs.

Dès que l'inquisiteur se fut retiré, les bourreaux s'approchèrent de Sanchez; il se laissa dépouiller de ses vêtements, et s'abandonna entièrement à leurs volontés.

Il y avait au milieu du cachot une corde, passée à une poulie, attachée à la voûte : on lia avec cette corde les mains derrière le dos de Sanchez, et les bourreaux ayant saisi un des bouts de cette corde, l'enlevèrent brusquement jusqu'au plafond et le laissèrent retomber à un demi-pied du sol.

Cette ascension, renouvelée de minute en minute, dura environ une demi-heure.

Il était rare que le prévenu sortît de cette première épreuve sans avoir les membres brisés.

Sanchez rentra dans sa prison, le corps rompu et l'esprit accablé.

Cependant, le lendemain, quand les sbires vinrent le prendre, il les suivit du même pas ferme et résolu.

Cette fois, c'était la *question de l'eau.*

Pour cette torture, l'accusé était traîné par les tourmenteurs au milieu de la *chambre du tourment,* dépouillé de ses vêtements, et attaché fortement avec des cordes de chanvre sur un chevalet d'une forme particulière; un garrot de bois, placé à côté du chevalet, servait à resserrer les cordes.

Souvent le garrot était manié avec une telle violence, que la corde meurtrissait et déchirait les chairs.

Une fois l'accusé étendu sur le chevalet, les tourmenteurs lui appliquaient sur le visage un linge très-fin, imbibé d'eau, dont une partie était introduite au fond de la gorge; l'autre partie couvrait les narines. Ces mesures prises, on commençait à verser lentement de l'eau dans la bouche et le nez de la victime.

L'eau s'infiltrait goutte à goutte à travers le linge mouillé, et à mesure qu'elle s'introduisait dans la gorge et dans les fosses nasales, la victime, dont la respiration devenait de plus en plus difficile, faisait des efforts inouïs pour avaler cette eau, et respirer un peu d'air; mais à chacun de ses efforts qui, nécessairement, imprimaient à tout son corps une douloureuse convulsion, les tourmenteurs tournaient le garrot, et la corde pénétrait jusqu'aux nerfs.

Un médecin, attaché à l'établissement, assistait d'habitude à ces scènes atroces, le doigt froidement posé sur le pouls de la victime, prêt à faire suspendre la question, si la mort lui paraissait imminente.

Telles étaient les armes employées dans cette lutte effrayante de la société, à peine organisée contre la barbarie qui la menaçait de toutes parts.

Les motifs de cette lutte une fois supprimés ou ignorés, l'esprit s'étonne, le cœur se soulève.

Si même, en admettant les plus puissants motifs, on détourne les regards de ces hideuses tragédies.

Sanchez supportait héroïquement cet horrible supplice, mais il frissonnait à la pensée qu'Agar avait dû souffrir les mêmes tortures.

Agar si jeune, si délicate!

Agar qu'il aimait de toutes les puissances de son âme!

Un désir furieux de vengeance s'emparait de lui. Il trouvait l'heure lente à tomber, et couvait dans son esprit mille projets inexécutables.

Que faire, en effet, au milieu de cette sombre prison, qui l'enserrait de ses murs solides et épais? La fuite était impossible, la résistance folle! Il fallait souffrir et attendre!

Que de fois, pendant les heures tristes et longues de la nuit, n'arriva-t-il pas à Sanchez de maudire sa famille et ses amis, qui n'agissaient point! Que de haine s'amassa dans son cœur! combien de fois n'assassina-t-il pas Pierre Arbuès dans ses rêves!

La pensée d'Agar lui arrachait des larmes amères. Il ne devait plus la revoir; il entendait sa voix qui l'appelait; il l'entrevoyait dans l'ombre des corridors, les épaules et le sein nus, déchirés impitoyablement par le fouet de ses bourreaux.

Et il ne pouvait rien, et il était condamné à une lâche et impuissante inaction!

Son cœur s'indignait, et dans sa vaine colère, il tentait follement d'ébranler les murs épais et sourds qui le séparaient d'elle.

A la fin de son interrogatoire, Pierre Arbuès lui avait dit :

— Si tu veux avouer seulement que la juive est coupable du meurtre de l'enfant, tu es libre à l'instant même.

La juive, c'était Agar.

Un soupçon traversa l'esprit de Sanchez, et rendit plus aigus les ongles de fer de la torture.

Le lendemain, les sbires vinrent le prendre à l'heure accoutumée, et l'entraînèrent jusqu'à la salle du tourment. La fatigue accablait déjà Sanchez, et malgré sa fierté, il fut contraint de s'appuyer sur le bras de l'un de ses bourreaux pour marcher.

Arrivés dans le corridor sombre qui menait à la chambre fatale, ils s'arrêtèrent un instant, pour laisser, comme la première fois, passer le cortége funèbre de ceux qui sortaient.

Sanchez regarda avec anxiété; il s'attendait encore à voir Agar, mais le cortége passa et il ne la vit point.

Son cœur se brisa, car il pensa qu'elle était morte. Des larmes abondantes coulèrent de ses yeux!

Seulement, au moment où il allait se mettre en marche, il sentit une main toucher son bras, et glisser rapidement un billet dans ses mains.

Sanchez demeura une seconde interdit, mais il se hâta de faire disparaître le billet dans sa poitrine et continua son chemin.

La troisième épreuve, celle qui l'attendait, était celle du feu. Elle était encore plus terrible, et certainement plus douloureuse que les précédentes.

Comme pour la question de l'eau, l'accusé était attaché avec des cordes sur un banc de bois, avec tant de force, qu'il lui était impossible de faire le moindre mouvement. Deux pièces de bois fermées l'une sur l'autre, s'ouvraient pour laisser passer les pieds de la victime, et se refermaient ensuite, assez solidement pour lui enlever, de ce côté, toute liberté de remuer. A l'aide d'une éponge, imbibée d'huile, on frottait les pieds du patient, et on l'approchait alors d'un brasier ardent.

L'action du feu, excitée par la présence de l'huile, devenait, en quelques minutes, si pénétrante, que la peau se fendait, les chairs se contractaient, et en se retirant, laissaient à nu les nerfs, les tendons et les os.

Dans le fameux procès des Templiers dont nous parlerons plus loin, l'un de ces malheureux, soumis à la question du feu, eut les pieds si horriblement brûlés, qu'ayant survécu à son supplice, il se fit porter devant ses juges, ayant en main les os de ses pieds qui étaient tombés pendant la question.

Cette torture enleva à Sanchez ce qui lui restait de force et d'énergie ; mais, cependant, il eut encore assez de courage et d'empire sur lui-même pour ne rien laisser paraître de sa faiblesse ; et quand il eut été rapporté dans son cachot pour la troisième fois, il ne demanda pas à voir l'inquisiteur.

C'était d'ordinaire le moyen que prenaient les prévenus pour faire cesser leurs tortures. Ils demandaient à faire des aveux, et les aveux faits, les questions finissaient.

D'ailleurs, Sanchez avait une préoccupation nouvelle : le billet qu'on lui avait remis lui brûlait les mains, et dès qu'il se trouva seul, il s'empressa de le lire.

Sur ce billet, il n'y avait que ces mots :

Le frère d'Agar.

Garduna.

III.

La confrérie de la Garduna se composait d'hommes que leurs vols ou leurs crimes avaient rejetés en dehors de la société. C'était une association de bandits et d'assassins, parfaitement organisée et régulière, et qui exerçait presqu'ouvertement en Espagne.

Elle avait un grand-maître, *Hermano major*, et des maîtres des provinces, *capatazes*.

Le personnel de la Garduna, fort nombreux, était composé de

guapos, espèce de bravos, généralement grands spadassins, assassins hardis, bandits consommés, dont le courage était à l'épreuve de la question, et même de la potence. Dans l'argot de la société, ces *guapos* étaient appelés *punteadores*, pointeurs, donneurs de coups de pointes.

Après les *punteadores* venaient les *floreadores*, les escarmoucheurs; c'étaient des jeunes gens, filous adroits, pour la plupart échappés des bagnes de Séville, de Malaga ou de Melilla : on les appelait *frères postulants*.

Venaient ensuite les *Fuelles*, soufflets, parce que leur emploi était de souffler à l'oreille du maître ce qu'ils savaient des familles de la ville, où ils s'introduisaient, grâce à leurs dehors hypocrites.

La Garduna avait aussi un grand nombre de recéleuses, qu'elle appelait *coberteras*, couvercles, du verbe *cabrir*, couvrir, cacher, et un grand nombre de jeunes gens de dix à quinze ans, qu'elle désignait par le nom de *chivatos*, chevreuils.

Les chivatos étaient les novices de l'ordre; il fallait être *chivato*, au moins pendant un an, pour mériter *l'honneur de travailler* en qualité de *postulant*.

Un postulant qui avait bien mérité de la confrérie, devenait *guapo* au bout de deux ans de service.

Outre les jeunes gens que nous venons de désigner, la Garduna comptait un grand nombre de *serenas*, sirènes; c'étaient de jeunes et belles femmes, pour la plupart *gitanas*.

Les serenas étaient les *odalesques* des gros bonnets de l'ordre. C'étaient elles qui attiraient les personnes qu'on leur indiquait, dans les lieux propices pour les opérations de la Garduna.

Cette société, établie vers le commencement du XVe siècle, fut entièrement détruite en 1821.

Francisco, alors *maître*, arrêté avec une vingtaine de ses compagnons, fut pendu sur la place de Séville, ainsi que seize de ses complices, le 25 novembre 1822.

Ainsi, par le fait, elle dura plus de trois siècles.

Combien d'institutions grandes, belles, utiles, ont eu des carrières plus courtes !

Comme nous l'avons dit, la société de la Garduna était régulière; elle avait ses statuts que tous les membres étaient rigoureusement tenus d'observer.

Voici ces statuts :

« 1° Tout *honnête* homme ayant bon œil, bonne oreille, bonnes jambes et point de langue, peut devenir membre de la Garduna.

« Pourront le devenir aussi les personnes *respectables,* d'un certain âge, qui désireront servir la confrérie, soit en la tenant au courant des bonnes opérations à faire, soit en donnant les moyens d'exécuter lesdites opérations.

« 2° La confrérie recevra aussi sous sa *protection* toute *matrone* qui aura *souffert pour la justice,* et qui voudra se charger de la conservation et de la vente des divers objets que la divine Providence daignera envoyer à la confrérie, ainsi que les jeunes femmes qui seraient présentées par quelque frère; ces dernières, à condition de servir de toute leur âme et de tout leur corps les intérêts de la confrérie.

« 3° Les membres de la confrérie seront divisés en *chivatos, postulantes, guapos, fuelles.*

« Les matrones seront appelées coberteras, et les jeunes femmes *serenas.* Ces dernières doivent être jeunes, alertes et appétissantes.

« 4° Les *chivatos,* tant qu'ils n'auront pas appris à *travailler,* ne pourront rien entreprendre *seuls,* et ne se serviront jamais du *punzante,* poignard, que pour leur propre défense. Ils seront nourris, logés et entretenus aux frais de la confrérie. Chacun d'eux recevra, à ces fins, des capatazes, 136 maravédis, 1 franc par jour. Dans le cas de quelque service signalé rendu par un *chivato*, celui-ci passera immédiatement à l'honorable catégorie de *postulant*.

« 5° Les postulants vivront de leurs *griffes;* ces frères seront exclusivement chargés des *éclipsements* opérés à la main leste, pour le compte et en faveur de l'ordre. De chaque éclipsement, le frère opérant recevra le tiers, *dont il donnera quelque chose pour les âmes du purgatoire;* des deux autres tiers, l'un sera versé à la caisse, pour subvenir aux frais de la *justice* (pour payer les alguazils, les greffiers et même les juges qui protégeront les frères), et pour dire des messes pour le repos de l'âme de nos frères trépassés; l'autre, pour être à la disposition du grand maître de l'ordre, *obligé de vivre à la cour,* pour veiller au bien et à la propriété de tous.

« 6° Les *guapos* auront pour eux les obscurcissements, les *enterrements*, les *voyages*, les *bains* et les *baptêmes*. Dans ces deux dernières opérations, ils pourront charger un frère postulant, sous leur responsabilité. Les *gaupos* auront le tiers brut du produit de toutes leurs opérations; seulement, ils donneront 30 pour 100 de leur *revient* pour l'alimentation et l'entretien des *chivatos*, et ce qu'ils voudront pour les âmes du purgatoire; le reste du produit de leurs opérations sera distribué comme il a été dit à l'article 5.

« 7° Les *cuberteras* recevront 10 pour 100 sur toutes les sommes qu'elles réaliseront, et les sirènes, 6 maravédis sur chaque *peseta* (franc) versé dans les caisses de la confrérie par les *guapos*. Tous les cadeaux qu'elles recevront des nobles seigneurs leur appartiendront en propre.

« 8° Le *capataz*, ou chef de la province, sera nommé parmi les *guapos* qui auront au moins six ans de service, et qui auront bien mérité de la confrérie.

« 9° Tous les frères doivent plutôt mourir *martyrs* que *confesseurs*, sous peine d'être *dégradés*, exclus de la confrérie, et, au besoin, poursuivis par elle.

« Fait à Tolède, en l'an de grâce 1420, et le troisième, après l'institution de notre *honorable* confrérie. »

Ces détails, rigoureusement historiques, ne diminuent point la scélératesse de maître Epila, chrétien-juif-maure, et grand inquisiteur; — mais ils donnent à réfléchir, et l'on se demande si, contre de telles attaques, la société, faible encore et entourée de tant d'autres ennemis, pouvait choisir ses armes.

Le frère d'Agar s'appelait Carillo, et appartenait à la noble catégorie des postulants de la Garduna.

C'était un garçon d'une singulière audace, et qui ne pouvait manquer de faire son chemin dans une aussi estimable institution.

Sanchez connaissait fort bien la Garduna; et malgré le mépris profond qu'il portait à ses membres, cependant, dans la position désespérée où il se trouvait, ce lui fut une joie extrême de savoir qu'il y avait à cette heure, dans la prison même de l'inquisition, un homme libre, sans doute, qui pensait à lui, et préparait peut-être déjà les moyens de le faire évader.

Une lueur d'espoir pénétra dans son cœur, et cette journée lui parut moins longue, bien qu'il fut obligé de la passer sur son grabat, en raison des douleurs cuisantes qu'il éprouvait.

Quand la nuit vint, il entendit une énorme clef tourner dans la serrure, et son cœur tressaillit.

Un homme entra.

Ce n'était point son guichetier.

Celui qui entrait avait vingt-cinq ans au plus; il jeta un regard rapide autour du cachot; puis, ayant fermé doucement la porte, il s'approcha du lit de Sanchez.

Celui-ci se leva sur son séant.

— Agar, demanda-t-il d'une voix émue, Agar, où est-elle?... Qu'ont-ils fait d'Agar?

Carillo, — c'était lui, — posa son doigt sur ses lèvres, et se pencha vers Sanchez.

— Agar est en prison encore, répondit-il d'un ton mystérieux ; mais les tortures l'ont brisée, et je ne pense pas qu'elle en revienne.

— Les misérables ! s'écria Sanchez.

— Chut ! fit Carillo ! les murs entendent tout ici ; seigneur Sanchez, il faut être prudent, savoir se taire ; vous en avez déjà trop dit, à ce que j'ai appris.

— Comment ?

— Eh ! sans doute, vous avez insulté l'inquisiteur, qui était déjà votre ennemi.

— Pourquoi cela ?

— Parce que ma sœur est bien belle.

Sanchez bondit sur son grabat.

— Oh ! le scélérat ! je le tuerai ! s'écria-t-il.

— Et vous ferez bien ! répondit son interlocuteur ; mais ce n'est point dans cette prison que vous pourrez jamais mettre un pareil projet à exécution, et le parti le plus sage est de tenter d'en sortir au plus tôt.

— Mais quel moyen ?

— Je vous le dirai !

— Quand cela ?

— Demain.

— Vous reviendrez donc ?

— Pardieu ! seulement, demain matin, quand votre geôlier ordinaire viendra vous réveiller, dites-lui que les dernières tortures vous ont ouvert les yeux, que vous avez réfléchi, que vous êtes décidé à faire des aveux.

— Mais quels aveux voulez-vous que je fasse ?.. demanda Sanchez étonné.

— Je vous le dirai demain ! répondit Carillo, qui sortit et referma la porte.

Toute la nuit se passa dans des douleurs indicibles : Agar souffrante ! presque morte ! Agar qu'il ne reverrait plus, de l'aveu même de son frère !

Il avait hâte de voir revenir le jour, d'appeler près de lui l'inquisiteur, de sortir de cet affreux repaire, et d'être rendu à la liberté.

Le jour vint.

Sanchez suivit ponctuellement le conseil que lui avait donné Carillo, et dès que son geôlier entra dans le cachot, il lui fit part de sa résolution. Le geôlier lui répondit par un signe de raillerie, et alla quérir l'inquisiteur. Mais, durant l'intervalle, Carillo trouva moyen d'arriver près de lui.

Carillo cumulait avec ses fonctions de *postulant* de la Garduna, celle de sbire de l'inquisition.

Ce qui était tout à fait normal.

De nos jours, ne voyons-nous pas la police dans les associations de voleurs et dans les réunions *secrètes* des partis politiques ?

Carillo était, de plus, fort lié avec le geôlier dont il courtisait la fille ; il avait ses entrées dans tous les cachots, sans qu'on en prît le moindre ombrage.

Dès que Sanchez le vit, il lui fit signe de s'approcher.

— J'ai fait ce que vous m'aviez conseillé, lui dit-il, l'inquisiteur est prévenu, il va venir ; mais que lui dirai-je?

— Vous direz à l'inquisiteur, répondit Carillo, qui avait son thème préparé à l'avance, qu'ayant réfléchi à votre position, vous ne voulez pas résister plus longtemps au pouvoir souverain de l'inquisition ; que vous avez assisté à bon nombre de réunions secrètes des Juifs ; vous direz les noms de ces Juifs, vous accuserez même Agar.

— Y songez-vous ? s'écria Sanchez, hors de lui.

— Cela est indispensable, répartit Carillo, ma sœur est condamnée maintenant; elle sera brûlée dans le prochain auto-da-fé...

— Est-ce possible?

— Il est donc inutile de chercher à la sauver, poursuivit froidement le jeune juif, c'est à vous, à vous seul qu'il faut songer; j'ajouterai, s'il le faut, que telle est la prière que vous adresse ma sœur Agar elle-même.

Sanchez ne répondit pas, laissa tomber sa tête dans ses mains, et se prit à pleurer.

Carillo lui frappa doucement sur l'épaule.

— Seigneur Sanchez, lui dit-il, les instants sont précieux, et ce n'est point ici le moment de nous laisser attendrir. J'ai vu vos amis, ils ont fait de nombreuses démarches auprès de la cour; il y a lieu d'espérer qu'ils réussiront, et que dans quelques jours, grâce à votre nouvelle attitude, vous serez rendu à la liberté. Mais écoutez-moi, seigneur Sanchez, et permettez-moi d'ajouter encore quelques paroles: si, une fois libre, vous oubliez Agar, et la mort sanglante qui va la frapper, si vous ne consacrez pas chacun de vos jours à la venger, souvenez-vous, seigneur Sanchez, que j'appartiens, moi aussi, à une institution qui a bien sa puissance, et que je saurai vous frapper, dans quelqu'endroit que vous tentiez de vous cacher.

— Oh! je le jure! je jure de la venger, s'écria Sanchez.

— C'est bien, répondit Carillo, en s'éloignant.

Mais avant de disparaître, il revint sur ses pas, sur l'invitation de Sanchez.

— Agar va mourir, peut-être, m'as-tu dit, murmura-t-il d'une voix tremblante; si tu l'aimes comme moi, si tu veux ne pas m'obliger à demi, que je la voie encore une fois!...

Carillo fit signe à Sanchez que les sbires arrivaient, et s'enfuit en lui disant:

— Peut-être!

Sanchez fut porté une seconde fois devant Pierre Arbuès; mais cette nouvelle comparution coûtait bien plus à sa dignité que la première. C'était une comédie à jouer, il fallait mentir, accuser même Agar, et son cœur et son esprit se soulevaient à cette seule pensée. Cependant, il était urgent de sortir à tout prix de cette impasse terrible dans laquelle il se trouvait acculé; il commanda à sa faiblesse, et aborda Pierre Arbuès comme il convenait à un coupable repentant.

Pierre Arbuès l'accueillit avec un regard moitié railleur, moitié triomphant.

Arbuès avait reçu, la veille même, des instructions de Torquemada, l'inquisiteur général, et il se serait trouvé dans l'obligation de relâcher Sanchez, si ce dernier n'avait pas pris les devants.

Son orgueil se trouvait donc ménagé, et il pouvait avoir l'air de pardonner, au moment même où il avait craint de se voir contraint de s'humilier lui-même.

— Ramiro Sanchez, dit-il à ce dernier, l'inquisition est touchée de votre repentir, et elle n'usera pas envers vous des rigueurs que semblait exiger votre obstination coupable. Vous allez être libre, puisque vous consentez à faire les aveux qui vous sont demandés : dites-moi donc le nom de vos complices, et le but de vos fréquentes visites à la *Juiverie*.

Sanchez avait préparé d'avance son récit, il le débita sans hésiter.

Il raconta que le désir seul de voir Agar l'avait conduit dans la Juiverie, qu'il y avait rencontré des hommes de la nation juive assassinant un enfant, et que saisi d'horreur, il avait voulu les punir d'un pareil crime.

— Et quels étaient ces hommes? demanda Pierre Arbuès.

— Samuel, le fripier, répondit Sanchez, Judas, Machar, la plupart de ceux qui habitent la maison d'Agar, Sarah, la femme de Lévy et leurs filles.

— Et Agar prenait-elle part à cet horrible sacrifice? dit l'inquisiteur.

Sanchez hésita un moment, son cœur se serra, ses poings se crispèrent.

— Agar était présente au sacrifice, répondit-il enfin, mais elle est jeune, elle a dû être entraînée à un acte pareil...

— Cela suffit! interrompit l'inquisiteur, la présence de cette fille perdue, dans un pareil sacrifice, autorise toutes les tortures qu'on lui a imposées; c'est bien. Sanchez, vous allez être libre; que cette épreuve légère vous inspire à l'avenir plus de prudence et de retenue, et songez qu'à la moindre infraction de votre part, l'inquisition se montrera plus sévère, et qu'elle ne sera pas toujours disposée, comme aujourd'hui, à user d'indulgence envers vous. Allez!

Les sbires étaient entrés, mais Sanchez ne paraissait pas décidé encore à se retirer. Il regardait Pierre Arbuès, et se taisait.

Depuis une seconde, une idée lui était venue.

La facilité avec laquelle on le rendait à la liberté, avait fait naître en lui le soupçon que quelque influence secrète avait agi pour lui, et il voulait profiter de la position pour obtenir, tout de suite, ce qu'il avait demandé la veille à Carillo.

Enfin, il se décida à parler.

— Pierre Arbuès, dit-il à l'inquisiteur, en s'inclinant humblement devant lui, j'ai des amis puissants à la cour, et je leur dirai avec quelle faveur particulière vous m'avez traité; mais avant de quitter cette prison, avant de retourner à la liberté, j'ai une prière à vous adresser, et si vous l'exaucez, croyez bien que Sanchez n'oubliera pas le bonheur qu'il vous devra.

— Et quelle est cette prière? demanda Arbuès.

— Voir Agar, répondit Sanchez; cette jeune fille est sans doute destinée à mourir; avant de me séparer d'elle pour toujours, qu'il me soit permis de tenter un dernier effort, d'essayer, au nom de l'amour, de la ramener à la foi, et de rendre ainsi à Dieu une âme que Satan a surprise.

Pierre Arbuès avait pâli.

Au bout de quelques secondes, il releva le front.

— Votre vœu est celui d'un bon chrétien, répondit-il lentement; qu'il soit donc fait comme vous le désirez, et que l'on vous conduise au cachot d'Agar !

Après avoir parlé ainsi, Pierre Arbuès donna l'ordre aux sbires de conduire Sanchez vers la jeune danseuse.

IV.

Sanchez était profondément ému : une joie souveraine s'était emparée de son cœur; un seul mot avait suffi pour lui faire oublier toutes les douleurs qu'il avait souffertes; il se sentait plus fort, plus vaillant; l'espoir avait relevé son courage, il était tout prêt à pardonner à ses bourreaux.

Son émotion grandissait à mesure qu'il approchait du cachot d'Agar, il avait hâte d'être près d'elle, et cependant, une inquiétude mortelle troublait sa raison.

Comment allait-il la retrouver; pourquoi ne pourrait-il pas l'emmener avec lui, loin de Sarragosse, loin de l'Espagne, dans un pays de liberté, où leur amour ne serait pas puni comme un crime ?

Sanchez savait bien que le milieu dans lequel elle avait vécu, ne convenait ni à son sexe, ni à sa nature même.

Elle était si pure, si douce, si candide, il y avait dans son regard, sur son front, dans son cœur, tant de pudeur et de chasteté, qu'elle n'eût été déplacée nulle part, et que l'entourage où le hasard l'avait placée, n'avait pu ternir sa belle âme.

Sanchez avait toujours nourri l'espérance de faire d'Agar sa compagne devant les hommes et à la face de Dieu.

Sanchez avait rêvé tout un avenir de joies légitimes et saintes.

Maintenant, il pleurait son amour perdu, et sentait toutes ses forces l'abandonner, quand la pensée lui venait qu'il faudrait bientôt renoncer pour toujours à cette pauvre enfant, dont l'amour l'avait rendu si heureux.

La demande qu'il avait adressée à Pierre Arbuès avait été dictée par un sentiment profond.

Sanchez croyait ardemment à une autre vie, il ne doutait pas qu'Agar ne fût condamnée d'avance, par le fait seul de sa religion; il ne voulait pas perdre tout espoir de la retrouver un jour dans un monde meilleur.

Il avait foi en l'amour qu'il lui avait inspiré : il pensait, qu'au moment de se séparer, elle écouterait ses prières, qu'elle renoncerait au culte honteux des Juifs, pour revenir à la foi chrétienne; qu'enfin, il emporterait, de cette entrevue, la certitude consolante que Dieu lui pardonnerait, bénirait leur amour, et les réunirait dans le ciel.

Sanchez était arrivé au cachot d'Agar, on venait d'en ouvrir la porte; dès que les sbires avaient disparu, il s'était précipité, en poussant un cri, vers la jeune fille qui, sans le reconnaître tout d'abord, comprit cependant qu'un grand bonheur lui arrivait.

— Sanchez! Sanchez! s'écria-t-elle, vous, vous ici! oh! mon Dieu, où sommes-nous donc? et que s'est-il passé?...

— Agar, répondit Sanchez, en lui prenant les mains, Agar!... C'est moi! moi, votre ami, votre amant...

Et après les premiers cris échappés à la surprise et à l'amour, Sanchez s'agenouilla près d'Agar, et la contempla.

Agar était bien changée! ses joues s'étaient creusées; son œil, foncé dans son orbite, brillait d'un feu sombre; sa main était sèche et osseuse ; ses cheveux, dénoués et mêlés, se tordaient sur son épaule de squelette; c'était comme un spectre.

Sanchez recula d'horreur.

Et comme Agar devina la cause de ce mouvement, elle reprit avec un amer sourire :

— Oh ! ils ont été impitoyables, ils ont voulu que je vous accuse, ils prétendaient que vous aviez assassiné ce pauvre enfant, près duquel ils nous avaient trouvés; ils ont multiplié les tortures pour m'arracher l'aveu de votre crime, Sanchez; oh ! j'ai bien souffert, et je bénis Dieu qui m'a donné la force et le courage de me taire; car si j'avais succombé, vous eussiez été perdu !...

Sanchez ne répondit pas; mais les paroles d'Agar ouvrirent dans son cœur une source abondante de larmes, et il pleura amèrement.

Quelle sainte enfant qu'Agar!... et quel sublime amour que le sien !... Elle avait résisté, elle; elle avait lutté; elle n'avait montré ni faiblesse, ni lâcheté.

Et lui, Sanchez, un homme, — un gentilhomme !

Oh ! Sanchez avait honte.

Il la prit un moment dans ses bras, et, baisant avec transport ses cheveux qui tombaient en flots abondants sur son lit :

— Agar ! Agar ! dit-il, tu es une sainte fille, un ange béni de Dieu; ah ! que ne puis-je partager ton sort, et mourir avec toi ! Dieu nous réunirait là-haut... mais je suis libre, moi; cette mort, que je désirais, elle me fuit... les misérables qui te poursuivent brisent violemment les liens qui nous unissaient... oh ! qu'ils triomphent aujourd'hui, puisqu'ils le peuvent encore; demain, Agar, demain, tu seras vengée !...

Agar posa son doigt sur les lèvres de son amant.

— Et que m'importe, à moi, la mort de mes ennemis, dit-elle; ton amour m'accompagnera dans la tombe; j'emporte du bonheur pour l'Éternité !... Que peuvent-ils contre ce sentiment qui nous a unis si

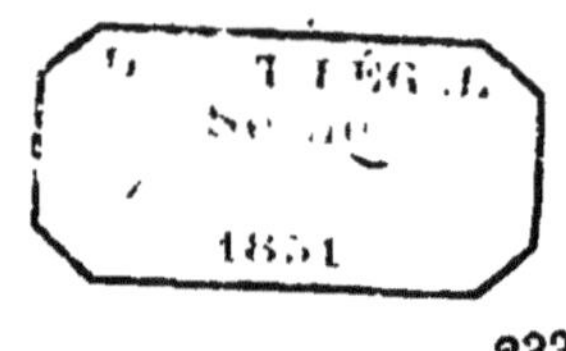

étroitement... rien, Sanchez; ils ne peuvent détruire le passé, et le passé est à nous!... Il ne faut pas écouter la colère de Carillo, vois-tu... je sais ce qu'il t'a dit... Carillo te mènerait au crime, et le crime nous séparerait à jamais!...

Sanchez écoutait, et ne pouvait croire à tant d'angélique dévouement.

— Ecoute, Agar, lui dit-il, écoute la pensée qui m'est venue. J'ai des amis auprès du roi Ferdinand; ils sont puissants, et le roi les aime; dès que je serai sorti de cette prison, j'irai à Tolède, je demanderai ta grâce, ta liberté, et si je réussis dans cette entreprise, Agar, nous partirons, nous quitterons l'Espagne, nous irons dans un pays où nous pourrons nous aimer en liberté, où nous serons heureux!... C'est mon rêve, à moi, mon ange aimé; je n'aurai plus de bonheur, ni de repos, qu'il ne se soit réalisé, et que je ne t'aie rendu en joies, ce que mon amour t'a déjà coûté de douleurs et de souffrances.

Pendant que Sanchez parlait, l'œil d'Agar s'était subitement éclairé; la joie, l'espoir illuminèrent un moment ses traits, et elle crut peut-être à la possibilité de la réalisation d'un pareil rêve.

Mais quelques secondes suffirent pour la rappeler à la réalité, et elle secoua tristement la tête.

— Non, dit-elle, non, Sanchez, c'est impossible... je dois mourir, je mourrai... je ne suis déjà plus de ce monde... j'appartiens à Dieu!...

Sanchez n'aurait demandé d'autre bonheur que celui de passer ainsi ses jours près d'Agar; mais l'inquisiteur avait fixé le temps à lui accordé pour cette entrevue, et quand l'heure sonna, les sbires vinrent le reprendre.

Agar avait montré jusque-là beaucoup de force et de sang-froid; mais quand elle vit que Sanchez allait la quitter, quand elle comprit qu'elle ne le reverrait plus, que cette séparation serait éternelle peut-être, le courage, qui l'avait soutenue jusqu'alors l'abandonna, son cœur se déchira, et elle tomba, sans mouvement, sur la poitrine de Sanchez.

— Je te sauverai ! je te sauverai ! dit ce dernier ; le roi apprendra ton innocence et leur cruauté ; Agar, tu seras rendue à la liberté, à mon amour !

— Non, non, répondit Agar en pleurant, non ! tout est fini, nous ne nous reverrons plus... Sanchez ! Sanchez ! que je voudrais mourir ainsi dans tes bras !...

Sanchez la serra douloureusement sur sa poitrine, baisa avec transport ses lèvres décolorées.

— Adieu ! lui dit-il d'une voix déchirante, et que le ciel bénisse mon voyage !

— Adieu ! répondit Agar éplorée, et puissions-nous être réunis un jour !...

Et, comme elle cherchait à retenir son amant dans une dernière et folle étreinte, les sbires l'arrachèrent violemment de ses bras, et entraînèrent Sanchez.

Cinq minutes après, ce dernier était rendu à la liberté, et, ainsi qu'il l'avait annoncé à Agar, un quart d'heure s'était à peine écoulé, depuis sa sortie de prison, qu'il partait pour Tolède, où résidait la cour de Ferdinand et d'Isabelle.

CHAPITRE IV.

Suite de l'inquisition. — Tolède. — La cour de Ferdinand et d'Isabelle. — État de prince que menait Torquemada. — Carrillo à Tolède. — La Cour des Miracles de Sarragosse. — La grande salle de la Garduna. — Conspiration des nouveaux chrétiens. — Vidal d'Uranzo, agent secret d'Arbuès. — Les matines de la cathédrale de Sarragosse. — Meurtre de Pierre Arbuès. — Monument élevé à un inquisiteur. — Colère du peuple de Sarragosse. — Punition des meurtriers. — Comme quoi le métier d'agent secret avait déjà ses désagréments en 1485.

I.

Tolède n'est guère connue aujourd'hui que par la trempe célèbre des lames qu'elle a fabriquées autrefois. Cependant, cette ville était, sans contredit, une des plus importantes de toute l'Espagne à l'époque où se passe notre histoire, et les Espagnols lui avaient alors donné le surnom de *Magnifique*.

Tolède n'offrait, en réalité, rien de bien agréable à l'œil : mais toutes les époques y ont laissé des traces imposantes, et c'est peut-être la ville qui possède le plus de souvenirs des Romains, des Goths et des Arabes.

Le catholicisme, venu plus tard, l'a remplie de couvents et hérissée de clochers.

Le bon roi Reccarède avait élevé, au sixième siècle, cette église métropolitaine, qui, rebâtie au treizième siècle par saint Ferdinand, est restée une des plus belles églises du monde.

On y retrouve encore aujourd'hui, ce vieux débris de la puissance romanesque des anciens rois maures : l'Alcazar! ce chef-d'œuvre des Covarrubias, Vergara, Vega, Villalpando.

Aujourd'hui, Tolède est une ville presque morte, qui compte à peine quinze mille habitants ; au quinzième siècle, elle en avait deux cent mille.

La cour, qui y résidait, contribuait d'ailleurs à lui donner cette importance, et au moment où Ramiro Sanchez y arriva, c'était une des capitales les plus mouvantes, les plus actives qui fussent dans toute la chrétienté.

Il en fut presque ébloui ; mais il ne venait pas pour admirer le luxe de la cour, et prendre sa part des plaisirs qu'elle offrait aux étrangers. Il n'avait pas un instant à perdre ; chaque minute de retard pouvait coûter la vie à Agar, il n'était venu que pour la sauver ; il alla tout droit aux amis qu'il avait près du roi, et leur fit part de l'objet de son voyage.

Malheureusement, ceux auxquels il s'adressa n'étaient pas, comme lui, amoureux d'Agar.

Ils le reçurent froidement, et comme un homme dangereux, par cela seul qu'il sortait des prisons de l'inquisition ; on l'engagea à se faire oublier, plutôt que de demander de nouvelles faveurs, et on l'invita, en somme, à se retirer, sans tarder, d'une ville où sa présence ne manquerait pas d'être remarquée par Torquemada, qui plaisantait rarement avec les personnes suspectes d'hérésie.

En somme, cette Agar était juive !

Sanchez regardait ses anciens amis avec de grands yeux ébahis : il ne les reconnaissait plus.

S'il eût été plus expert dans les choses de ce monde, il les aurait encore remerciés de ne point lui tourner tout bonnement le dos.

Comme Sanchez sortait de la cour, il vit passer sur la place de Tolède un brillant cortége composé d'environ quarante familiers de l'inquisition et de deux cents hommes à pied.

Sanchez demanda si c'était la garde du roi Ferdinand, on lui répondit que c'était celle de l'inquisiteur Torquemada.

Ce dernier avait, depuis longtemps, soulevé une exécration universelle contre lui, et pendant tout son *règne*, il dut se tenir en garde contre les attentats dont il était incessamment menacé.

Le roi l'avait autorisé à se faire accompagner de la sorte, pour se mettre à l'abri de toute attaque imprévue.

On assure que Torquemada avait pris, en outre, de mystérieuses mesures contre les ennemis secrets qui tenteraient de pénétrer près de lui pour le tuer, et la *défense de licorne* qu'il portait toujours sur sa table ou sur ses vêtements, possédait, dit-on, la vertu de faire découvrir ou de neutraliser les poisons.

L'empereur Soulouque a bien un croupion de canard qui le préserve de tout sortilége !

Sanchez suivit machinalement le cortége jusqu'au palais de l'inquisiteur, et le regarda, pensif, défiler et disparaître.

Un moment, l'idée lui vint de pénétrer jusqu'à Torquemada, de demander à le voir, à lui parler, de se jeter à ses genoux, d'implorer sa pitié pour Agar, de lui dire son innocence, de la prouver, au besoin, en s'accusant lui-même.

Sans nul doute, il aurait mis ce projet à exécution, s'il ne s'était senti tout à coup touché à l'épaule.

Il se retourna brusquement, et aperçut, près de lui, Carillo, le frère d'Agar.

Carillo fit son geste habituel, c'est-à-dire qu'il posa discrètement son index sur ses lèvres, et fit signe à Sanchez de le suivre sans répondre, — ce que ce dernier se hâta de faire.

Ils marchèrent ainsi, l'un à côté de l'autre, sans se parler, pendant environ une demi-heure, au bout de laquelle ils arrivèrent aux portes de la ville.

Là, Carillo s'arrêta.

— Seigneur Sanchez, dit-il alors, je n'ai appris que quelques heures après votre départ que vous aviez quitté Sarragosse pour venir à Tolède, sans cela je vous aurais dissuadé d'entreprendre un pareil voyage qui devait être inutile.

— Qu'en savais-tu? objecta Sanchez.

— Agar ne devait pas survivre à tant d'émotions et de souffrances, seigneur Sanchez.

— Que veux-tu dire?... s'écria Sanchez.

— Agar est morte!

— Morte! répéta Sanchez avec un cri terrible.

— Une heure après votre départ, reprit tranquillement le postulant de la *Garduna*, la maladie fit des progrès effrayants; le médecin, appelé près d'elle, ne pouvait plus rien, elle était perdue; elle a passé une heure dans des souffrances qu'on ne peut imaginer; elle vous a appelé à différentes reprises; puis, après avoir lutté contre la mort qu'elle sentait venir, elle a succombé dans nos bras, en me recommandant d'aller vers vous, et de vous engager à la modération et à l'oubli de toute vengeance.

Sanchez était accablé; ce dernier coup lui avait enlevé ce qui lui restait d'énergie; il s'appuya sur le bras de Carillo, pour ne point tomber.

— Morte! morte! Agar morte! s'écria-t-il, comme se parlant à lui-même, et ses dernières paroles pardonnaient encore à ses bourreaux... Dieu n'a pas eu pitié de ses prières ni de mes larmes... Oh! malheur! malheur à ceux qui l'ont tuée!

Il serra en même temps la main de Carillo, et le regarda avec une fixité folle.

— Il faut toujours exécuter les ordres des mourants, reprit Carillo, c'est pour cela que je vous ai dit les paroles d'Agar. — Mais une fois ma commission faite, je garde nos idées... Vengeons-la, s'il vous plaît, seigneur Sanchez!

— Carillo, lui dit Sanchez d'une voix saccadée, écoute! Agar était le seul être qui me retînt à la vie; elle morte, je n'ai plus rien au monde, et je ne veux plus vivre; mais avant de quitter cette terre, un dernier devoir me reste à remplir, et je le remplirai.

— Bien! dit Carillo.

— La vengeance! s'écria Sanchez, il me faut la vengeance!

Carillo frappa dans ses mains et sauta de joie.

— A la bonne heure! seigneur Sanchez, s'écria-t-il, je vois qu'il y a un cœur vraiment espagnol dans votre poitrine, et puisque vous parlez ainsi, je suis votre homme, partout où vous irez, j'irai; ce que vous me direz de faire, je le ferai; et je puis vous assurer d'avance que pour une pareille entreprise la Garduna ne vous refusera pas ses services.

— Je n'aurai pas besoin d'elle! répliqua Sanchez, en réprimant un premier mouvement de répugnance, j'aurai mieux que cela, s'il plaît à Dieu.

— Ayez tout ce que vous voudrez, seigneur Sanchez, pourvu que vous arriviez au but.

— Nous y arriverons; mais, pour cela, ne perdons pas une minute, partons!

— Partons! répondit Carillo.

Ils montèrent aussitôt à cheval, et prirent le chemin de Sarragosse.

De Tolède à Sarragosse, la route est longue; mais les deux cavaliers la parcoururent en moins de deux jours, et arrivèrent à Sarragosse, sans avoir pris le moindre repos.

Une ardeur surhumaine soutenait Sanchez, et quand il arriva au but de sa course, il ne songea même pas à la fatigue qu'il avait éprouvée.

Carillo le conduisit au quartier général de la Garduna, où il ne pouvait venir à la pensée de personne de l'aller découvrir.

Il importait, en effet, pour le succès de leur entreprise, que le bruit de son arrivée ne se répandît pas dans la ville, et que l'inquisiteur surtout ignorât sa présence à Sarragosse.

Sanchez comprit ces raisons, et fit prévenir seulement ses amis les plus intimes de le venir trouver la nuit même.

La garduna tenait son quartier général dans un des faubourgs les plus mal famés de Sarragosse.

C'était une maison immense, sorte d'hôtel où tous les voyageurs de bas étage allaient habituellement chercher un gîte pour la nuit.

Cette habitation était fort connue dans Sarragosse, et le quartier dans lequel elle se trouvait placée n'était guère hanté que par les bandits, les voleurs, les assassins et les prostituées. Les honnêtes gens se gardaient bien de s'aventurer, la nuit, dans ces affreux parages, et la police elle-même n'y mettait jamais les pieds.

Il est probable que si elle s'y fût présentée, on lui aurait fait un mauvais parti; elle le savait, et ne se mêlait point de ce qui se passait de ce côté.

L'endroit était donc merveilleusementchoisi pour une entrevue que l'on voulait cacher à tous.

En attendant l'heure qu'il avait indiquée à ses amis, Sanchez se jeta sur un mauvais grabat et prit un peu de repos.

Au milieu de la nuit, il fut réveillé par des bruits d'un caractère étrange.

Il se leva avec vivacité et courut à la fenêtre.

Sanchez n'avait jamais assisté à un spectacle pareil à celui qui s'offrit alors à ses regards.

La cour, éclairée de réverbères ternes et sombres, était remplie d'une population couverte de guenilles et d'oripeaux. Il y avait de de tout un peu : des mendiants secouant gaîment leurs haillons; des moines apocryphes jetant leurs vêtements d'emprunt; des filles de joie, le sein nu, la robe courte, les épaules ruisselantes de faux diamants.

L'armée du vol, du meurtre et de la prostitution au grand complet.

C'était un murmure confus, à travers lequel s'élevaient, jusqu'à Sanchez, des lambeaux de phrases empruntées à une langue inconnue : l'argot, langue universelle, au moyen de laquelle les voleurs de tous les pays se comprennent.

C'était un monde fantastique, qui n'a rien d'analogue dans le nôtre; singulier fouillis où les figures les plus repoussantes trouvent naturellement leur emploi, où les vices les plus hideux ont leur utilité reconnue et chantée.

Sanchez avait dégoût de ce spectacle, et cependant, la curiosité le retenait malgré lui. Pendant une heure au moins, il resta ainsi, attiré par l'attrait invincible de cette nouveauté, et si Carillo ne fût venu le prévenir que ses amis l'attendaient, il aurait peut-être oublié son rendez vous.

Il se hâta de suivre le frère d'Agar.

Cependant, une inquiétude lui était restée dans l'esprit, et il se demandait dans quel affreux réduit on avait conduit ceux qui l'attendaient.

Mais Carillo lui répondit de manière à piquer davantage encore sa curiosité.

— Rassurez-vous, seigneur Sanchez, dit Carillo, vos amis seront traités comme il convient au rang qu'ils occupent et au nom qu'ils portent! La Garduna a des salles qui ne le cèdent pas, en richesse, aux plus somptueux appartements de Ferdinand et de la reine Isabelle.

Sanchez ne put s'empêcher de sourire à ces paroles, et il entra presque aussitôt dans la salle que Carillo lui annonçait.

Il demeura stupéfait.

Cette salle était située à trente pieds environ sous terre, elle était vaste, spacieuse, somptueusement éclairée ; des sujets de mythologie païenne en décoraient les voûtes. Une dizaine d'orangers, plantés dans le sol, qu'on avait préparé à cet effet, au-dessous du parquet, semblaient sortir, chargés de fleurs et de fruits, des marbres dont ce parquet était formé.

A chaque coin de la salle, des fontaines, aux gracieux ornements, laissaient retomber en cascades leurs eaux limpides dans des bassins de porphyre. Des génies, aux ailes d'or, soutenaient les draperies d'argent suspendues aux colonnes, et des lampadaires, placés de distance en distance, donnaient à cette vaste salle un air véritablement grandiose et solennel.

Après avoir jeté un coup d'œil sur toutes les richesses répandues à profusion dans cette salle, Sanchez courut à ses amis qui l'attendaient, et il leur serra la main avec effusion. Ils étaient nombreux, et descendaient tous, comme lui, de familles d'origine juive.

A Sarragosse, en effet. comme dans toutes les Espagnes, l'influence et l'argent, surtout, étaient entre les mains des Juifs ou des *nouveaux chrétiens*. Luis Gonzalo, secrétaire du roi, pour les affaires du royaume ; Philippe de Clémente, protonotaire ; Alphonse de Caballeria, vice-chancelier, et Gabriel Sanchez, père de Ramiro, grand trésorier, descendaient tous d'Israélites, autrefois condamnés par l'inquisit on.

Ils étaient catholiques depuis deux siècles, et tenaient leur croyance à honneur.

Tous étaient accourus à l'appel fait par Sanchez, et malgré l'étrangeté du lieu dans lequel ce dernier annonçait qu'il les attendrait, aucun ne manqua au rendez-vous.

Il faut ajouter aux précédents, Pierre Cerdan, Guillen Ruiz de Moros, Martus Gotor, lieutenant du sous-préfet de Sarragosse, Galacien Luis de Sautagel, et Michel Coscon; Jean d'Abadia, noble d'Aragon, Jean d'Esperaindro, Vidal d'Uranso, Mathieu Ram, Antoine Gran, et Bernard Léofante, toute la jeunesse de Sarragosse, tous décidés à faire payer à Arbuès les atrocités qu'il avait commises.

Sanchez n'espérait pas tant d'ardeur de leur part; il fut ravi de les voir si nombreux, et de les trouver si bien disposés!

C'est que Sanchez ignorait que déjà bon nombre de démarches avaient été faites par ces mêmes hommes, pour obtenir qu'on ne laissât pas s'établir le tribunal de l'Inquisition à Sarragosse, et ces démarches avaient toutes été infructueuses.

La plupart des hommes dont les noms précèdent, avaient profité, quelques mois auparavant, de leur position politique pour engager les autorités de Sarragosse à réclamer auprès du pape et du roi contre l'introduction des nouvelles lois promulguées par l'inquisition, et ils avaient dépêché des commissaires pour Rome et pour la cour.

Ils venaient d'apprendre, le jour même, que les négociations suivies, tant à Rome qu'à Tolède, n'avaient produit aucun résultat favorable, et que leur requête avait été rejetée.

Il n'en fallait pas davantage pour exaspérer leurs esprits, et ils accoururent vers Sanchez, comme vers un centre commun où ils pourraient se réunir et s'entendre.

Dès que le silence se fut établi, Sanchez prit le premier la parole, remercia ses amis de l'empressement qu'ils avaient mis à se rendre à son appel, leur fit connaître le but de cette réunion, et leur demanda s'ils voulaient l'aider dans cette entreprise.

— Que chacun réfléchisse bien, dit Sanchez, d'un ton d'autorité qui ne messayait point à sa jeunesse; que tous songent à la gravité de la proposition qui est faite, avant de s'engager. C'est ici une entreprise dont le meurtre est le but, dont la mort, peut-être, sera le châtiment : que ceux qui ne se sentent pas le courage de me suivre le déclarent franchement; et dussé-je rester seul, je n'en continuerai pas moins mon œuvre terrible.

Et comme tous juraient d'exécuter ce qui serait décidé, Sanchez poursuivit :

— Pour moi, dit-il, c'est une vengeance implacable; à quelque prix que ce soit, je l'obtiendrai. Heureux si ma mort peut être utile à mon pays, et délivrer l'Aragon de la présence des inquisiteurs, ou intimider, du moins, ceux qui succéderont au misérable dont nous subissons les fureurs.

— La mort! plutôt la mort que l'inquisition! s'écrièrent, d'une commune voix, les seigneurs réunis.

— Le ciel vous entende, et bénisse vos transports! répondit Sanchez; j'écoute vos acclamations avec joie, et je demande pour moi l'honneur des plus grands dangers à courir. C'est moi qui frapperai le premier!

— Non, moi! moi! crièrent tous les conjurés à la fois.

— C'est à moi que revient cette mission, fit observer Sanchez; c'est moi qui vous ai réunis, c'est moi qui ai le motif le plus légitime de vengeance!

Jean de la Abadia s'était levé; il imposa silence à l'assemblée, et se tournant vers Sanchez :

— Ce jeune homme a raison, dit-il; c'est lui qui doit frapper le coupable, puisque c'est lui qui a le plus souffert! Mais il ne faut pas que pour la vaine satisfaction d'une vengeance personnelle, l'entreprise commune soit exposée à manquer : Sanchez est jeune; il a besoin de nos conseils et de notre aide. D'ailleurs, le coup doit être porté avec soin, si nous voulons réussir.

L'observation de Jean de la Abadia fut reçue avec faveur, et voici le dernier parti auquel s'arrêtèrent les conjurés.

Jean de la Abadia fut chargé de diriger l'entreprise, tandis que Jean d'Esperaindro, Vidal d'Uranso, Mathieu Ram, Antoine Gran et Bernard Léofante reçurent la mission d'aider Sanchez, et, au besoin, de le suppléer.

Une fois ces dispositions prises, l'assemblée se sépara, en prenant jour pour une prochaine réunion.

II.

Vidal d'Uranso était un homme qui pouvait avoir une quarantaine d'années environ. Il n'avait jamais été marié, et vivait à Sarragosse, fort retiré, sans que personne eût jamais pu dire précisément ce qu'il faisait. On le rencontrait rarement ; on ne le voyait, pour ainsi dire, qu'à certains jours ; et beaucoup assuraient qu'il entretenait, avec les esprits de l'autre monde, un commerce qui n'était guère orthodoxe.

En général, on ne l'aimait pas.

On se rappelait seulement qué, depuis l'établissement de l'inquisition, il s'était montré très-zélé pour le service du saint-office, et quand on lui avait adressé des remontrances à ce sujet, il avait répondu qu'il méprisait souverainement cette institution, et qu'il saluerait avec joie le jour où l'Aragon s'en verrait délivré.

Dès les premières ouvertures qui lui avaient été faites, il avait même promis de se joindre aux conjurés, et il s'était montré un des plus ardents à préparer la mort de Pierre Arbuès ou maître Epila.

Vidal d'Uranzo était petit, vif, d'un visage anguleux, où brillait incessamment l'éclair de deux yeux noirs, extraordinairement mobiles; il avait la démarche saccadée et la parole brève. Du reste, il était généralement très-réservé, et nul n'avait pu encore découvrir le fond de sa pensée.

Le lendemain de la séance qui avait eu lieu à l'établissement de la Garduna, Pierre Arbuès était seul dans sa chambre, dans le couvent des Dominicains.

Il avait reçu, récemment, de nouveaux ordres de Torquemada, et il s'apprêtait à traquer, plus étroitement encore qu'il ne l'avait fait jusqu'alors, les Juifs de Sarrogosse.

Sa pensée, éveillée, cherchait les moyens de satisfaire l'insatiable exigence de son chef de Tolède, et ne trouvait autour de lui que des malheureux que les tortures avaient déjà atteints.

En ce moment, quelques coups frappés à la porte de sa chambre le tirèrent de sa préoccupation ; il releva vivement la tête, et vit entrer Vidal d'Uranzo.

Son visage s'éclaira, et un éclair de satisfaction brilla un moment dans son regard.

Vidal d'Uranzo s'arrêta à distance, et salua humblement.

— Fort bien ! fort bien, maître Vidal, dit Pierre Arbuès, je suis content de vous voir, approchez, approchez, plus près, plus près encore.

— Monseigneur me rend confus par tant de bontés, dit Vidal, en s'inclinant de nouveau.

—Ah ! il y avait longtemps que je désirais vous voir, cher maître, et j'avoue que le temps me semble long quand je ne vous vois pas.

— Monseigneur est trop bon ! fit Vidal.

— C'est vous qui m'êtes très-utile, maître Vidal, interrompit l'inquisiteur, et depuis bientôt huit jours, j'espère que vous avez dû recueillir bien des renseignements, et que vous allez me fournir l'occasion de prouver à Thomas Torquemada, notre maître redoutable, que nous prenons activement les intérêts de l'inquisition.

Vidal d'Uranzo ne répondit pas, et parut se recueillir. Puis il regarda l'inquisiteur, en souriant finement.

— Il y a, en effet, bien du nouveau, monseigneur, répondit-il enfin, l'audace de vos ennemis augmente tous le jours, et l'indulgence dont vous avez usé à l'égard du jeune Ramiro Sanchez, porte déjà ses fruits malheureux.

— Comment cela?

— Ah! monseigneur a eu bien tort de relâcher ce jeune seigneur, et à sa place...

— Mais qu'aurais-tu fait? l'ordre était formel, et il émanait de Torquemada lui-même.

— N'en déplaise à monseigneur, répliqua Vidal, avec un atroce sourire, l'inquisition ne peut rendre à la liberté que ceux qui ne sont pas morts.

Pierre Arbuès regarda son interlocuteur d'un œil sévère, puis il reprit sèchement :

— Mais enfin, qu'y-a-il, et quelle est cette menace dont tu sembles vouloir m'effrayer?

— Vos ennemis sont nombreux dans Sarragosse, monseigneur, et ils ont juré votre mort!

— Ma mort!

— Oui, monseigneur.

— Et comment sais-tu cela?

— D'une manière fort simple.

— Mais encore.

— Parce que je suis un de ceux qui ont juré de vous assassiner.

— Toi?

— Moi-même, monseigneur.

— Voyons! voyons, maître Vidal, dit Pierre Arbuès, tout ceci me semble une énigme, dont je cherche en vain le mot... explique-toi, et sans perdre de temps.

Ce n'est pas en 1851, lorsque l'histoire contemporaine nous a si énergiquement démontré que dans toute société secrète, composée de trois hommes, il y a constamment deux agents de police, pour le moins, — ce n'est pas en 1851, deux ans après 1848, que l'on peut s'étonner de voir un familier de l'inquisition parmi les conspirateurs qui avaient juré la perte de l'inquisition.

Vidal raconta alors, à l'inquisiteur, ce qui s'était passé la veille à l'association de la Garduna. Il dit les fureurs de Sanchez, sa haine, son ardeur de vengeance, il répéta ses paroles, et finit en nommant tous ses complices.

Pendant qu'il parlait, Pierre Arbuès avait successivement pâli et rougi, et passé de la colère la plus aveugle, à la terreur la plus profonde.

— Je connais ces hommes, dit-il enfin à Vidal d'Uranzo, ils sont capables de mettre leur projet à exécution, ils me tueront comme ils l'ont juré!

— C'est évident, répondit maître Vidal.

— Tu en parles bien à ton aise!

— Monseigneur, il n'y a qu'un moyen d'éviter cette triste extrémité.

— Lequel?

— C'est de les faire tous arrêter.

— Mauvais moyen! mauvais moyen, cher maître, répondit Pierre Arbuès; ces hommes sont aimés du peuple, et si demain je les faisais arrêter sans motif apparent, je serais perdu sans retour, et j'ameuterais contre moi, et contre l'inquisition, toutes les colères qui couvent.

— Que faire donc, alors? objecta Vidal.

— Continuer à jouer ton rôle, comme tu l'as fait jusqu'à présent, répliqua Pierre Arbuès, te montrer aussi ardent que par le passé, pour éloigner tout soupçon, et le jour où ils auront décidé de frapper, tu m'en avertiras... nous aviserons à les en empêcher.

— Mais s'ils allaient me repousser de leurs réunions, s'il vous frappaient en plein jour, à un moment où nul ne s'y attendrait, pas même vous!

— Va, ne crains rien, fit Arbuès, je sais déjà comment je ferai face à un semblable danger.

A partir de ce moment, en effet, Pierre Arbuès, à l'exemple de Thomas Torquemada, l'inquisiteur général, si fit accompagner dans Sarragosse, par une garde permanente, composée d'environ quarante familiers du saint-office.

En outre, pour éviter toute surprise, il porta sous ses vêtements une cotte de mailles, et sur sa tête, une espèce de calotte de fer, que cachait un bonnet rond.

Cependant, à partir de ce moment, aussi, il ne revit plus Vidal d'Uranzo.

Voici pour quel motif :

Quelques heures après la visite à Pierre Arbuès, Vidal d'Uranzo avait voulu suivre ses conseils, et il s'était, en conséquence, rendu au lieu fixé pour la nouvelle réunion des conjurés.

Comme la première fois, tous étaient présents, à l'exception, toutefois, de l'auteur principal de ce drame, Sanchez.

On attendit quelques minutes, et comme il n'arrivait pas, Jean de la Abadia ouvrit la séance.

Il annonça que le moment lui semblait propice pour tenter un coup de main, que les esprits étaient bien disposés, que les autorités les seconderaient, qu'enfin, tout promettait un éclatant succès.

Les conjurés accueillirent cette nouvelle avec enthousiasme, et Vidal d'Uranzo ne fut pas le dernier à en manifester sa satisfaction.

En ce moment, Sanchez parut.

Il était pâle et fort agité.

Chacun l'entoura avec inquiétude, et lui demanda pourquoi il paraissait aussi abattu!

— Qu'y a-t-il donc? demanda vivement Jean de la Abadia.

— Il y a que nous sommes trahis! répondit Sanchez.

— Déjà! fit Jean d'Esperaindro.

Et le cercle, qui entourait Sanchez, se resserra.

— Nous sommes trahis, répéta ce dernier, et trahis par un des nôtres.

— Qui vous l'a dit?

— Un homme qui jusqu'aujourd'hui m'a dit la vérité, et qui remplit les fonctions de sbire de l'inquisition.

— Son nom?

— C'est le frère d'Agar.

— Mais comment a-t-il pu savoir?... murmura Vidal.

Sanchez lui lança un regard qui le fit pâlir.

— Carillo était de garde à la porte même de l'appartement de l'inquisition, répondit-il, quand le traître y est entré, et il n'a perdu aucune des paroles qui ont été prononcées.

— Et quel est ce traître?... demandèrent vingt voix en même temps.

— Ce traître, répondit Sanchez, en posant une main vigoureuse sur le bras de celui qu'il nommait, c'est Vidal d'Uranzo.

A l'instant, vingt épées sortirent du fourreau, et étincelèrent à la clarté des lumières.

Vidal était plus mort que vif, et tenait les yeux baissés vers la terre.

— Parle! parle! lui criait-on de toutes parts, est-ce vrai?

— C'est faux! répondit Vidal en balbutiant.

— Tu n'as point été chez l'inquisiteur?

— Je n'y suis point allé...

— Tu ne nous as pas trahis?

— Jamais!...

— Eh bien, soit, reprit Sanchez, que tu sois un traître, ou que tu n'aies point démérité de notre confiance, il est de notre intérêt de nous assurer de toi, et de te mettre dans l'impuissance de nous nuire.

Et se tournant vers ses compagnons :

— Messeigneurs, ajouta t-il, je vous propose de retenir ici cet homme, jusqu'au jour où nous nous serons délivrés de notre ennemi !

La proposition de Sanchez était trop sage pour n'être point acceptée. Vidal d'Uranzo fut donc mis au secret, et maître Epila dut se passer, pendant quelque temps, de ses délations.

Cependant, l'occasion attendue avec tant d'impatience ne se présentait pas très-vite ; les précautions prises par Pierre Arbuès empêchaient les conjurés de tenter un coup en plein jour, comme Sanchez l'avait d'abord médité.

Il fallait attendre.

On était alors au 14 septembre de l'année 1485, et les conjurés n'avaient encore rien décidé.

Le soir, Sanchez réunit une dernière fois ses amis, et ordonna, pour cette occasion, de délivrer Vidal d'Uranzo, afin qu'il pût prendre part à la délibération..

Quand Vidal eut été introduit, Sanchez prit la parole, et dit qu'enfin il croyait l'heure venue de mettre leur projet à exécution ; qu'il avait reçu, dans la journée même, des renseignements très-positifs sur les habitudes de Pierre Arbuès, et qu'il se faisait fort, lui seul, de le tuer le lendemain soir. D'ailleurs, ajouta Sanchez, nous avons assez attendu, et nous devons enfin tenter d'en finir.

Tous les conjurés avaient éprouvé, plus ou moins, le même sentiment d'impatience qui animait Sanchez ; ce fut à qui obtiendrait l'honneur de l'accompagner.

Il fut convenu que le lendemain Jean d'Esperaindro et Jean de la Abadia suivraient seuls Sanchez, et que l'on tuerait Pierre Arbuès, qui, selon l'assurance qu'en donnait Sanchez, devait se trouver à l'église vers onze heures du soir, sans garde, presque seul!...

Il fut convenu, en outre, que Vidal d'Uranzo serait gardé à vue par les autres conjurés, dans l'église même, pendant que le crime s'accomplirait!...

Le lendemain, 25 septembre 1485, un peu avant onze heures du soir, les trois conjurés entrèrent dans l'église, et allèrent s'agenouiller dévotement aux marches de l'autel.

Jean d'Esperaindro et Jean d'Abadia étaient devant; Sanchez se tint debout derrière eux, pour épier l'instant où Pierre Arbuès entrerait.

Les chanoines étaient dans le chœur, et récitaient les matines. L'église était presque vide et peu éclairée.

Tout à coup, Sanchez s'approcha de ses deux compagnons, leur frappa sur l'épaule et leur fit signe de le suivre.

Pierre Arbuès venait d'arriver, et, selon son habitude, il s'était agenouillé derrière un des piliers de l'église, avait fait le signe de la croix et priait.

Sanchez marchait devant et sur les pointes du pied, pour faire le moins de bruit possible. Il avait silencieusement tiré son épée du fourreau, et d'Abadia et d'Esperaindro l'avaient imité.

Pierre Arbuès n'entendait rien; profondément absorbé dans sa prière, il avait la tête baissée vers les dalles, et les yeux cachés dans ses mains.

Sanchez s'approcha à le toucher, et lui porta un violent coup sur le bras gauche.

— A toi, Pierre Arbuès, dit il, de la part de Ramiro Sanchez, époux, devant Dieu, d'Agar assassinée.

Pierre Arbuès, surpris par la peur, voulut un moment se retourner pour fuir.

Il n'était pas assez grièvement blessé pour ne point se sauver;

mais Jean d'Abadia, qui venait le second, lui asséna un nouveau coup qui lui fit, sur le derrière de la tête, une blessure large et profonde.

Pierre Arbuès poussa un cri terrible qui retentit dans toute l'église, et tomba comme une masse sur les dalles.

Les conjurés n'en demandèrent pas davantage, et se hâtèrent de fuir.

Cependant Pierre Arbuès n'était pas mort; on accourut à son secours, et on le porta, baigné dans son sang, jusqu'au palais de l'inquisition. Mais la blessure était mortelle, et deux jours après, il avait cessé d'exister.

Toutefois, le triomphe des conjurés fut de courte durée.

Ils avaient, en effet, en commettant ce crime, compté sur les sympathies populaires; mais, sous ce rapport, ils s'étaient amèrement trompés.

La veille de la mort d'Arbuès, on entendit de sourds murmures dans toutes les rues de Sarragosse; la populace, ameutée à tous les carrefours, racontait, avec toutes sortes d'exclamations de haine contre les meurtriers, l'assassinat dont l'inquisiteur avait été victime; assassinat commis dans une église, en face du saint tabernacle! l'exaltation s'empara bientôt des esprits; on se porta en masse à la demeure des coupables, dont tout le monde connaissait les noms, et s'ils n'avaient pris la fuite à temps, ils auraient été infailliblement massacrés.

Mais, une fois qu'une émeute commence, sous quelque prétexte que ce soit, sait-on comment elle finira? A défaut des meurtriers, le peuple voulut s'en prendre aux *nouveaux chrétiens* en général, et l'émeute devint, en peu d'instants, si violente, que le jeune archevêque, Alphonse d'Aragon, fut obligé de monter à cheval pour contenir la multitude, en lui promettant que les coupables seraient punis du dernier supplice qu'ils avaient mérité!

Toutefois, l'inquisition, avant même de rien entreprendre contre les assassins, voulut honorer, d'une manière toute exceptionnelle, la mémoire de Pierre Arbuès; quoique ce juif-maure-chrétien ait été accusé, par un contemporain, d'avoir poussé jusqu'à la démence les cruautés, pour exciter justement la haine du peuple contre l'inquisition elle-même.

On lui éleva un tombeau magnifique, et, plus tard, on fit dresser, à la place même où il était tombé, une grande pierre, sur laquelle était gravée l'inscription suivante :

« Passant, arrête! tu adores dans le lieu où est tombé mortelle-
« ment, atteint de deux blessures, le bienheureux Pierre Arbuès, à
« qui Epila donna le jour, et cette église, un canonicat. Le Saint-
« Siége le choisit pour premier père inquisiteur de la foi; le zèle
« qu'il montra pour elle le rendit odieux aux Juifs; ils l'égorgèrent,
« et il mourut ici martyr, en l'année 1485.

« Les sérénissimes Ferdinand et Isabelle lui ont érigé un mausolée
« de marbre sur lequel sa gloire a éclaté par des miracles. Le sou-
« verain pontife, Alexandre VII, l'a beatifié et mis au nombre des
« martyrs. Son tombeau ayant été ouvert, on a construit avec ses
« matériaux une chapelle et un autel, par ordre du chapitre, en
« soixante et quinze jours; et les cendres saintes du bienheureux
« martyr ont été apportées, avec une grande vénération et solen-
« nité, au-dessous de l'autel de cette chapelle. »

Il est bien difficile de dire au juste, après tant d'années écoulées, si Arbuès fut un fanatique exalté, martyr de ses convictions, ou un faux chrétien, comme ses ennemis l'en accusaient.

Les meurtriers furent traités avec toute la rigueur des lois. Jean d'Esperaindro, Mathieu Ram, Sanchez et les autres principaux auteurs du meurtre, qui n'avaient pas eu le temps de fuir, furent ignominieusement traînés par les rues de Sarragosse; puis on leur coupa les mains et on les pendit.

Leurs cadavres furent écartelés, et leurs membres exposés sur les chemins publics.

Jean de la Abadia se tua dans sa prison la veille du supplice; mais il n'en fut pas moins traité comme les autres condamnés.

Quant à Vidal d'Uranzo, il eut beau protester de son innocence, comme il n'énonçait aucune preuve à l'appui, pour toute grâce, on attendit qu'il eût expiré pour lui couper les mains.

Malgré la sévérité avec laquelle furent punis les assassins de Pierre Arbuès, leur action trouva des imitateurs, et la révolte contre l'inquisition gagna bientôt de proche en proche, et se répandit dans toutes les provinces.

A Ternel, à Valence, à Lerida, à Barcelone, à Majorque, on prit les armes, et Torquemada ne put guère contenir ces soulèvements partiels qu'à force de violence.

C'est à cette époque qu'il fit paraître plusieurs articles additionnels aux premières constitutions dont nous avons parlé plus haut, et qui déterminent, d'une façon peut-être plus précise, les limites dans lesquelles l'inquisition devait opérer.

Il était dit dans ces articles :

« Qu'il y aurait, dans chaque tribunal subalterne, deux inquisiteurs jurisconsultes, un fiscal, un alguazil, des greffiers ou rédacteurs, et d'autres employés, suivant le besoin. *Qu'aucun domestique, qu'aucune créature des inquisiteurs ne pourrait être admis à remplir des fonctions auprès du tribunal.* »

Cette disposition était toute en faveur des prévenus:

Que l'inquisition entretiendrait à Rome un jurisconsulte habile, avec le titre d'agent, pour toutes les affaires qui seraient de son ressort, et que cette dépense serait supportée par les biens confisqués aux condamnés.

Cette disposition prouve jusqu'à l'évidence ce que nous disions dans notre avant-propos, c'est-à-dire que les papes ont été souvent hostiles à l'institution de l'inquisition, ou tout au moins à l'exagération de son zèle.

Les nombreuses plaintes qui s'élevaient de toutes parts avaient éveillé la sollicitude des souverains pontifes, et Torquemada, notamment, se vit obligé d'envoyer, à trois reprises, à Rome, son collègue Alphonse Badaja, avec la mission de le défendre contre les accusations de ses ennemis.

Alexandre VI voulut même, dit-on, le dépouiller de la puissance dont il l'avait investi; mais, retenu par des considérations politiques, il se contenta de lui adjoindre quelques archevêques et évêques de Sicile ou d'Espagne.

CHAPITRE V.

Suite de l'inquisition. — Son origine en Portugal. — Saavedra et son valet Franco Caldéraon. — Utilité de la calligraphie. — Escapades de Saavedra et de Franco. — Entrée à Covilhas. — Le faux bref du pape. — Le faux cardinal. — Le faux inquisiteur. — Saavedra et le père de la foi. — Grandeur de Saavedra; béatitude de Franco Caldéraon. — La comtesse de Vasconcellos y Souza. — Juana la Cordouane. — Antonio da Costa, l'alguazil. — Comment une comtesse n'est pas à l'abri de l'amour d'une mouche. — Da Costa et Juana dans la prison. — Saavedra en tournée. — Honneurs rendus à son éminence le cardinal inquisiteur. — Le festin de Nieva. — Prodigieux sang-froid de l'imposteur. — Un gouverneur qui réfléchit. — Décadence de Saavedra. — Ses prisons. — Ses mémoires.

I.

Par une belle soirée d'été, à quelque distance de Covilhas, ville du royaume de Portugal, située près de la montagne Estrella, dans la province de Beira, deux hommes, le maître et le valet, étaient nonchalamment allongés sur l'herbe.

De ces deux hommes, l'un s'appelait dom Miguel Gutticrez Saavedra, c'était le maître, et l'autre Franco Caldéraon, c'était le valet.

Mais à part la distinction naturelle du premier, ses manières élégantes, son costume particulièrement riche, il régnait une telle intimité de langage entre les deux personnages, qu'au prime abord, si l'on n'eût écouté que leur conversation, on n'eût pu distinguer le valet du maître.

Guttierez Saavedra et Franco Caldéraon étaient deux amis, et ni la bonne ni la mauvaise fortune n'avait pu les séparer.

Saavedra avait trente ans à cette époque, c'est-à-dire le 20 août de l'année 1539.

C'était un grand garçon, admirablement taillé, mais chez lequel la force n'excluait pas l'élégance, et qui eût passé pour un parfait gentilhomme dans les meilleurs salons de Madrid ou de Lisbonne.

Il portait son riche costume avec aisance; sa main le disputait en blancheur aux dentelles de Flandre qui tombaient de ses manches, et nul n'avait meilleur air à porter une épée.

Du reste, Franco Caldéraon ne le cédait en rien à dom Miguel Guttierez Saavedra; et si le second était le roi des gentilshommes de l'Espagne, le premier tenait certainement la tête parmi les valets de ces mêmes gentilshommes.

C'étaient deux hommes heureusement assortis, et que la nature semblait avoir faits exprès l'un pour l'autre.

La Péninsule est sans doute un pays béni du ciel.

Il faisait une journée magnifique.

Autour d'eux, le paysage était riant et parfumé; de tous côtés, une végétation luxuriante, une richesse prodigue; des lauriers-roses, des orangers, des grenadiers en fleurs; à leurs pieds, un ruisseau qui murmurait doucement sur son lit caillouteux : c'était un horizon de fruits, de fleurs, de verdure enchantée, et le vent tiède n'apportait que de délicieuses senteurs.

Saavedra et Franco paraissaient jouir profondément du spectacle de la nature, et depuis une demi-heure, ils n'avaient pas échangé une parole.

Franco Caldéraon fut le premier à rompre le silence.

Il se leva sur son séant, et regarda tout à coup son maître, d'un air moitié railleur, moitié curieux.

— Voilà une heure bientôt, dit-il, que nous sommes allongés au soleil, ainsi que des lézards, Monseigneur; m'est avis que ce n'est pas là une position qui convienne à des gens bien nés, et que nous devrions songer à en trouver une autre.

— Par saint Jacques de Compostelle! j'y songeais, répondit le seigneur Miguel Saavedra; la vie que nous menons depuis quelques jours me semble un problème, et j'ai hâte d'arriver à une solution; mais, mon pauvre Franco, l'homme n'a à son service qu'un certain nombre fort restreint de ruses et de stratagèmes; ce nombre une fois épuisé, que veux-tu faire?

— Vous calomniez l'espèce humaine et votre imagination, Monseigneur; je vous ai connu plus confiant dans l'avenir, dit Franco.

— Ah! tu as raison Caldéraon, tu as raison, reprit Saavedra, il fut un temps où les ducats affluaient dans notre caisse, où nous étions riches, heureux, aimés.

— C'était le temps où vous étiez commandeur de l'ordre militaire de Saint-Jacques, ajouta complaisamment Franco, et les effets royaux nous valaient trois cent soixante mille ducats. Le bon temps, Saavedra! le bon temps, dom Miguel Guttierez! le bon temps, Monseigneur! le bon temps, mon pauvre camarade!

— Et quelle existence! poursuivit ce dernier, en se laissant aller sur la pente facile des souvenirs heureux, et sans se formaliser de la familiarité de son valet; nous avions des amis, des maîtresses, des chevaux, des laquais; on nous fêtait, on nous caressait, on nous adorait; nous jetions l'or à pleines mains sur notre route, et l'or nous revenait, sans que notre désir l'appelât. Franco, il faut que ce temps mort ressuscite!

— Je ne demande pas mieux, Monseigneur!

— Il faut que nous rentrions dans le monde par cette porte dorée, que nos folies ont close; il faut que nous fassions revenir à nous, ne fût-ce que pour les châtier, tous ces amis qui nous ont abandonnés, toutes ces maîtresses qui nous ont trahis.

— Tudieu! toutes, Monseigneur!

— Toutes!

— C'est beaucoup!.. mais que Monseigneur parle, j'obéirai.

— Parler! parler! fit Saavedra, comme si cela suffirait!...

— Alors, que Monseigneur écrive, fit Caldéraon, avec un accent étrange.

Saavedra ne répondit pas, mais il frissonna malgré lui, au dernier mot prononcé par son valet.

Ce dernier mot avait, en effet, une terrible portée.

Miguel Guttierez Saavedra était né à Cordoue. Son père était capitaine dans un régiment d'infanterie, et membre perpétuel de la municipalité de cette ville, en vertu d'un droit acquis par sa famille : sa mère, Anne de Guadagne, sortait d'une maison noble, comme celle de son mari.

Le jeune Saavedra avait été élevé près de ses parents; mais, dès l'âge le plus tendre, il montra des qualités dont, dans le principe, on ne comprit pas tout le danger.

Saavedra excellait dans l'art graphique. Cela enchantait ses parents. Mais dès qu'il eut atteint l'âge de raison, il ne tarda pas à tirer de ce talent un parti tout à fait inattendu.

Doué d'un génie particulier et d'un degré d'instruction remarquable, Miguel Guttierez Saavedra s'exerça pendant quelque temps à forger des bulles apostoliques, des ordonnances royales, des provisions des conseils et des tribunaux, des lettres de change, et les signatures d'un grand nombre de jurisconsultes éminents. Il les imitait avec tant d'adresse et de perfection, qu'il parvint à s'en servir, sans que personne doutât de leur authenticité, et à se faire passer même pour chevalier-commandeur de l'ordre de Saint-Jacques, dont il toucha les revenus, qui étaient de trois mille ducats pendant l'espace d'un an et demi.

C'est ainsi qu'il avait acquis; avec des effets royaux également contrefaits, la valeur de trois cent soixante mille ducats.

Une somme folle. eu égard au temps!

Avec de pareilles ressources, il avait mené grand état, et s'était mis à parcourir l'Espagne avec un nombreux domestique; mais le soupçon de ses prouesses commençait à transpirer.

Il ne pouvait pas toujours vivre sur le trésor royal, qu'il aurait fini, d'ailleurs, par épuiser, tant il allait de bon cœur! Il était, en outre, autorisé à croire que les alguazils avaient son signalement.

Dom Miguel Guttierez de Saavedra s'était donc décidé à quitter l'Espagne et à passer en Portugal, où, du moins, la police n'avait contre lui aucune prévention défavorable.

De tous ses anciens serviteurs, il n'avait emmené avec lui que l'honnête Franco Caldéraon, gaillard à toutes mains, qui jouait du stylet aussi bien qu'il raclait de la guitare.

Un de ces valets que Lope de Vega inventa un beau soir, et qui sont restés vivants et nombreux en Espagne.

A ce propos, si vous aviez la possibilité de créer quelqu'un, ô lecteur, comme Pygmalion, le statuaire, est-ce que vous iriez créer Galathée?

En conscience, — le besoin de Galathée se fait-il sentir?

Lope de Vega semble avoir été moins nigaud que le sculpteur antique. Avec un seul Frontin, on se procure par an trois cent soixante-cinq Galathées.

Encore n'ont-elles pas cet arrière-goût de marbre que devait garder la vraie Galathée.

La frontière d'Espagne était franchie.

Malheureusement, les ducats étaient aussi nécessaires pour vivre en Portugal qu'en Espagne, et Saavedra, qui n'avait plus sou ni maille, dut s'en apercevoir tout de suite.

C'est à ce moment que nous l'avons présenté au lecteur, qui peut, maintenant, se rendre compte de l'effet produit sur son esprit par les dernières paroles de Franco.

Franco venait de parler de corde devant un pendu.

Saavedra se leva, et fit signe à son valet de le suivre.

Ils partirent ensemble.

La nuit commençait à tomber ; l'ombre envahissait déjà les chemins ; ils prirent la route de Tabilla, dont ils n'étaient guère séparés que par une lieue de distance.

Pendant tout le trajet, Saavedra demeura fort pensif, ne répondant que par des monosyllabes aux nombreuses questions que Franco lui adressait.

Il songeait qu'il lui faudrait peut-être renoncer à cette vie d'aventures qui lui allait si bien, retourner à Cordoue, où son père ne lui offrirait que les plaisirs sévères d'une modeste et honorable existence, à supposer que son père lui offrît quelque chose, après tous ses méfaits.

Cela ne pouvait lui convenir.

Saavedra était maintenant fait à cette vie insouciante et libre, pour laquelle toutes les ressources de son génie inventif suffisaient à peine ; il serait mort d'ennui s'il lui eût fallu y renoncer.

Et puis, il ne pouvait retourner en Espagne ; les alguazils lui eussent sans doute fait un mauvais parti ; il fallait, à tout prix, tenter une nouvelle fortune.

C'était bien aussi l'opinion de Franco Caldéraon, que la police d'Espagne avait eu plusieurs fois le plus vif désir de se procurer, et sur lequel elle n'avait jamais pu mettre la main.

Franco retrouvait en Portugal toute son indépendance, toute son activité, tout son esprit. Il n'avait plus de préoccupations qui l'absorbassent, et pouvait marcher à son aise, sans craindre, à chaque détour de rue, de se trouver nez à nez avec un alguazil de malheur !

Saavedra et Franco arrivèrent une heure après, environ, à Covilhas, et se logèrent au meilleur hôtel de la ville.

Ils n'en usaient jamais autrement.

Le costume de Saavedra inspirait naturellement la confiance ; il avait une tournure distinguée qui attirait tous les regards, et l'exiguité de ses ressources ne l'empêchait pas de mener un train de prince.

Peu de jours après son arrivée, il était déjà connu de toute la ville comme un personnage important, chargé d'une mission secrète, auprès du roi de Portugal, et cachant avec discrétion le motif réel de son voyage.

Saavedra fréquentait les promenades et les églises, et allait beaucoup dans le monde ; toute la ville s'extasiait sur ses belles façons ; les femmes le trouvaient charmant, les hommes voyaient en lui un compagnon agréable.

En un mot, à Covilhas, petit trou de la montagne Estrella, connu autrefois à Madrid, à Salamanque ou à Tolède, dom Miguel Guttierez Saavedra avait un succès d'enfer.

Ceci se passait quelque temps après la confirmation, par le pape Paul III, de l'institut des Jésuites.

Il y avait alors, dans la ville de Covilhas, un prédicateur, père de la Foi, qui y faisait fureur. Ses sermons étaient suivis avec une grande assiduité, et on se l'arrachait dans les meilleures maisons.

Ce prêtre était muni, disait-on, d'un bref apostolique qui l'autorisait à fonder un collége de sa compagnie dans le royaume de Portugal, et ne devait, en conséquence, rester que fort peu de temps à Covilhas.

Un jour, il reçut une invitation fort gracieuse de Saavedra, qui le priait à dîner.

Comme le seigneur Saavedra s'était posé à Covilhas d'une façon toute particulière, cette invitation parut au prêtre une chose fort honorable, et il s'y rendit.

Saavedra fut adroit; il parla beaucoup des personnes de la cour, prouva, par les détails qu'il sut négligemment jeter, qu'il en connaissait quelques-unes, et des plus puissantes, — avoua qu'il était lui-même chargé d'une mission importante; que sans doute lui et le père de la Foi auraient occasion de se revoir, et qu'il se ferait un véritable plaisir de protéger une institution pareille à celle de la compagnie de Jésus.

Le prêtre, qui se nommait Antonio de La Cerda, était fort intrigué, il demanda à Saavedra de quelle nature était sa mission; celui-ci sonna son valet, et lui ordonna de lui apporter une certaine cassette précieuse, enfermée dans sa valise de voyage.

Le valet revint presque aussitôt, tenant à la main la cassette, qui fut aussitôt ouverte.

Saavedra en tira alors un parchemin qu'il montra à son convive.

Ce dernier l'examina, regarda à diverses reprises le seigneur Saavedra, avec les marques du plus profond respect, et finit par baiser dévotement les sceaux qui pendaient au parchemin.

— Eh bien! fit Saavedra, sans laisser paraître la moindre émotion, qu'en dites-vous?

— Que Dieu bénisse votre illustrissime et très-pieuse excellence! répondit le père de la Foi; — je vous demande humblement votre bénédiction.

Ce parchemin était tout simplement un bref que Saavedra avait fabriqué quelques jours auparavant, et qui l'instituait légat *à latere*, pour établir l'inquisition en Portugal, lorsque le souverain y aurait donné son consentement.

— Rien ne manque à ce bref, ajouta le père de la Compagnie de Jésus, et je dirai plus, je considère cet établissement comme un des plus grands bienfaits que le pape puisse accorder au Portugal.

— C'est aussi mon avis, dit Saavedra, et avant un mois, je serai près du roi.

— Dans un mois donc, dit le jésuite, j'aurai l'inappréciable honheur de revoir un homme comblé de la confiance du père commun des fidèles.

— Dans un mois! répondit Saavedra.

Et les deux convives se séparèrent, enchantés l'un de l'autre.

Saavedra était ravi du résultat de sa première épreuve; mais cela ne lui suffisait pas.

Il chargea Franco Caldéraon de lui procurer quelques ducats. Franco imitait les clefs, comme son maître imitait les signatures. Il dévalisa lestement un petit marchand de Covilhas. — Avec le fruit de cet exploit, Saavedra passa de nouveau la frontière, et vint à Ayamonto, dans le royaume de Séville.

Le provincial des moines Franciscains d'Andalousie y était arrivé depuis peu, venant de Rome. Saavedra eut l'idée de faire une expérience, pour s'assurer si la bulle passerait près de lui, comme près du jésuite de Covilhas, pour authentique et valable.

C'était un homme de précaution que ce seigneur Miguel Guttierez de Saavedra, gentilhomme Cordouan et calligraphe! Il dit au provincial que des particuliers, qui couraient la poste en Portugal, avaient laissé tomber sur la route un parchemin, et lui montra le sien, en le priant de lui dire si cette pièce était importante, parce que, si elle l'était, il ne perdrait pas un moment pour la faire parvenir à celui qui l'avait égarée.

Le provincial prit le parchemin pour un écrit original, et pour une véritable bulle; il en fit connaître le contenu à Saavedra, et s'étendit beaucoup sur les avantages qu'elle devait procurer au royaume de Portugal.

Saavedra n'avait plus peur des alguazils, il alla droit à Séville, et prit à son service, en outre de Franco Caldéraon, deux confidents, dont l'un devait lui tenir lieu de secrétaire, et l'autre de majordome.

Il acheta des litières et de la vaisselle d'argent, et se fit disposer un costume de cardinal romain.

Il envoya ses deux affidés à Grenade, pour engager des domestiques; puis il leur ordonna de se rendre ensuite à Badajoz, et d'y répandre le bruit qu'ils étaient : « les familiers d'un cardinal, venu « de Rome, qui devait traverser cette ville, pour se rendre en Por- « tugal, et, par ordre du pape, y établir l'inquisition. Ils devaient « aussi annoncer qu'il ne tarderait pas à arriver, parce qu'il voya- « geait en poste. [1] »

Outre la bulle qui l'instituait légat *à latere*, Saavedra avait fabriqué des lettres de Charles V et du prince Philippe, son fils, pour le roi de Portugal, Jean III, qui devaient lui servir d'introduction auprès de ce monarque.

Saavedra n'était certainement pas un coquin ordinaire!

Tous ses plans avaient été combinés avec un art merveilleux, et la comédie eut un plein succès à Badajoz.

Depuis quelques jours, le bruit de son arrivée, habilement répandu, avait mis en émoi une partie de la ville.

Bien que l'établissement de l'inquisition en Portugal effrayât bon nombre de gens, tous les habitants avaient le plus vif désir de voir un cardinal, arrivant de Rome, dans son splendide costume rouge.

Au jour indiqué, la foule se porta en masse vers son hôtel, et quand la chaise de poste parut, Franco Caldéraon, le secrétaire, le majordome, et tous ses gens, l'entourèrent avec empressement, et lui baisèrent religieusement les mains, avec tout le respect dû à un légat *à latere*.

La foule suivit cet exemple, et se prosterna humblement sur son passage.

[1] Llorente. — Inquisition d'Espagne.

Saavedra passa quelques jours à Badajoz, au milieu des honneurs de toutes sortes; puis il envoya, enfin, Franco à Lisbonne, avec ses bulles et ses papiers, afin que la cour, prévenue de son arrivée prochaine, ordonnât les dispositions nécessaires pour le recevoir.

Cette nouvelle produisit une profonde sensation à la cour de Lisbonne, où l'on ne s'attendait à rien moins qu'à une pareille nouveauté; mais la bulle était formelle, les lettres de Charles V et de Philippe étaient pressantes.

C'était bien, d'ailleurs, un cardinal que le pape dépêchait vers Jean III, il fallait toujours le recevoir, sauf à aviser plus tard au moyen d'éluder l'établissement de l'institution, que l'on redoutait.

Le roi envoya donc à la frontière un grand seigneur de sa cour, don Ramon Tellez da Valdanha, pour y recevoir Saavedra, qui, l'ayant suivi, fit son entrée à Lisbonne quelques jours après, entouré d'un concours de peuple immense, qui ne savait, comme à Badajoz, quel respect lui témoigner.

Saavedra passa ainsi plus d'un mois, environné de la plus grande considération.

II.

Miguel Guttierez de Saavedra était jeune encore à cette époque, et mille passions ardentes emplissaient son cœur. Les femmes de Lisbonne étaient belles, la robe qu'il portait lui donnait de trop grandes facilités, il ne négligea aucune des occasions que le hasard ou l'amour lui offrirent.

Au nombre des grandes dames qui voulurent l'honorer de leurs faveurs, il y en eut une surtout qui mit dans son abandon une certaine ostentation, et qui fit, pour montrer sa honte, autant d'efforts que d'autres en mettent habituellement à la cacher. C'était la jeune veuve du comte Jean de Vasconcellos y Souza ; beaucoup de prétendants l'entouraient.

Elle était à peine âgée de vingt-quatre ans, vive, brune, spirituelle, jalouse, ayant enfin toutes les qualités charmantes, tous les séduisants défauts des femmes de la Péninsule.

Saavedra s'abandonna à cet amour, sans arrière-pensée, et but, jusqu'au fond, cette coupe d'oubli que la jeune femme lui présentait.

Un jour, Saavedra se trouvait seul dans le palais qu'il occupait à Lisbonne, et il songeait à cette merveilleuse position que son génie lui avait acquise.

Cardinal ! il était cardinal !

Il y avait un mois déjà qu'il habitait la capitale du Portugal, et aucun soupçon n'était encore venu ébranler la confiance qu'il inspirait à tous.

La difficulté des communications et l'absence des relations diplomatiques permanentes le favorisaient à ce point que son imposture pouvait rester encore longtemps impunie.

Le roi paraissait l'avoir pris en une affection particulière, et il avait tout fait, d'ailleurs, pour ne point effrayer les consciences timorées ou éveiller les craintes des peureux.

Il avait institué un tribunal qui ne fonctionnait pas, qui restait immobile et muet comme Saavedra lui-même.

Cette réserve plaisait également à tous.

Saavedra n'en demandait pas davantage.

Il était choyé, fêté, aimé par toutes les notabilités de la cour ; il habitait un palais, on lui rendait les honneurs dûs à son rang usurpé : il puisait enfin, à pleines mains, dans le trésor royal.

Que lui fallait-il de plus?

Il eût vécu ainsi, pardieu ! jusqu'à la fin de ses jours !

Mais il le comprenait bien lui-même, une telle existence ne pouvait durer ; il fallait que cela eût une fin, et la fin, il le prévoyait, devait être bien triste.

La privation de tous ces biens, dont il s'était fait une douce habitude, ne lui souriait guère, et déjà l'esprit de Saavedra cherchait un nouveau moyen de sortir d'embarras.

La nuit était sombre au-dehors ; il tombait une pluie fine et serrée ; des nuages lourds et noirs couraient dans le ciel.

Saavedra se promena, de long en large, à travers sa chambre.

— Bah ! se dit-il tout à coup, en secouant rudement les préoccupations fâcheuses qui l'avaient absorbé un moment, qu'importe ! j'ai devant moi un grand mois encore ; d'ici-là, je puis jouir en paix des ressources que mon génie me donne !... à quoi bon s'attrister ; pourquoi se mettre une ride au front, un amer souci dans le cœur !... dans un mois, nous aviserons !...

Saavedra sourit, car déjà, peut-être, il avait trouvé, dans sa pensée, le moyen de se soustraire, le cas échéant, aux indiscrétions de la police du Portugal !

En ce moment, cependant, la porte de son appartement s'ouvrit tout à coup, et Franco Caldéraon se précipita haletant dans la chambre.

Saavedra recula de deux pas, en remarquant sa figure bouleversée, et courut à lui :

— Franco, lui dit il avec vivacité, qu'y a-t-il ? quel malheur nous menace ? pourquoi es-tu ainsi, pâle et épouvanté ?

— Un malheur, monseigneur, vous l'avez dit, un grand malheur ! répondit le valet, avec un air de désespoir.

— Mais encore ? fit Saavedra.

— Juana, monseigneur...

— Juana !

— Elle-même !...

— C'est impossible !

— Je l'ai vue, elle est dans l'antichambre; elle veut voir monseigneur; elle menace de tout révéler!...

— Nous sommes perdus! fit Saavedra avec accablement.

— C'est ce que j'ai pensé, monseigneur; mais il faut prendre un parti, car elle attend.

— Dis-lui que je n'y suis pas.

— Je lui ai dit que vous y étiez...

— Malheureux!...

— Eh! à quoi bon reculer, monseigneur? si ce n'est point aujourd'hui, ce serait demain; l'entrevue ne peut pas être évitée, il faut la recevoir.

— Mais que lui dire?

— Tout ce que vous voudrez.

— Ah! Franco, Dieu veuille que tout ceci ne tourne pas mal! Va... et fais-la entrer.

Franco disparut; et peu après, il rentrait menant par la main celle qu'ils avaient appelée Juana.

Juana était une grande et belle fille, des environs de Cordoue, qui pouvait avoir vingt ans environ.

. Elle était forte, et portait sur son visage altier les indices caractéristiques d'une fermeté peu commune.

Juana était de la campagne; Saavedra l'avait séduite un jour de désœuvrement.

Depuis lors, Juana l'avait presque toujours suivi, passant tantôt pour sa servante, tantôt pour la femme de Franco, rarement pour sa maîtresse.

Il était arrivé qu'un jour cette compagnie avait paru embarrassante à Saavedra, et il était parti, non-seulement sans lui dire adieu, mais encore sans lui laisser son itinéraire..

Mais l'amour d'une femme est singulièrement ingénieux, il a mille ruses, mille ressources que l'on ne saurait soupçonner.

G Staal del. Ferdinand sculp.

MIGUEL DE SAAVEDRA ET JUANA.

Imp. de Mangeon 67, r. St Jacques Paris

Juana partit à pied, de Cordoue; elle alla dans la plupart des villes où Saavedra avait passé et séjourné, suivit avec un singulier bonheur le même itinéraire que son amant, et arriva ainsi jusqu'à Lisbonne.

Juana n'avait aucun moyen d'existence : elle avait emporté avec elle une guitare, et elle chantait le long de la route.

Heureusement, les recettes avaient suffi pour la conduire jusqu'à Lisbonne; car une fois là, elle savait bien que son amant pourvoirait à tout ce dont elle avait besoin.

Juana était encore en habit de voyage, la pluie et la boue avaient mouillé ses vêtements et ses souliers; elle s'arrêta toute interdite, en se trouvant en face de Saavedra, habillé de rouge comme un vrai cardinal.

Et d'abord elle ne le reconnut pas.

Elle hésita, tremblante, émue, se demandant si elle ne rêvait pas, si elle était bien éveillée. Mais c'était bien Saavedra, c'était bien son amant que cachait ce costume de cardinal; elle rougit, croisa un moment ses deux bras sur son cœur, pour en comprimer les battements, et se précipita enfin vers Saavedra avec un cri de joie.

— Miguel! Miguel! lui dit-elle, c'est bien toi!... Oh! Dieu a exaucé mes prières et béni mon voyage! Maintenant, je puis mourir.

— Juana! balbutia Saavedra, ne sachant trop que répondre.

— Si tu savais... commença Juana.

Mais le danger de sa présence était trop réel; à chaque instant, quelque étranger pouvait s'introduire près de Saavedra; il importait à sa sûreté de couper court à toutes ces explications, et de remettre, à un moment plus favorable, une entrevue si compromettante.

Franco comprit la situation à merveille, et s'étant approché de son maître, il lui dit, à voix basse, mais de manière cependant à être entendu de Juana :

— Monseigneur n'a pas oublié, sans doute, que le comte de

Douro le doit venir visiter ce soir; monseigneur comprendra qu'il serait perdu, si le comte trouvait une femme dans ses appartements!...

Juana se tourna vers Franco, et le regarda avec fixité, comme pour s'assurer qu'il ne mentait pas; puis elle se retourna vers Saavedra :

—Quelque danger te menacerait-il, dit-elle d'une voix tremblante, et ma présence serait-elle compromettante pour toi?

— A-t-on dit cela? murmura Saavedra.

— Prononce un mot, ajouta Juana, et je m'éloigne.

— Eh bien! répondit le faux nonce, Franco avait raison, Juana, ce soir, ta présence ici est peut-être un danger pour moi, et malgré la joie que ton retour m'inspire, je l'avoue...

— A demain, dit Juana, en lui prenant les deux mains, à demain, Miguel, et que Dieu veille sur tes jours!...

Et sans plus attendre, la jeune femme s'éloigna en essuyant une larme qui était tombée de ses yeux.

Les deux hommes restèrent seuls.

Saavedra était fort agité. Il entrevoyait mille dangers, depuis que Juana était revenue, et maintenant, il n'avait plus qu'un désir, celui d'en finir à tout prix, avec cette situation qui le menaçait.

Il se promena à travers la chambre, et prononçait de temps à autre quelques paroles sans suite.

Franco Caldéraon, lui, s'était jeté dans un fauteuil, et sans prendre garde à l'attitude de son maître, il réfléchissait.

Franco se disait que la vie est courte, et qu'il faut employer tout son esprit à la passer le plus agréablement possible; que la position qu'ils occupaient en ce moment, était sans contredit la meilleure qu'ils eussent jamais eue, et qu'il fallait à tout prix la conserver; que Juana était jalouse, et par conséquent fort dangereuse; et qu'enfin, si Saavedra se montrait, dans cette circonstance, craintif et irrésolu,

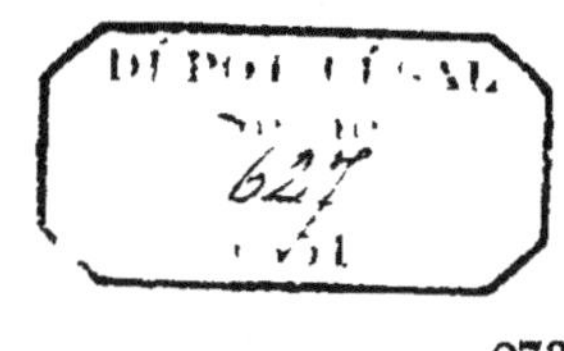

il importait que son valet eût du courage et de la résolution pour lui?

C'était comme cela que Lope de Vega faisait les valets!

Et cependant, non, c'était quelque autre, et non point Lope de Vega qui avait fait ce valet, car Lope de Vega naquit seulement quelques années plus tard.

Mais voilà des détails chronologiques qui n'inquiètent jamais les écrivains *populaires*, engraissés de jésuites, indigérés de Bastille.

Que l'*Être suprême* les bénisse!

Franco Caldéraon arrêta Saavedra au milieu de sa promenade, et cherchant à lui faire sentir tout le danger de la position :

— Monseigneur, lui dit-il brusquement, ne vous semble-t-il pas que la belle Juana est arrivée bien mal à propos?

Saavedra soupira sans répondre, et continua sa promenade à travers la chambre.

Il n'était que trop de l'avis de son valet!

— Fâcheux contre-temps, monseigneur, poursuivit Franco, fâcheux contre-temps, car si la cour vient à savoir sa présence à Lisbonne, si surtout Juana apprend vos relations avec la comtesse de Vasconcellos y Souza, nous sommes perdus, monseigneur, perdus sans retour!

— Tu as raison, fit Saavedra.

— Elle aurait mieux fait de rester à Cordoue, assurément!

— Mais enfin, elle est à Lisbonne, dit Saavedra, avec un peu d'impatience, sa présence est un danger pour nous, nous ne pouvons rester toujours sous le coup d'une menace terrible, il faut sortir de cette situation impossible, il faut à tout prix nous affranchir de ce danger...

— C'est mon opinion, dit Franco.

— J'en suis charmé...

— Mais comment sortir de cette position, interrompit le valet avec importance ; — comment nous affranchir du danger?

— En quittant Lisbonne!

Franco Caldéraon ne s'attendait pas du tout à cette réponse.

Il fit une grimace épouvantable.

— Fuir! s'écria-t-il, fuir comme des voleurs, comme des criminels, et ce qui est pis, comme des marauds!...

—Aimes-tu mieux aller sur les galères du roi? demanda Saavedra.

— Ah! monseigneur, qu'avez-vous fait de cette imagination, de cet esprit, de ce génie qui nous a déjà tirés tant de fois des piéges que l'on nous a tendus! Croyez-en votre très-humble valet, monseigneur le cardinal, la position est bonne pour votre éminence, il faut la garder.

— Mais que faire alors, demanda Saavedra avec vivacité, que faire, quels moyens prendre? d'un instant à l'autre, la position s'embarrassera, et Dieu sait si dans quelques jours même nous aurons le temps de fuir.

Franco Caldéraon prit sa tête dans ses mains, et parut réfléchir. Puis, il releva tout à coup le front, et regarda son maître.

— Monseigneur veut-il me permettre de lui donner un conseil? dit-il d'un air d'audace qui lui était habituel.

— Voyons le conseil, répondit Saavedra d'une voix railleuse.

— Son Eminence tient-elle particulièrement à la position qu'elle occupe?

— Eh! sans doute.

— Veut-elle la conserver?

— Parbleu!

— Alors, il n'y a qu'un moyen.

— Lequel?

— Faire partir Juana.

— Elle n'y consentira jamais.

— Qu'importe, qu'elle y consente, pourvu qu'elle parte!.. qu'elle disparaisse, qu'elle ne revienne plus!

Saavedra haussa les épaules.

— Tu ne connais pas Juana, répondit-il ; tu pourras l'enlever un soir, dans les rues de Lisbonne, la transporter à l'autre bout du monde; Juana est une femme qui retrouvera son chemin à travers l'Europe entière, et qui reviendra, cette fois, avec un désir implacable de vengeance. C'est un mauvais moyen que celui que tu me proposes, ami Franco ; avec Juana, il faut beaucoup de prudence, une extrême réserve ; sans cela, nous serions infailliblement perdus.

— Monseigneur ne m'a pas tout à fait compris, répliqua Franco, avec un sourire presque sinistre.

— Qu'est-ce donc? fit Saavedra, sans prendre garde à la singulière expression qu'avait revêtue le visage de son valet.

Ce dernier se rapprocha mystérieusement du faux cardinal, et baissant encore le ton de sa voix :

— Toutes les objections que vous me faites, dit-il, je me les étais faites à moi-même, Monseigneur; aussi, n'est-ce pas précisément d'un enlèvement que je voulais parler.

— Cependant! fit Saavedra.

— Juana pourrait revenir, et elle reviendrait, en effet, poursuivit Franco ; or, il ne faut pas qu'elle revienne.

— Que prétends-tu donc faire? demanda Saavedra qui commençait vaguement à comprendre.

— La mettre dans l'impossibilité de revenir.

— Comment?

— La société de la Garduna a des membres jusqu'à Lisbonne, Monseigneur, et elle se chargerait volontiers, moyennant quelques ducats..

— La tuer! s'écria Saavedra.

— Chut! fit Franco.

— La tuer! répéta Saavedra, tuer Juana... la récompenser par la mort du dévouement sans bornes qu'elle nous a toujours témoigné!

Franco, voilà une parole indigne, une pensée dont je ne te croyais pas capable.

— Monseigneur! fit Caldéraon interdit.

— Tais-toi, continua Saavedra avec colère; ce que tu proposes est infâme, mieux vaut encore l'amour de Juana que celui de la comtesse; ne nous imposons pas des remords sanglants. J'aime mieux partir, fuir la cour, renoncer à cette vie facile qui nous y est faite, plutôt que de descendre à commettre un pareil crime.

— Pourtant, Monseigneur, j'avais pu croire.. balbutia Caldéraon.

— Tu as eu tort, dit Saavedra, ma conduite passée n'autorisait pas de pareils soupçons, et si je n'écoutais que ma colère et mon indignation, je t'aurais chassé sur-le-champ de ma présence.

— Que Monseigneur me pardonne! dit humblement le valet de tragi-comédie; résignons-nous donc, et sachons tomber avec grâce: si ce n'est pas Juana, c'est la comtesse qui parlera; elle est puissante, et bien qu'elle ne sache pas tous vos secrets, elle en a pénétré une partie.

Saavedra s'agitait et essuyait la sueur de son front.

— Eh bien! dit-il pour la troisième fois, il faut partir!.. partir cette nuit même... tu feras tous les préparatifs nécessaires, et demain, nous serons loin de Lisbonne.

— Mais la cour?

— J'ai mon plan, répliqua Saavedra, nous partirons, nous continuerons la même existence, nous gagnerons ainsi un port de la Méditerranée, et une fois là, nous passerons en Italie.

— En Italie! s'écria Franco stupéfait, si près du pape!

— Oui, si près du pape!

— Soit, dit Franco, que la volonté de Monseigneur soit faite, mais Juana?

— Elle restera à Lisbonne.

— Seule?

— Seule.

— Et vous ne craignez pas qu'elle vous dénonce?

— Juana m'aime, dit Saavedra, elle ne me trahira que par jalousie.

— Ne vaudrait-il pas mieux s'assurer d'elle? objecta Franco.

— Et comment?

— Le *tribunal secret!*

Saavedra parut réfléchir.

— Au fait, dit-il enfin, il nous faut un mois encore pour le voyage que je projette; on peut la tenir enfermée d'ici là... une fois partis, une fois hors du Portugal, qu'importe! on pourra la mettre en liberté.

Franco sortit sans répondre, donna les ordres nécessaires, et le lendemain, Miguel Guttierez de Saavedra quittait Lisbonne, suivi de ses gens, dans le but d'aller visiter le Portugal, et établir sur divers points des tribunaux semblables à celui de la capitale.

III.

Quelques heures après la scène que nous avons rapportée plus haut, Juana se trouvait seule dans une chambre d'un misérable hôtel situé à l'une des extrémités de Lisbonne, derrière le couvent de l'Annonciade.

Juana était profondément triste, et une vague inquiétude pesait sur son cœur.

Sans savoir pourquoi, elle redoutait un malheur, et le souvenir de son entrevue avec Saavedra mettait des larmes au bord de ses paupières. C'était la première fois que Miguel la recevait aussi froidement, la première fois qu'il ne l'accueillait pas avec une bonne et douce parole.

Miguel ne lui avait même pas donné un mot d'explication pour sa fuite que la pauvre fille eût si facilement excusée.

Juana se rappelait les beaux jours écoulés de son amour, elle se revoyait passer enivrée, suspendue au bras de son amant, à travers la campagne embaumée de Cordoue.

Alors le printemps était dans son cœur, sa vie était un long enchantement, elle aimait, elle était aimée; toutes les voix de la nature semblaient chanter son amour.

Heureuse Juana! le présent n'avait pas d'amertume, l'avenir ne lui inspirait aucune inquiétude, l'amour lui versait l'oubli dans une coupe d'or!

Une année entière s'était passée ainsi; une année pendant laquelle Saavedra lui-même avait déployé toutes les ardeurs d'un cœur jeune et vivement touché.

Juana ferma le livre de ses souvenirs à cette page aimée, et si souvent parcourue déjà, et elle se revit seule, triste, abandonnée dans une misérable auberge de Lisbonne, bien près de son amant, il est vrai, mais séparée de lui, maintenant, par des intérêts contraires.

Son cœur se serra.

La pauvre Juana aimait Saavedra avec cette plénitude de passion que les femmes apportent parfois dans leurs amours. Aimer Miguel, pour elle, c'était vivre!

Elle aurait bien consenti à mourir pour son amant, mais renoncer à lui eût été au-dessus de ses forces.

Juana passa une partie de la nuit dans les sombres réflexions que sa position lui inspirait. A chaque instant, elle s'attendait à voir Saavedra ou Franco; et chaque heure qui s'écoulait lui enlevait, une à une, ses plus chères espérances.

Enfin, les premières heures du jour dorèrent ses fenêtres; elle était brisée de fatigue, d'inquiétude, de douleur, ses paupières se fermaient d'elles-mêmes, le sommeil engourdissait ses membres; elle se jeta sur son lit, et prit quelques heures de repos.

Quand elle se réveilla, le soleil était déjà au milieu de sa course, et personne n'était encore venu la demander.

Un si long retard, de la part de Saavedra, pouvait lui paraître étrange, même après la froide entrevue de la veille, au moment où elle venait de lui donner une preuve si admirable d'amour.

Juana pleura, accusa l'oubli, l'indifférence de son amant, et finit par prendre la résolution d'aller trouver, une seconde fois, le faux cardinal jusque dans son palais.

Juana craignait cependant de mécontenter son amant, de le compromettre, de le perdre, peut-être : elle avait peur d'éveiller les soupçons par son importunité ! Mais son amour fut plus fort que sa raison, et, vers le soir, elle sortit, et se dirigea vers le palais qu'habitait Saavedra.

Son cœur battait ; elle avait jeté un voile épais sur son visage, elle hâtait le pas dans la crainte d'attirer les regards.

Enfin, elle arriva sur la place...

Mais à mesure qu'elle approchait de la maison du cardinal, elle sentait un froid glacial monter à son cœur, une terreur horrible l'envahir ; quand elle en toucha le seuil, ses jambes se dérobèrent sous elle, et un nuage passa devant ses yeux.

Elle se retint aux colonnades de marbre pour ne pas tomber.

La place n'était plus, comme la veille, remplie par un monde de curieux ; le palais n'était plus illuminé à l'intérieur, tout était désert et sombre, et on eût dit qu'un malheur avait passé par là.

Juana frémit.

Qu'était-il arrivé? Pourquoi ce changement soudain ? Quel événement avait tout à coup transformé en une vaste solitude, des lieux que, la veille encore, elle avait vus si animés et si bruyants?

Un homme passait, Juana l'arrêta.

Une émotion indicible s'était emparée d'elle ; sa poitrine était en feu, le sang brûlait ses veines, sa voix s'arrêtait étranglée dans sa gorge.

Elle désigna le palais du cardinal, et demanda pourquoi il était ainsi sombre et silencieux.

L'homme qu'elle avait arrêté la regarda avec étonnement, et lui apprit que le cardinal, qui l'habitait encore la veille, était parti le matin même, qu'il avait quitté Lisbonne, et que l'on ne savait quand il reviendrait.

Et cet homme s'éloigna.

Juana resta seule, prit sa tête dans ses deux mains, et pleura !

Ç'en était fait ; elle était abandonnée, Saavedra ne l'aimait plus, il l'avait fuie, il avait peur d'elle, qui connaissait son secret. Un amer désespoir brisa son cœur, et, sans prendre garde aux passants, elle s'abandonna à toute sa douleur.

Tant qu'elle avait conservé son espoir en l'amour de Saavedra, elle avait été forte et courageuse, elle s'était sentie soutenue par une puissance invincible, et elle avait marché résolûment ; mais maintenant, tout était changé.

Saavedra ne l'aimait plus, elle n'avait plus rien à espérer dans ce monde ; la vie allait être, pour elle, triste et désolée ; mieux valait une mort prompte qui lui donnerait l'oubli.

Elle se leva, et voulut se diriger vers l'auberge qu'elle habitait ; — mais ses forces trahirent son courage : dès les premiers pas, elle chancela, et fut obligée de se rasseoir.

Cependant, à quelques pas d'elle, un homme était debout, et la regardait.

Cet homme, Juana ne l'avait pas remarqué, mais il l'avait suivie depuis l'instant où elle avait quitté son auberge, jusqu'à celui où elle avait atteint le seuil du palais du cardinal, et maintenant, il la contemplait, debout et immobile, adossé à l'une des colonnes du palais.

Il avait une quarantaine d'années environ ; il était petit, sec, d'une vivacité singulière ; il n'avait perdu aucune des paroles, aucun des gestes de Juana, et quand il la vit retomber sans force à la place à laquelle elle était assise, il marcha vers elle, et lui frappa doucement sur l'épaule.

Juana se dressa, comme galvanisée, sous cet attouchement inattendu.

— Que me voulez-vous? dit-elle d'une voix impétueuse, en examinant d'un coup d'œil rapide l'homme qui était devant elle; qui êtes-vous? Pour quel motif venez-vous vers moi?

L'inconnu la regarda un moment avec attention.

— Vous vous appelez Juana, lui dit-il d'une voix ferme.

— Qui vous l'a dit? interrompit la jeune femme, avec une certaine défiance.

— Vous vous appelez Juana, poursuivit son interlocuteur, et vous êtes arrivée hier de Cordoue, à pieds, une guitare sur le dos; est-ce vrai? répondez!...

— C'est vrai, répondit Juana, comme fascinée par le regard de l'inconnu.

— Dès votre arrivée à Lisbonne, poursuivit ce dernier, vous avez demandé la demeure du cardinal Saavedra, et quand on vous l'eut indiquée, vous vous y rendites, sans demander même comment vous vous feriez ouvrir les portes du palais; est-ce vrai?

— C'est vrai!

— Malgré le costume que vous portiez, vous n'avez eu qu'à prononcer un nom, le vôtre, pour qu'aussitôt on s'empressât de vous recevoir.

— C'est vrai!

— Vous voyez, Juana, que je connais les principales particularités de votre court séjour à Lisbonne : eh bien! voulez-vous, maintenant, que je vous dise pourquoi ce palais, hier si bruyant, est aujourd'hui désert, et pourquoi aussi le cardinal, qui l'habitait cette nuit, est parti si précipitamment ce matin?

— Dites, répondit Juana émue.

— Le cardinal avait à Lisbonne, pour maîtresse, une des plus délicieuses femmes de la cour.

— C'est faux! interrompit Juana, avec un cri étouffé.

— C'est aussi vrai que je m'appelle Antonio da Costa, Juana, poursuivit le mystérieux interlocuteur; le cardinal a eu peur de se trouver entre deux femmes également jalouses, et il a mieux aimé les fuir toutes deux.

Juana se tordait les mains de désespoir; elle ne pleurait plus, cependant; ses larmes s'étaient séchées sur ses joues brûlantes, et son regard ardemment allumé cherchait à découvrir dans l'ombre, sur le visage de celui qui lui parlait, l'indice d'une imposture ou d'un mensonge.

Mais cet homme était impassible. Il continua:

— Voyez-vous, dit-il à Juana, il ne faut pas trop en vouloir au cardinal; sa position était fort délicate à Lisbonne; un scandale lui eût fait bien du tort à la cour, et...

— Et comment s'appelle cette femme que vous appelez sa maîtresse? interrompit tout à coup Juana.

— Cette femme, répondit da Costa, n'est autre que la comtesse de Vasconcellos y Souza.

— Elle est jolie?

Un éclair brilla dans le regard de l'inconnu.

— Belle! belle! s'écria-t-il avec enthousiasme; belle comme les saints de Dieu!

Un silence succéda.

Juana était oppressée; sa main passait, de temps en temps, rapide et crispée dans ses cheveux; elle poursuivit:

— Et lui, lui, Miguel, il l'aimait?...

— On l'a dit!

— Mais c'est faux, peut-être!...

— Qui sait?...

— Oh, c'est faux !

— Saavedra est inconstant; l'amour est pour lui un plaisir, non un culte; il n'aimait pas la marquise plus que...

— Plus qu'il ne m'a aimée, n'est-ce pas? acheva Juana, avec un accent plein d'amertume.

Antonio da Costa hésita une seconde, puis il ajouta :

— La mission dont Saavedra m'a chargé, dit-il, avant son départ, prouverait jusqu'à un certain point, senora, ou qu'il ne vous aime plus, ou qu'il vous croit bien dangereuse!

— Comment! quelle mission? fit Juana.

Da Costa tira de sa poche un parchemin, auquel pendaient les sceaux de l'inquisition, et le montra à Juana.

— Un ordre d'arrestation! s'écria la jeune femme; Saavedra a signé l'ordre de m'arrêter! Oh! mon Dieu! mon Dieu! est-ce possible?...

— Vous le voyez! répondit da Costa, en indiquant à Juana la place où figurait la signature de son amant.

Juana eut un moment de vertige, pendant lequel la vengeance lui vint cent fois à la pensée.

C'était chose si facile!

Mais elle eut du courage; elle avait encore trop d'amour dans le cœur pour succomber à cette tentation.

— Ainsi, dit-elle, après un moment de silence, vous avez ordre de m'arrêter?

— Oui, senora.

— Et vous allez mettre cet ordre à exécution sur-le-champ?

— A l'instant même!

— Et c'est dans la prison de l'inquisition que vous allez me conduire?

— Un devoir impérieux me le commande, dit da Costa.

Juana se leva résolûment, sans mot dire. Toute hésitation avait disparu de son cœur et de son esprit ; elle ne tremblait plus, n'avait plus peur, allait d'elle-même au-devant du supplice.

— Qu'il soit fait ainsi que le cardinal l'ordonne, dit-elle alors avec une soudaine dignité, à da Costa étonné; que l'on me conduise dans la prison de l'inquisition.

Antonio da Costa fit signe à ses affidés, placés à quelques pas, dans le portail même du palais, et ils partirent tous pour la prison.

Antonio da Costa était, sans contredit, un des plus rusés coquins que la police de Lisbonne eût alors à son service. Il avait vieilli dans les emplois subalternes, et avait rendu déjà bon nombre de services à la nouvelle institution. Il était bien connu dans Lisbonne, et le monde des voleurs et des assassins le craignait comme le plus redoutable des alguazils.

Or, Antonio da Costa haïssait Saavedra.

Cette haine avait pris racine dans son cœur d'une façon fort naturelle, et s'était développée depuis quelques semaines avec la furieuse énergie péninsulaire.

Saavedra, qui avait une grande confiance dans cet homme, n'avait point pris la peine de lui cacher les mystères de son intérieur.

Da Costa avait été admis, dès le commencement, dans le secret des amours du faux cardinal, et, plus d'une fois, il avait surpris la comtesse de Vasconcellos y Souza, seule et pour ainsi dire dans les bras de son maître.

Cela avait suffi.

Il est permis à tout le monde de regarder le soleil ; Antonio da Costa, l'obscur familier, avait regardé l'éblouissante Inès da Silva Mouro, veuve du comte de Vasconcellos y Souza.

Il l'avait trouvée merveilleusement belle.

Il l'aimait comme un fou.

Et je vous demande si toute charmante femme n'est pas exposée à ces horribles éclaboussures.

L'amour d'Antonio da Costa n'était, du reste, qu'une suite de tortures.

La jalousie vint en même temps que la passion, la jalousie haletante, hideuse, pleine de haines et de colères; da Costa ne pouvait pardonner à Saavedra le bonheur qu'il puisait dans un tel amour.

Il en eut horreur, il voulut s'en venger.

Mais Saavedra était tout-puissant; la cour l'aimait, tout Lisbonne chantait ses louanges; le perdre était impossible!

Juana arriva à propos pour ce pauvre da Costa, qui songeait déjà au poignard, au poison, à toutes les armes vulgaires.

Sans savoir précisément quel parti il pouvait tirer de cet incident, da Costa ne manqua pas de s'en réjouir, comme d'un embarras dont Saavedra serait inquiété.

Le familier avait vu juste, et, dès les premiers moments, il fut presque effrayé lui-même de la découverte qu'il avait faite.

Les liens qui unissaient Juana au faux cardinal, n'étaient pas évidemment des liens ordinaires, et il y avait là certainement un mystère qu'il fallait à tout prix pénétrer.

Comme on l'a vu, Antonio da Costa n'avait pas perdu de temps, et il était en bon chemin.

Cependant Juana était arrivée à la prison de l'inquisition, et selon les ordres qu'avait laissés Saavedra, elle y fut traitée avec tous les égards voulus. On lui donna un appartement commode, on l'entoura de soins, et, à part la liberté, Juana avait tout ce qui peut flatter et séduire le cœur d'une femme.

Malheureusement, ce n'était pas là ce qu'elle désirait; da Costa le comprit tout de suite; et, à partir du moment où elle entra dans la prison, il ne la quitta plus.

Juana n'aimait pas cet homme; elle sentait qu'il n'avait aucune bonne qualité. Au fond de ses paroles, elle voyait à chaque instant percer sa haine pour son amant; mais, malgré cela, elle le voyait avec une secrète satisfaction, parce que cet homme avait connu son amant, qu'il lui parlait de lui, qu'il lui donnait surtout des détails sur ses relations avec la comtesse.

De son côté, da Costa trouvait chaque jour un intérêt plus puissant à voir Juana; bien que cette dernière gardât son secret avec un soin religieux, cependant il lui était échappé souvent bien des choses qui avaient singulièrement éveillé l'attention de l'alguazil, et quand ce dernier quittait Juana, il cherchait à deviner le mot de cette énigme redoutable qu'il pressentait vaguement.

Comme il était adroit et prudent, il n'avançait que peu à peu dans ce dédale de mystères, et faisait à peine chaque jour un pas de plus dans cette voie, que son habileté avait ouverte avec un rare bonheur.

Un soir, Juana et Antonio da Costa étaient ensemble comme d'habitude; Juana se montrait plus préoccupée que de coutume, da Costa plus sombre.

La maîtresse de Saavedra n'avait aucune nouvelle de son amant; son incarcération durait à son gré trop longtemps, et elle avait déjà bien pâli et maigri dans l'attente d'une liberté qu'on ne paraissait pas disposé à lui accorder de sitôt. Jusqu'alors, da Costa avait évité avec adresse de lui dire ce qu'était devenue la belle comtesse de Vasconcellos y Souza, et c'était surtout sur ce point que Juana aurait désiré être renseignée.

Elle avait pensé, jusqu'à ce moment, que la comtesse n'avait été guère mieux traitée qu'elle-même, et elle se consolait de son abandon, en songeant que sa rivale avait probablement éprouvé le même sort.

Antonio savait parfaitement que là était le côté vulnérable de la jeune femme, et il ménageait ses moyens pour en faire un usage utile quand le moment opportun serait venu.

Il faisait nuit déjà ; autour du palais, l'ombre avait envahi la place, le silence avait remplacé les mille bruits du jour ; c'était une sombre et triste nuit. Da Costa, attentif et muet, observait les moindres mouvements de Juana ; celle-ci rêvait.

Tout à coup, elle leva le front, et regarda Antonio avec une fixité qui tenait de la folie.

—Da Costa, lui dit-elle, voici bientôt un mois que Saavedra a quitté Lisbonne, et vous ne m'avez point dit encore si l'on avait reçu de ses nouvelles.

— On en a reçu, senora, répondit l'alguazil, et le cardinal était en parfaite santé, ainsi que toute sa suite.

— Et l'on ne dit point qu'il doive revenir bientôt? reprit Juana.

— Le cardinal n'a rien fait savoir à ce sujet.

—C'est singulier. Mais, vous-même, n'avez-vous reçu aucun ordre qui me concerne?

— Aucun.

— Le cardinal a donc l'intention de me retenir prisonnière jusqu'à son retour?

— Je le pense.

Il y eut un silence ; puis Juana reprit :

— Certes, dit-elle, on ne sent vraiment le prix de la liberté que lorsqu'on l'a perdue... Vous ne sauriez croire combien je me trouve malheureuse depuis que je suis ici ; et bien que j'y sois traitée avec tous les égards, ce sera pour moi une joie sans pareille que de quitter cette prison pour n'y plus rentrer.

Antonio de Costa sourit amèrement.

— Il y a bien des captifs, murmura-t-il, qui voudraient pouvoir parler comme vous, senora.

Puis il ajouta d'un ton doucereux :

—Peut-être le jour de la délivrance se fera-t-il longtemps attendre pour vous.

— Avez-vous quelques raisons particulières de le croire? demanda vivement Juana.

— Non, senora.

— Et pourtant, vous le croyez?

— Oui... je le crois.

— Pourquoi?...

Le familier hésita.

— Senora, reprit-il enfin, votre arrestation s'est produite dans des circonstances trop singulières, pour que je ne l'aie pas remarquée; il y a eu, à ce fait violent, une cause mystérieuse, mais qu'il est cependant assez facile de deviner.

— Expliquez-vous?

— La comtesse, madame...

— La comtesse?...

— Vous ne comprenez pas!...

— J'ai peur de vous comprendre, s'écria Juana; pour Dieu, ne parlez plus à demi-mots, da Costa!

Elle s'était levée, en proie à une agitation soudaine.

— Parlez! parlez! ajouta-t-elle.

Le familier la regarda fixement.

Puis il baissa les yeux comme si, par bonté d'âme, il eût redouté l'effet de ses paroles.

— Mon Dieu, senora, prononça-t-il doucement, ce que je vais vous dire, j'aurais peut-être dû vous le dire de suite; mais je n'en ai pas eu la force, la cruauté plutôt.

— Qu'est-ce donc? qu'est-ce donc? Que s'est-il passé? interrompit Juana.

— Une chose fort simple, répartit da Costa; la comtesse a appris votre arrivée à Lisbonne; sa jalousie s'est éveillée, elle a craint les charmes trop puissants d'une rivale autrefois aimée, et elle a ordonné à Saavedra...

— Ordonné!... interrompit encore Juana.

— Exigé, si vous voulez, senora.

— Oh!... fit la pauvre fille ; — ce serait elle, Seigneur Dieu!

— C'est elle-même, répondit da Costa.

Juana mit sa tête entre ses mains.

— C'est impossible, murmura-t-elle ; vous mentez!... Oh! que le ciel me pardonne ; mais si vous disiez vrai, je tirerais de tout ceci une vengeance terrible!

Elle marcha tout à coup vers l'alguazil, surpris, et lui saisit les mains avec résolution.

— Antonio, dit-elle à voix rapide, écoutez-moi : c'est Juana, c'est la maîtresse de Saavedra qui vous parle ; répondez! Où est en ce moment la comtesse de Vasconcellos y Souza?

— Près du cardinal.

Les jambes de Juana chancelèrent.

— Vous dites vrai?... murmura-t-elle entre ses dents serrées.

— Je le jure.

— Et c'est bien Saavedra qui a signé l'ordre de mon arrestation?

— C'est lui.

— On ne l'y a pas contraint?

— Nullement, si ce n'est madame la comtesse...

— Et il aime donc cette femme d'une bien grande passion?

— Pour cela, oui!

— Mon Dieu! mon Dieu! s'écria Juana, en retombant accablée sur son siége, le malheureux a donc oublié qu'un seul mot de moi pourrait le perdre à tout jamais?

Da Costa s'était levé tout à coup, sur les dernières paroles de Juana ; il se rapprocha d'elle, et se pencha à son oreille :

— Juana, lui dit-il, en laissant tomber ses paroles une à une ; Juana, pourquoi ne diriez-vous pas ce secret qui peut les perdre tous les deux?

— Oh ! s'il était vrai qu'ils s'aiment ! murmura Juana.

— Vous en doutez encore? répondit l'alguazil.

— Si j'étais certaine de la frapper, elle surtout, la cause de toutes mes douleurs, de tout mon désespoir !

— Elle sera perdue !... la comtesse est une femme hautaine; l'amour de Saavedra, seul, l'a sauvée jusqu'à ce jour, elle tombera, si vous parlez !

Juana ne répondit pas; mais ses regards brillaient, sa poitrine oppressée se soulevait avec peine.

Da Costa poursuivit :

— Si vous parlez, Juana, demain vous pouvez être libre, demain votre rivale succombera sous votre parole accusatrice.

— Mais lui, balbutia Juana, à moitié vaincue, il serait perdu aussi?

— Détrompez-vous... fit da Costa; ne craignez rien : Saavedra est tout-puissant, il est adroit aussi; en révélant son secret, vous le forcez à fuir, et en fuyant, quand tout le monde l'abandonnera, qui sait si son cœur ne reviendra pas à vous?

— Oh ! non, c'est impossible : car il saura que je l'ai trahi.

— On le lui cachera.

— Ils sont loin de Lisbonne, ajouta da Costa, et ils savent que vous êtes arrêtée, et la comtesse croit qu'elle vous a réduite à l'impuissance de lui nuire !... Juana, ne voulez-vous pas vous venger?

— Oh ! me venger d'elle, râla la Cordouane, que la furie espagnole, la furie vindicative et sauvage saisissait à la gorge; — me venger de cette comtesse qui m'a perdue, qui m'a damnée !...

— Voulez-vous la laisser jouir en paix du fruit de son crime? reprit encore Antonio da Costa, qui était là comme le serpent tentateur.

— Non ! non ! je parlerai, s'écria Juana avec explosion, je me vengerai !... Da Costa, vous avez raison !... partons !...

— Venez donc ! dit da Costa, qui entraîna la jeune femme.

Les portes de la prison s'ouvrirent comme par enchantement au devant d'eux.

IV.

Cependant Miguel Guttierez de Saavedra poursuivait le cours de ses pérégrinations à travers le Portugal, et, de tous côtés, un peuple enthousiaste se portait sur ses pas.

Saavedra était le parangon des inquisiteurs, il ne poussait pas l'amour de la religion jusqu'au fanatisme, jamais il n'avait ordonné le moindre *auto-da-fé,* jamais il n'avait infligé la punition humiliante du San-Benito à aucun hérétique ; il s'était toujours contenté d'imposer aux coupables de fortes amendes pour tout châtiment.

Cette manière de procéder était assurément plus humaine, et ne blessait guère que les avares ; les Juifs se tenaient pour très-heureux d'en être quittes de la sorte, et c'était à qui chanterait les louanges de l'inquisiteur cardinal.

De son côté, le cardinal inquisiteur était fort content des Juifs, des hérétiques, des relaps et de tous ceux qui lui apportaient leurs bourses ouvertes.

Il y puisait à pleines mains.

Les sommes qu'il recueillit ainsi sur sa route atteignirent, en peu de temps, un chiffre considérable, et quelques semaines s'étaient à peine écoulées, qu'il traînait à sa suite de véritables trésors !

Franco Caldéraon était revenu à la gaieté ; son visage souriait ; une satisfaction béate se lisait à chaque instant dans son regard.

Malheureusement, Saavedra et Franco se laissaient enivrer par leurs propres succès, et, en se voyant l'objet de l'admiration, de l'estime, de l'amour de tous, le faux cardinal oubliait les soins de sa sûreté personnelle, et ne songeait déjà plus à la fuite.

La fuite cependant eût été belle ; nul ne l'eût empêché de prendre un vaisseau de l'État, et d'aller porter ses trésors vers une terre lointaine, à l'abri des alguazils de l'Espagne et du Portugal.

Saavedra n'y songeait pas!

Il allait à travers la vieille Lusitanie, faisant entrer dans sa caisse des sommes fabuleuses, instituant partout des tribunaux, nommant des inquisiteurs, laissant de toutes parts des traces de son passage.

Saavedra avait d'ailleurs, nous l'avons dit, une aptitude particulière pour jouer un tel rôle : il avait la parole facile, le geste élégant, la tête noble... on se sentait attiré vers lui, assurent les historiens, par une sympathie irrésistible; on le quittait charmé, après l'avoir écouté.

Il prêchait, et le nombre des conversions qu'il avait opérées étonnait ceux-là même qui étaient habitués à des succès du même genre.

En face de telles qualités, le soupçon se serait repris à deux fois, avant de s'attaquer à Saavedra!

Il était, en outre, adroit, souple, plein de finesse et d'habileté, et, plus d'une fois, il avait eu occasion de déployer toutes ces qualités.

A cette époque, il ne faut pas l'oublier, le Portugal était habité par un grand nombre de Juifs, qui étaient venus s'y réfugier pour fuir les persécutions dont on les accablait en Espagne. Eux aussi, ne manquaient pas de finesse; ils étaient, de plus, fort avares; mais Saavedra avait su leur faire comprendre qu'il valait mieux donner leur or, que d'exposer leurs têtes, et les Juifs s'étaient exécutés d'assez bonne grâce.

Au moment où ils avaient été expulsés d'Espagne, pour gagner le Portugal, ils avaient écrit à leurs frères de les y venir retrouver : *La terre est bonne,* disaient-ils, *le peuple* IDIOT, *l'eau est à nous; vous pouvez venir, car tout nous appartiendra.*

Vous voyez que ces excellents Juifs dégaînaient bien vite leurs cornes, dès que nul pied ne les leur écrasait.

Ils appelaient IDIOT tout peuple qui ne les hachait pas comme chair à pâté.

Et ils n'avaient pas tort ici de chanter victoire à l'avance.

En moins de cinquante années, ils étaient devenus riches; ils occupaient les meilleures places; ils jouissaient d'un crédit sans bornes; pleins de la terreur que leur inspirait l'inquisition, ils avaient demandé au roi de défendre l'établissement de ce tribunal dans le pays.

Le roi y avait consenti.

L'arrivée de Saavedra dérangeait donc leurs plans.

Ils se crurent tous morts!

Mais du moment qu'on ne leur demanda que de l'argent, ils respirèrent, et comme le faux cardinal ne leur imposa pas l'obligation de faire baptiser leurs enfants, ils payèrent sans trop se plaindre.

Saavedra se trouvait dans le plus complet développement de sa puissance, et aucune catastrophe ne serait venu troubler le cours de ses exploits, s'il avait su user sagement de sa fortune.

Un jour, le faux cardinal était à Nieva de Guadiana; — c'est un village, sans importance, situé sur les bords de la Guadiana, à deux pas de la frontière d'Espagne.

Selon sa coutume, il était accompagné de toutes les autorités politiques de la province.

Il était venu là sur l'invitation du curé de ce village, qui l'avait prié de lui faire l'honneur de visiter sa paroisse, comme il l'avait déjà fait à l'égard des autres paroisses du diocèse.

Saavedra s'était rendu à cette invitation, d'autant plus volontiers que Nieva n'est situé qu'à deux pas de la frontière, et que, depuis quelques jours, il avait des velléités de fuir.

Malgré son effronterie, Saavedra ne laissait pas d'être inquiet; il avait recueilli une fortune colossale; il pouvait, en fuyant, vivre heureux et riche, loin du Portugal; il savait, à n'en pas douter, que le roi avait écrit au pape, à Philippe, à Charles-Quint; les réponses que le roi attendait devaient lui dévoiler l'imposture de Saavedra; il était temps de fuir, grand temps! le moindre moment de retard pouvait tout perdre!...

Saavedra avait fait part de ses craintes à Franco Caldéraon, qui, cette fois, avait approuvé son projet.

Le séjour de quelques heures qu'il devait faire à Nieva était donc une dernière concession que le cardinal inquisiteur accordait à ceux qui l'accompagnaient.

Le lendemain, il devait passer définitivement la frontière.

On était alors au mois de janvier de l'année 1540. Le gouverneur de Badajoz avait abandonné sa résidence habituelle pour suivre le cardinal à Nieva, et monseigneur Villanneva de Barcarotta ne le quittait pas plus que son ombre.

Les honneurs qu'on lui rendait commençaient à fatiguer Saavedra; il eût voulu causer avec Franco des préparatifs à faire, de la route à prendre, enfin, de la manière dont ils fuiraient le Portugal. Pendant toute la journée, il n'eut pas un moment à lui, et, le soir venu, il fut obligé de se rendre chez le curé sans avoir pu échanger une seule parole avec son valet.

Une fois chez le curé, Saavedra crut qu'il aurait au moins, avant le repas, quelques minutes de liberté; mais il s'était trompé encore, car le marquis de Villanneva de Barcarotta lui tint compagnie jusqu'au moment où l'on vint les avertir que le dîner était servi.

Cette insistance que rien ne semblait pouvoir contrarier, inspira quelques soupçons au faux cardinal; mais le repas qu'on lui servit était si réellement excellent; le marquis, une fois à table, se montra d'une humeur si charmante, et déploya, avec tant de grâce, dans la conversation, toutes les ressources aimables de son esprit, que l'inquiétude disparut presque aussitôt du cœur de Saavedra, et qu'il s'abandonna tout entier aux plaisirs du moment.

La première partie du festin se passa fort gaiement : les convives s'animaient peu à peu ; le vin exquis de Porto, qui est maintenant un vin anglais, pétillait dans les coupes de cristal, les bougies étincelaient ; les saillies se croisaient vives, rapides, spirituelles ; chacun ne songeait qu'à prendre sa part du plaisir.

Mais au moment où les têtes commençaient à s'échauffer, où le marquis de Villanneva de Barcarotta lui-même se relâchait un peu de la surveillance inquiétante qu'il avait exercée jusque-là sur le faux cardinal, la porte de la salle s'ouvrit, et une femme entra.

Elle portait un costume que la poussière avait souillé, ses cheveux tombaient en désordre sur son dos, ses deux bras étaient croisés sur sa poitrine.

C'était Juana la Cordouane.

Dès qu'elle s'était présentée sur le seuil de la porte, Saavedra l'avait reconnue, et il s'était levé.

— Juana ! s'écria-t-il, en marchant rapidement vers la jeune femme.

— Miguel ! fit celle-ci en l'apercevant, et en se laissant tomber à genoux près de la porte.

Une sorte de divination pénétra dans le cœur de Saavedra, et il se précipita vers Juana, qu'il prit dans ses bras, et transporta ainsi jusqu'à l'autre bout de la salle.

— Juana ! lui dit-il alors d'une voix basse et rapide, qu'es-tu venu faire ici ? que se passe-t-il ? pourquoi cette pâleur sur ton front ? quel malheur est arrivé ? réponds ! réponds ! qu'as-tu appris ? que dois-je craindre ?

— Tu es perdu ! répondit Juana.

— Trahi ! fit Saavedra, et par qui donc ?

— Par moi !

— Toi ? ah ! tu calomnies, c'est impossible !

— C'est vrai !

— La cour sait tout, alors?

— Oh! pardon! pardon! Saavedra, j'ai été folle une heure, et cette heure a suffi; mais on m'avait dit que tu aimais une autre femme, que tu voulais fuir avec elle, que tu me haïssais, que tu me méprisais... que sais-je? j'ai perdu la raison, et malheur à moi, mais j'ai tout révélé!

— Malheureuse! s'écria Saavedra en frémissant.

— Pardon! pardon! répéta Juana en se jetant à ses pieds.

— Perdu! dit le faux cardinal, après un moment de silence terrible, perdu! au moment où j'allais atteindre le but, fuir l'Espagne, être heureux, riche; ah! Juana, tu as été bien cruelle!

— Saavedra!.. interrompit Juana en sanglottant, il est temps peut-être encore!

Saavedra sourit et regarda autour de lui.

Tous les convives s'étaient levés de table et l'observaient.

Peu à peu, le cercle formé par ces hommes allait se rétrécissant, et à ce moment même, le marquis de Villanneva de Barcarotta s'approcha de lui jusqu'à le toucher.

— Que vous dit donc cette femme, monseigneur le cardinal? demanda ce dernier, d'un petit ton railleur que la fausse Eminence ne lui connaissait pas.

— Une chose surprenante! répondit Saavedra sans hésiter.

— Vraiment, et laquelle? demanda encore le marquis.

— Cette femme vient de Lisbonne, messieurs.

— Ah!

— Et savez-vous les dernières nouvelles parvenues à la cour?

— Voyons! voyons!

— Eh bien! il paraît, messieurs, qu'un homme, un imposteur, a osé prendre mon nom, mes insignes, mon caractère, et parcourt, en ce moment, les provinces qu'il pressure sans vergogne.

— Quelle audace! dit le marquis.

— Ah ! cet homme est fort adroit, monsieur le marquis, poursuivit Saavedra, il sait que la fortune exerce une puissante influence sur les humains, il est fort riche, et dans chaque ville qu'il honore de sa présence, il offre au gouverneur la moitié des richesses qu'il porte avec lui.

— Croyez-vous? fit le marquis étonné.

— J'en suis sûr, répondit Saavedra.

— Cela me semble pourtant impossible ; un gouverneur !.. dit M. de Villanneva de de Barcarotta.

— Un gouverneur, monsieur le marquis, répliqua Saavedra ; un gouverneur est un homme, et un homme n'est pas insensible à l'appât de cent cinquante mille ducats.

— Cent cinquante mille ducats !

— Tout autant.

— Il les a donnés?

— Comme je vous le dis.

Tout en parlant ainsi, Saavedra gagnait lentement la porte de la salle, et il se disposait déjà à l'ouvrir ; car sa prodigieuse présence d'esprit avait réussi en partie, et le gouverneur était implicitement gagné.

Du moins se taisait-il, enfoncé dans ses réflexions.

Mais au moment où Saavedra touchait la clef, la porte s'ouvrit d'elle-même.

Tous les convives purent apercevoir alors la demeure du curé de Nieva entourée d'alguazils, à la tête desquels Saavedra remarqua presque aussitôt son ancien affidé da Costa.

Toute résistance était désormais inutile ; Saavedra se contenta de protester contre une pareille violence, et sur la première sommation qui lui en fut faite, il suivit la troupe des alguazils, à la tête de laquelle le marquis de Villanneva de Barcarotta demanda l'honneur de marcher.

Car le marquis de Villanneva de Barcarotta avait cessé de réfléchir en voyant qu'il n'était plus temps d'accepter les offres splendides que le faux cardinal lui avait faites sous forme de parabole.

S'il faut en croire les mémoires de Saavedra, écrits par lui-même, on saisit, en s'emparant de sa personne, trois trésors : l'un de vingt mille ducats, qui étaient le produit des pénitences des condamnés, destiné au saint-office ;

Le second, de cent cinquante mille ducats qu'il avait eu, disait-il, l'intention d'appliquer aux besoins de l'Eglise et à d'autres bonnes-œuvres : c'était là une excellente pensée, mais Ninon aurait dit, si elle eût été née :

— Oh ! le bon billet qu'a l'Eglise !

Le troisième trésor, de quatre-vingt mille ducats, qui lui appartenaient en propre.

Saavedra fut conduit à Madrid, par ordre du gouverneur général du royaume, et enfermé dans une prison. Les alcades de la cour s'y transportèrent et reçurent les déclarations dont ils avaient besoin pour suivre son procès.

Il n'y avait pas encore à Madrid de tribunal de l'inquisition, comme dans les autres provinces d'Espagne, et la capitale du royaume était soumise, pour les affaires de ce genre, à la juridiction de celui de Tolède.

Toutefois, avant d'aller plus loin dans cette affaire, on songea au talent, au génie même dont Saavedra avait fait preuve pendant tout le cours de sa vie, et on voulut le ménager.

Saavedra déclare qu'on le condamna à servir dans les galères du roi pendant l'espace de dix années ; qu'après une détention de deux ans, les alcades de Madrid prononcèrent sa sentence définitive, dont une des principales dispositions fut, qu'après avoir subi son jugement inquisitorial, il ne pourrait être mis en liberté, ni quitter les galères du roi, sous peine de mort, sans une permission expresse de Sa Majesté ; qu'il sortit des prisons de Madrid en 1544, pour être conduit à sa destination; qu'en 1544, quoique le terme de sa peine fût expiré, il ne put obtenir sa liberté.

Alors, persuadé que son affaire dépendait bien plus de l'inquisition que des alcades de la cour, il chercha à intéresser le pape à son sort : il dit qu'il avait fait une foule de choses très-utiles à la religion et à l'État, dans l'exercice de sa fausse légation; Paul IV lui fit remettre un bref favorable, lequel était adressé à l'inquisiteur général, Ferdinand Valdès, que Sa Sainteté chargeait d'obtenir la liberté de Saavedra.

Ce bref fut, en effet, communiqué au roi, Philippe II, et ce prince donna enfin l'ordre de mettre Saavedra en liberté, pour qu'il eût à se rendre en personne, directement et sans délai, à la cour.

Saavedra y arriva en 1562, après avoir subi dix-neuf années de galères.

Il fut présenté au roi, qui voulut entendre, de sa propre bouche, le récit de son histoire, et l'avoir par écrit; pendant que Saavedra entretenait le roi, Antoine Perez écrivait tous les détails des événements singuliers de sa vie, dont vingt années de fer n'avaient pu encore faire perdre le souvenir.—Enfin, en 1567, Saavedra écrivit lui-même ses aventures, pour l'inquisiteur général, don Diègue Espinosa.

Telle est l'histoire de ce personnage singulier, qui a occupé l'Espagne et le Portugal pendant près d'un demi-siècle.

La circonstance historique la plus étrange est assurément celle-ci :

Bien que Saavedra n'eût reçu du pape aucun pouvoir régulier, cependant les Tribunaux qu'il fonda pendant l'exercice de sa fausse légation furent maintenus par les successeurs officiels qui lui furent donnés, et l'inquisition lui dut, par le fait, son établissement dans un grand nombre de provinces.

Quelques écrivains prétendent que cet imposteur, véritablement hors ligne, était cousin du père de Michel Cervantès de Saavedra, l'immortel auteur de *Don Quichotte*.

CHAPITRE VI.

Suite de l'inquisition. — Services qu'elle a rendus aux marchands de chaussettes. — La fausse sainte Madeleine de la Croix. — Son enfance. — Comment elle fit la connaissance du démon. — L'ermite de sept ans. — Miracles de Madeleine de la Croix. — Elle fait la connaissance d'un démon supplémentaire. — Balban et Python, esprits infernaux. — Aveux de Madeleine, ses extases, ses rétractations. — Difficulté d'exorciser à la fois deux diables très-instruits. — Condamnation de Madeleine. — Petite histoire insignifiante pour finir un chapitre. — Rebecca et Leporello. — Le faux familier. — Amour des Juifs pour leurs petits. — Bernard Gottor, etc., etc. — Palerme. — La basilique de Saint-Joseph. — Un philosophe qui suit les femmes. — Dangers et amertumes de la bigamie. — Terranova et la vice-reine. — Camargo. — Conspiration contre l'inquisition. — Traverses et aventures déconvenues, et tribulations d'un philosophe immoral. — La première femme de Camargo. — Expédient loyal employé par ce philosophe.

Oh! certes, il vaudrait mieux raccommoder des bottes, ou même composer des poëmes épiques, que d'écrire, comme nous le faisons, sur ces odieux sujets.

Jamais nous n'avons senti à ce point la dureté des temps qui nous force à compulser d'horribles bouquins et à vivre nuit et jour avec cette inquisition, dont le nom seul nous crispe tous les nerfs!

Voilà donc la récompense d'une vie frugale et candide!

Au lieu du repos souhaité ardemment, il nous faut interroger des morceaux de papier dont un chiffonnier, qui se respecte, ne voudrait pas ; il nous faut respirer la poussière détestée des bibliothèques; il nous faut dévorer l'insipide et funeste pâture qui jaunit les érudits maigres.

Nous sommes, en un mot, la dernière et la plus infortunée victime de cette inquisition homicide.

Et nous comprenons maintenant la haine des malheureux écrivains qui l'ont approchée.

Mais l'idée nous est venue de nous venger sur les pauvres gens qui, par hasard, liront ce livre. L'idée nous est venue de faire ici, — avec soin et méthode, — une dissertation de quatre cent soixante-deux pages sur l'inquisition, — de prouver définitivement que cette haïssable vieille était une jolie femme et une bonne personne, — de prouver qu'elle est morte en odeur de sainteté sous le poids de la calomnie.

Que ne peut-on pas prouver, quand on a le temps?

Assurément, ce faisant, nous n'aurions pas entassé tant de mensonges que les esprits forts et portiers de lettres qui ont frappé le bon Dieu sur le dos d'Ignace de Loyola.

Il y avait bien des choses à dire, allez, en faveur de l'inquisition, bien des choses sérieuses.

Et tenez, vous qui avez peut-être l'honneur de vendre des pruneaux, et même de la ficelle, qui sait s'il y aurait encore des épiciers sans l'inquisition ?

Nous parlons avec gravité. Les démolisseurs du moyen-âge ne plaisantaient pas, et les Juifs antropophages auraient avalé le genre humain tout entier !

Tel juif, à l'heure où nous sommes, monopolise déjà l'existence de cinq ou six cent mille chrétiens. Et il compte faire encore quelques économies. Reculez cette fortune, faites-lui remonter les siècles, capitalisez, calculez l'usure commerciale, multipliée par l'attraction israélite, et voyez si ce brave homme ne possédait pas quatre ou cinq fois la valeur de notre globe terrestre.

O débitants, c'est l'inquisition qui est votre vraie mère! Sans elle, les Albigeois communistes auraient rendu la boutique impossible, et si vous aviez échappé à ce danger, l'appétit étonnant de la postérité de Jacob-Israël n'eût fait de vous tous qu'une bouchée!

Vous ne seriez pas électeurs! vous n'approfondiriez pas les mystères scientifiques du jeu de dominos. Vous n'auriez pas de petits garçons, habillés en militaires les jours de fêtes nationales!

Croyez-le bien, c'est la pensée des loisirs que l'inquisition vous a faits qui nous attendrit en faveur de cette institution farouche.

Sans vous, fils de Mercure, sages et modestes trafiquants, que deviendrait la France, dont vous êtes l'élite?

Le centre de Paris n'est-il pas rue aux Ours? et n'est-ce pas au quartier des Lombards qu'on sent battre le vrai cœur de la patrie?

Quand nous songeons que nous écrivons pour vous et pour vos épouses tant aimables, le courage nous revient, car vos applaudissements, remplis d'intelligence, sont la plus magnifique de toutes les gloires!

I.

Après l'histoire de Miguel Guttierez de Saavedra, le faux nonce, vient naturellement se placer celle de Madeleine de la Croix, la fausse sainte.

Madeleine de la Croix, religieuse de Saint-François, du couvent de Sainte-Élisabeth, de la ville de Cordoue, était née à Aquilar, de parents pauvres, vers l'année 1487, avait pris l'habit de religieuse en 1504, et avait acquis, en peu de temps, une telle réputation de sainteté, qu'elle fut nommée abbesse dudit couvent, en 1533, et réélue en 1536 et en 1539.

Malheureusement, elle ne le fut point en 1542, et dès qu'elle fut rentrée dans les rangs des religieuses ordinaires, on ne tarda pas à découvrir sa fourberie, et elle fut enfermée, le 1er janvier 1544, dans les prisons secrètes de l'inquisition de Cordoue.

La vie de Madeleine n'est pas, à coup sûr, aussi accidentée, aussi semée d'aventures que celle de Saavedra; mais elle offre certaines particularités qu'il nous a semblé curieux de rapporter au lecteur :

« La bonne réputation que Madeleine de la Croix s'était faite partout, dit un témoin important, entendu dans le procès qui lui fut intenté, réputation à laquelle chacun rendait justice depuis si longtemps, m'inspira le désir de la connaître, dans un moment où ce que l'on m'en racontait excitait mon admiration, et où je voyais tout le monde s'entretenir de sa sainteté, non-seulement le peuple, mais encore les personnes de la plus grande considération, telles que cardinaux, archevêques, évêques, ducs, comtes, savants, religieux de tous les ordres.

« J'avais appris, surtout, que le cardinal de Séville, don Alphonse Maurique, était venu de Séville pour la voir dans son couvent, et que, dans ses lettres, il la nommait sa *très-chère fille,* et se recommandait à ses prières; que les inquisiteurs de Cordoue lui témoignaient un grand respect, et que le cardinal Queynones, général des religieux franciscains, avait fait exprès le voyage de Rome, suivant l'opinion commune, pour voir et entretenir sa sœur Madeleine de la Croix.

« J'avais vu arriver aussi don Jean Reggio, nonce de la cour de Rome, qui voulait satisfaire sa curiosité, et notre impératrice, ellemême, lui avait envoyé son portrait, qui est encore dans le couvent, afin qu'elle se souvînt d'elle dans ses prières.

« Ce portrait était accompagné du bonnet et de la chemise de baptême du prince Philippe, que Madeleine devait bénir ; la princesse l'appelait, dans ses lettres, *sa très-chère mère et la plus heureuse créature qu'il y eût au monde.*

« On parlait d'elle dans presque toute la chrétienté, et on n'élevait pas le moindre doute sur son mérite, ni sur sa sainteté ; les prédicateurs la louaient dans leurs chaires ; chacun lui rendait le même hommage, soit en public, soit en particulier ; elle était l'objet de la plus douce affection de tous les confesseurs de la communauté et des provinciaux de l'ordre, et les personnes les plus avancées dans les voies de la piété croyaient reconnaître, dans Madeleine de la Croix, une nouvelle manière de vivre saintement.

« Elle était, en effet, affable envers tout le monde, charitable avec modestie, compatissante, et d'un si bon exemple, qu'elle engageait tout le monde à servir Dieu.

« Sa conversation avait porté un grand nombre de personnes à embrasser la vie religieuse.

« Son adresse à conduire les affaires était si merveilleuse, qu'on venait la consulter de tous côtés, et que son couvent pouvait être comparé à une chancellerie.

« Madeleine ne se bornait pas, cependant, à opérer des conversions ; le nombre de ses prophéties était considérable, et l'on se rappelait, avec un étonnement religieux, qu'elle avait annoncé à jour fixe la mort du marquis de Villena ; l'envoi du chapeau de cardinal au P. Quignones, général de son ordre ; l'emprisonnement du roi François Ier, et son mariage avec la reine veuve de Portugal, sœur de l'empereur Charles-Quint !

« Plus tard, quand on connut la vie entière de Madeleine de la Croix dans ses plus petits détails, il n'y eut pas assez d'étonnement pour en accueillir le récit.

« Madeleine de la Croix était née, comme nous l'avons dit, à Aguilar, de parents fort pauvres.

« Comme elle menait une vie misérable, à l'âge de cinq ans, elle fut visitée par le démon, qui lui apparut sous la forme d'un ange de lumière, et lui annonça qu'elle serait une grande sainte !

« Le démon lui fit ainsi plusieurs visites, et, à chaque fois, il l'exhortait à mener une vie dévote.

« Ce démon était, comme on voit, un démon de bon conseil.

« Un jour, entr'autres, il se présenta à Madeleine sous la figure du Christ, et l'engagea à se crucifier comme lui.

« Madeleine était naïve ou rusée : elle se crucifia au moyen de clous qu'elle avait enfoncés dans le mur.

« Le mauvais ange lui dit alors de le suivre, et elle voulut obéir, mais elle tomba par terre, et se brisa deux côtes.

« Tous ces détails font partie du récit présenté par la fausse sainte elle-même.

« Cependant Madeleine était animée de la plus grande ferveur ; elle avait conçu l'ardent désir de devenir une sainte, et dès l'âge de sept ans, elle commença à mener une vie austère ; une nuit même, elle quitta la maison paternelle, s'enfuit d'Aguilar, et se retira dans une grotte située dans les environs, bien décidée à y vivre en ermite.

« Mais son père n'entendait pas raillerie ; il alla la chercher, la ramena de près, et surveilla dès lors toutes ses actions.

« Pendant quelque temps, cette surveillance dérangea un peu ses plans ; mais elle n'en continua pas moins à vivre comme par le passé ; et dès l'âge de douze ans, elle passait déjà pour sainte, malgré le fouet que lui prodiguait son bonhomme de père.

« Le démon ne cessait d'ailleurs de la fréquenter, et il empruntait chaque fois une nouvelle figure pour se présenter à elle : c'est ainsi qu'elle crut recevoir, à différentes reprises, les bienheureux qu'elle honorait le plus, saint Jérôme, saint Dominique, saint François, saint Antoine.

« Tous les jours, la passion de Madeleine se développait davantage, et il lui eût été impossible, dès cette époque, de renoncer à l'espoir qu'elle avait conçu de devenir une grande sainte.

« Le choix des moyens lui importait peu; et certes, il est assez curieux de la voir s'adresser au démon pour avoir l'entrée du paradis.

« Ce fut alors qu'elle se décida à entrer dans le couvent de sainte Élisabeth, et qu'elle y fut élue abbesse, en raison de sa grande réputation.

« Du reste, elle ne ménagea rien pour conserver la position qu'elle s'était faite. Et c'est de cette époque que datent ses premières impostures.

« Chaque fois qu'elle était sur le point de recevoir la communion, elle avait la coutume de jeter des cris perçants, et de feindre des extases sans fin.

« Elle poussa même, dit-on, cette feinte si loin, qu'un jour on lui perça les pieds et les mains avec des épingles, pour s'assurer qu'elle ne souffrait pas du contact des objets extérieurs, et bien qu'elle éprouvât de très-vives douleurs, elle n'en fit rien paraître, et conserva la même attitude impassible et souriante.

« Souvent, elle se crucifia, comme dans son enfance, se perça les pieds et les mains avec des clous énormes, afin de pouvoir montrer ses blessures pendant les cérémonies religieuses auxquelles les jours de fête donnaient lieu. »

On doit penser quel effet prodigieux ces manifestations devaient produire à une époque où la superstition se mêlait trop souvent aux pratiques religieuses.

Le peuple était dans l'enthousiasme, et le renom de la sainte devenait universel.

Tant que le mot de cette comédie ne fut pas révélé au public, la réputation de Madeleine de la Croix alla toujours grandissant, et de tous les points de la Péninsule, on venait la voir et la consulter.

Tout ce qu'elle disait était accueilli comme article de foi, et elle trouva dans son imagination mille contes qu'elle fit ainsi accepter par les religieuses avec lesquelles elle habitait.

Le moment arriva où ses inventions atteignirent l'absurde et l'impiété la plus révoltante.

Une fois, entre autres, elle fit croire à ses compagnes, que le jour de l'Annonciation de la Sainte-Vierge, elle avait conçu du Saint-Esprit, elle, Madeleine, l'enfant Jésus; qu'elle l'avait enfanté le jour de Noël; qu'elle l'avait enveloppé dans ses cheveux qui, de noirs qu'ils étaient, devinrent rouges.

L'enfant l'avait quittée, disait-elle, quelque temps après.

Un autre jour, pendant qu'elle était au chœur avec les religieuses, une colombe y entra et vint se placer sur son épaule.

Elle déclara immédiatement que c'était le Saint-Esprit, bien que ce fût tout simplement *Balban*, son démon familier, fait observer un chroniqueur.

Les religieuses ne se prosternèrent pas moins devant lui et l'adorèrent.

Mais le succès que ses premières fables avaient obtenu tourna la tête à la pauvre Madeleine, et elle poussa l'audace jusqu'à faire solennellement le vœu de rester onze ans sans prendre aucune nourriture.

Pour accomplir ce vœu, elle fut obligée de mettre quelques religieuses dans sa confidence, et, c'était là l'écueil, malgré toute l'adresse qu'elle déploya, une pareille prétention éveilla les soupçons.

Quelques religieuses l'observèrent et parvinrent enfin à découvrir le mot de cette énigme.

Madeleine de la Croix n'avait pas été tant de fois abbesse sans exciter beaucoup de jalousie autour d'elle. Parmi les religieuses du couvent de Sainte-Elisabeth, il y en avait plusieurs qui avaient eu, comme elle, l'ambition de parvenir au premier rang, et elles avaient conservé un vif dépit de se voir continuellement repoussées.

Elles se liguèrent entre elles, prévinrent le provincial, le gardien et les confesseurs, et ne négligèrent aucune occasion de la trouver en défaut.

Mais la réputation de la sœur Madeleine était parfaitement établie; on ne pouvait, en un jour, détruire ce qu'elle avait eu tant de peine à édifier : on douta de leurs assertions, et nulle n'osa se prononcer.

Les religieuses ne se tinrent pas pour battues, elles firent une propagande active; et quand vint le jour d'élire une nouvelle abbesse, ces religieuses l'emportèrent sur le parti de celles qui voulaient nommer encore Madeleine.

Le choix de la majorité se fixa sur l'une d'elles.

Madeleine, cependant, avait au moins autant d'activité que ses rivales; elle ne manqua pas de répandre que ce revers était une épreuve que le ciel lui envoyait, et elle se montra résignée et soumise, comme il convenait au caractère du rôle qu'elle avait joué jusqu'alors.

Les aumônes que l'on avait apportées à Madeleine étaient immenses.

Elle les employait le plus souvent au profit du couvent qu'elle avait fait rebâtir presqu'entièrement; mais lorsqu'elle eut cessé d'être à la tête de la maison, elle disposa à son gré des dons qu'on lui envoyait, parce que leurs auteurs s'en rapportaient à elle pour l'emploi qu'il convenait d'en faire.

Cela lui donnait un gand nombre d'adhérents au dedans et au dehors du monastère.

Elle était si forte, cette femme, dans la position bizarre qu'elle avait prise, qu'elle ne pouvait, en quelque sorte, être vaincue que par elle-même.

Il en fut ainsi.

Madeleine de la Croix tomba malade vers l'année 1543, et la peur de la mort aidant, elle fit alors par écrit et de vive voix l'aveu de tout ce qu'elle avait imaginé pour tromper le monde et la communauté.

Elle voyait bien d'ailleurs, dit-elle, que les soupçons se multipliaient autour d'elle, et d'un jour à l'autre, ses fourberies devaient être découvertes.

Madeleine aima mieux aller au devant du danger, et fit une confession détaillée de toutes ses fautes. Son confesseur avait assemblé, à cet effet, toutes les religieuses de la communauté, et, en leur présence, Madeleine avoua tout.

Son aveu ressemble, d'ailleurs, terriblement à une nouvelle fourberie.

Elle dit qu'elle avait connu plusieurs démons depuis son enfance, et qu'elle les gardait depuis l'âge de treize ans, à la suite d'un pacte qu'elle avait fait avec le diable, et par lequel celui-ci s'était engagé à la faire passer pour sainte; que ce démon s'appelait *Balban,* et avait un compagnon qui s'appelait *Python.*

Elle dit encore qu'avec le secours de ce démon, elle sortait de son couvent de temps en temps, arrivait dans celui des Franciscains ou dans tout autre, voyait tout ce qu'on y faisait, et racontait ensuite ce qu'elle avait vu, pour donner lieu de croire qu'elle avait le don de divination et de prophétie.

Elle raconta qu'un jour elle était allée à Rome, où elle avait entendu la messe et communié de la main d'un prêtre qui était en état de péché mortel.

Et quand on lui fit observer qu'on ne s'était pas aperçu de son absence, elle répondit que, pendant ses absences, Python prenait sa figure et la remplaçait dans toutes les fonctions publiques qui lui étaient imposées par son rang.

Ceci était assurément plus romanesque et plus intéressant que sa sainteté même.

On comprend avec quelle curiosité toutes les particularités de sa confession furent accueillies; petits et grands ne s'entretenaient, de tous côtés, que de Madeleine de la Croix, et toute l'Espagne était en mouvement, comme s'il s'était agi d'une révolution.

Madeleine fit durer le plaisir longtemps : elle feignit, à plusieurs reprises, de se trouver mal, prétendit que le démon ne voulait pas la quitter ; elle rétracta même, différentes fois, tout ce qu'elle avait avoué.

Enfin, toute la mise en scène des imposteurs habiles.

Il fallut en venir aux exorcismes ; mais le diable se fit tirer l'oreille.

Quand on eut fini avec Balban, il fallut recommencer avec Python.

Puis, quand on eut commencé avec Python, cet espiègle de Balban revint ne sais par où.

Et ce jeu de cache-cache menaçait d'aller toujours.

Du reste, Madeleine se laissait exorciser de la meilleure grâce du monde; et, au moment où on s'y attendait le moins, le 24 du mois de décembre 1543, le provincial s'étant présenté, la malade renouvela et approuva tranquillement les confessions qu'elle avait faites.

Les sbires de l'inquisition vinrent alors se saisir de sa personne, et la conduisirent enfin dans les prisons du saint-office.

Là, les jeux innocents étaient proscrits.

A dater de cet instant, le procès de Madeleine ne fut pas long. Elle s'était accusée elle-même ; elle avait trompé toute l'Espagne; sa fourberie avait eu trop de retentissement, pour qu'il y eût la moindre hésitation dans le cœur de ses juges.

Les témoins ne manquèrent pas, cependant.

Elle avait abusé de la crédulité et de la bonne foi de tous; chacun avait une petite vengeance à exercer, et nul ne fit défaut.

Madeleine fut condamnée à sortir de la prison en habit de religieuse et sans voile, la corde au col, un bâillon dans la bouche, et un cierge allumé dans la main ; à se rendre, en cet état, à la cathédrale de Cordoue, où devait être préparé un échafaud, sur lequel elle était tenue d'entendre la lecture de son jugement, et le sermon d'usage ; à être enfermée ensuite dans un couvent de religieuses de l'ordre de saint François, hors de la ville ; à y passer le reste de ses jours, sans voile, et privée du droit de voter et de paraître dans les assemblées de la communauté ;

A manger tous les vendredis au réfectoire, au rang des religieuses en pénitence ;

A ne pouvoir jamais parler à d'autres qu'aux religieuses de sa communauté, au confesseur et au prélat, sans la permission expresse de l'inquisition ;

A ne communier qu'au bout de trois ans, si ce n'est en cas de maladie grave ; et si elle manquait à quelqu'un des articles de son jugement, elle devait être considérée comme relaps et comme ayant abjuré la foi catholique.

Rien, dans cette sentence, ne témoigne de la rigueur habituelle de l'inquisition, et cependant, Madeleine de la Croix avait porté évidemment atteinte aux intérêts de la religion, en se jouant de la foi publique avec tant d'impudence.

L'histoire de l'inquisition nous offre aussi plusieurs exemples de fourbes prenant le costume de l'un de ses membres, soit pour couvrir des projets de vengeance, soit pour cacher des vols audacieux, soit pour mener à bonne fin des entreprises amoureuses.

Il ne faudrait point exagérer l'importance de ces faits isolés ; mais il est néanmoins certain que plusieurs chroniqueurs en ont abusé pour mettre sur le compte, déjà si chargé du saint-office, bon nombre de méfaits apocryphes.

II.

Nous finirons ce chapitre par une petite aventure à laquelle l'inquisition se trouve mêlée, et qui ne laisse pas que d'être fort curieuse.

Vers l'année 1558, il y avait, à Tolède, deux jeunes gens : une fille, du nom de Rebecca ; un garçon, du nom de Leporello, qui s'aimaient depuis leur enfance de l'affection la plus tendre.

Leporello avait vingt ans, Rebecca en avait seize à peine.

C'étaient deux enfants qui avaient vécu l'un près de l'autre, et avaient grandi en se tenant par la main.

Leporello ne pouvait quitter Rebecca, et Rebecca n'avait de joie réelle que lorsque Leporello était auprès d'elle.

Un jour, ils s'étaient aperçus l'un et l'autre que l'âge leur était venu, sans qu'ils s'en fussent douté. Rebecca eut de vagues tristesses, et Loporello de brûlantes ardeurs.

Le père de la jeune fille ne tarda pas à s'apercevoir de ces changements, et craignant d'exposer ainsi deux jeunes gens dont le cœur s'éveille à des dangers qu'ils n'auraient peut-être, ni l'un ni l'autre, la force de combattre, il signifia à Leporello de cesser ses assiduités auprès de Rebecca.

Ce fut un coup terrible pour les deux amoureux ; mais la jeune fille crut trouver dans son esprit un excellent moyen de faire revenir son père sur sa décision, et conseilla à Leporello d'aller lui demander sa main.

La pauvre Rebecca connaissait bien peu les Juifs en général, et son père en particulier.

Son père avait amassé à grand'peine une fortune considérable ; c'était un des plus riches marchands de Tolède, et il n'avait qu'un enfant.

Pendant quarante années, Maurique, tel était le nom du père de Rebecca, avait empilé maravedis sur maravedis, bravant les dédains qui s'attachent toujours à la profession de *grippe-sous*, et se promettant une éclatante revanche pour ses vieux jours.

Son idée, à ce Maurique, qui cachait une orgueilleuse ambition sous son pourpoint pelé, était d'allier sa richesse à la grandeur d'une famille de la cour.

Il tenait à cela par dessus tout.

Leporello, le pauvre garçon, ne valait rien pour cela, et le père Maurique eût consenti à ne pas marier sa fille, plutôt que de la lui donner.

Leporello se lamenta pendant quelques jours, se répandant en plaintes amères sur l'avarice du père de Rebecca; mais ces plaintes étaient stériles, et Rebecca cherchait vainement comme lui, dans son imagination, un moyen de sortir de cette impasse.

C'étaient deux enfants qui ne savaient rien de la vie, — qui ne savaient qu'aimer.

— Leporello, disait la fille de Maurique, Leporello, s'il me faut appartenir à un autre qu'a toi, je mourrai!

Et Leporello se tordait les bras, en se demandant comment il empêcherait sa charmante maîtresse de mourir, et il était vraiment bien malheureux.

Un soir, enfin, Leporello parut avoir pris un parti décisif; il quitta Rebecca, l'air radieux, la joie sur le front, l'espoir dans le cœur, et lui promit que, le lendemain, il lui apporterait de bonnes nouvelles.

Il n'en fallait pas davantage pour rendre Rebecca heureuse, et comme son amant, elle espéra.

Leporello partit.

Il erra quelque temps à travers les rues étroites et sombres de Tolède, et arriva enfin à l'une des extrémités du plus misérable de ses faubourgs. Puis, après avoir longtemps hésité, il frappa en dernier lieu à la porte d'une petite maison qui semblait isolée du reste de la ville.

Cette maison était l'habitation ordinaire de maître Bernard Gotor, un vieillard qui avait bien près de soixante-dix ans.

Maître Bernard Gotor était un mendiant célèbre dans Tolède, et qui tout le monde faisait l'aumône.

Après avoir, grâce à ce métier, ramassé une petite fortune, Bernard Gotor s'était récemment retiré des affaires, et il vivait là, tranquille et solitaire, fréquentant assidûment les églises, estimé de tous ceux qui le connaissaient, attendant avec patience, et dans la crainte de Dieu seul, que son tour vînt de quitter cette vallée de larmes.

Bernard Gotor avait eu des obligations particulières à la famille de Leporello, et il ne se rappelait jamais sans un profond attendrissement que le père de ce dernier l'avait sauvé deux fois des prisons de l'inquisition.

Bernard Gotor avait, dans sa vieillesse, reporté sur le fils une partie de l'affection dévouée qu'il portait au père, et c'était vers lui que Leporello venait chercher un bon conseil, pour sortir de la pénible situation dans laquelle il se trouvait.

Dès qu'il le vit entrer, Bernard Gotor alla à lui, avec une réelle satisfaction peinte sur le visage, et lui serra les mains paternellement.

— Eh! quelle heureuse nouvelle t'amène vers moi, mon cher fils? lui dit-il en l'embrassant; à la bonne heure, voilà un grand gaillard, fort, robuste, la physionomie ouverte... Ah! l'on a bien raison de dire : tel père, tel fils... ton père était comme toi, Leporello, et Dieu veuille que tu quittes cette terre en y laissant, comme lui, le souvenir d'un honnête homme! Mais, voyons! voyons, mon enfant, quelle nouvelle, quelle nouvelle?

Leporello secoua tristement la tête, et prit un air contrit :

— Triste nouvelle, mon père Bernard, répondit-il avec un soupir.

— Oh! oh! interrompit le mendiant honoraire, nous avons des chagrins?

— Des chagrins mortels!

Gotor se prit à sourire.

— Mortels! à ton âge!

— Oui, mon père Bernard... mortels!

Et il disait cela très-bien, ce petit Leporello.

Si bien que Gotor, déjà tout ému, dit :

— Et y puis-je quelque chose?

— Je ne sais.

— Eh bien! raconte-moi cela, mon enfant, et je te le dirai, moi!

Leporello serra à son tour les mains du bon vieillard, et, après avoir réfléchi, il reprit :

— Vous connaissez le marchand Maurique? lui dit-il.

— Oui, oui, beaucoup, fit Bernard Gotor; Maurique, un vieux juif, riche comme un puits...

— C'est cela! et sa fille?

— La petite Rebecca? certainement; un beau brin de fille, douce, avenante; un vrai trésor!

— Vous la connaissez, Bernard, je le vois bien, poursuivit Leporello; eh bien! moi, pour mon malheur, j'aime Rebecca, comme lorsqu'on aime pour la première fois; quand je suis un jour sans la voir, je suis triste, inquiet, malade; c'est une torture qui me ronge le cœur petit à petit, et qui me fera mourir, si je suis contraint de renoncer à elle.

— Mais Rebecca t'aime-t-elle? objecta Bernard.

— Oui, elle m'aime.

— Elle te l'a dit?

— Elle me l'a dit.

— Alors, pourquoi ne pas demander sa main?

— C'est ce que j'ai fait.

— Et le père Maurique t'a refusé?

— Il m'a refusé, répondit Leporello, et ce refus a jeté le désespoir dans mon cœur et dans celui de Rebecca.

— Sans doute! fit Bernard Gotor, sans doute, je comprends.

Puis il ajouta, tout en paraissant réfléchir :

— Mais que veux-tu que j'y fasse?

— Et que sais-je? répartit Leporello, mais vous pourriez peut-être parler à Maurique; il a sans doute confiance en vous comme tout le monde... Vous avez connu mon père, vous me connaissez, il vous écouterait.

— Il me jetterait à la porte, dit Bernard; Maurique est un homme violent, entêté; il n'aime pas qu'on le contredise, il serait dangereux de chercher à l'irriter.

Et, tout en parlant ainsi, le vieux Bernard Gotor avait laissé tomber sa tête dans sa main, et il réfléchissait plus fort.

— Ah! songez-y, Bernard, dit Leporello, songez-y, pour moi c'est le désespoir, c'est la mort peut-être! car, si l'on s'obstine à me refuser Rebecca, je serai capable de tout.

— Voilà de mauvaises paroles, mon enfant, dit Bernard d'un ton de sévérité; il ne faut jamais désespérer de la bonté de Dieu, car, au moment où tu doutes de lui, peut être m'inspire-t-il le moyen de te sauver.

— Dites-vous vrai?

— Peut-être!...

— Ah! vous êtes bon, Bernard, et, vous avez raison, c'est Dieu qui vous inspire!

— Bon! bon! murmura le vieux Gotor, quand Dieu fait ce que veulent les enfants, ils disent que Dieu est juste!...

III.

Voici ce qui advenait à quelques jours de là :

Maurique était seul dans son appartement, et il songeait à cette alliance, qu'il avait projetée avec une famille puissante de la cour.

Ce projet n'était pas précisément facile à exécuter, mais Maurique comptait beaucoup sur son immense fortune et sur la beauté de Rebecca.

L'amour que sa fille avait conçu pour Leporello ne lui paraissait guère sérieux, et il pensait d'ailleurs que, dans cette circonstance comme dans toutes les autres, Rebecca n'aurait d'autre ambition que celle d'obéir à son père.

Mais où prendre ce gendre puissant qui devait, au besoin, le protéger contre l'inquisition?... Ils étaient tous arrogants et fiers, les jeunes seigneurs de la cour, et aucun n'avait jamais fréquenté la maison du marchand Maurique, si ce n'est pour lui emprunter de l'argent ou l'accabler d'injures.

Maurique passait en revue, un à un, tous les gentilshommes de Tolède, et nul ne lui paraissait offrir les conditions désirables.

C'est en ce moment que Bernard Gotor entra chez lui.

Bernard portait son costume ordinaire; seulement, à son cou était suspendue une petite médaille sur laquelle étaient gravés les sceaux de l'inquisition, avec ces paroles : *Exurge, Domine, et judica causam tuam, et dissipentur inimici fidei,* c'est-à-dire : Lève-toi, Seigneur, juge ta propre cause, et les ennemis de la Foi seront dispersés.

Bernard salua Maurique avec cette humilité qu'il avait conservée de son métier, et Maurique lui rendit son salut.

— Il y a bien longtemps, mon bon Monsieur, dit Bernard, que je désirais venir vous rendre mes devoirs, mais le service de l'inquisition m'en a empêché.

— Ah! vous appartenez au saint-office? fit le marchand.

— Je suis *familier,* mon bon Monsieur, pour vous servir si j'en suis capable... L'inquisiteur général me veut quelque bien, et je puis dire qu'il a en moi toute confiance.

— Vraiment! fit le marchand juif, qui lui avança un siége de sa propre main.

— Ah! c'est un saint homme, monsieur Maurique.

— Je le sais.

— Et qui s'enquiert souvent des habitants de la bonne ville de Tolède. — Dernièrement encore, il m'entretenait de vous.

— De moi?

Le marchand avait pâli.

Gotor, qui l'examinait sans faire semblant de rien, reprit tout doucement :

— De vous, monsieur Maurique, et, pourquoi ne le dirais-je pas, c'est presque à son instigation que je suis venu vers vous.

— Est-ce possible! s'écria Maurique en tressaillant.

— C'est comme je vous le dis; l'inquisiteur général a bien voulu vous remarquer à l'église, et il a été touché de la piété que montrait la jeune et charmante Rebecca, votre fille.

— Dites-vous vrai? fit Maurique d'un air un peu rassuré.

L'inquisiteur l'avait remarqué à l'église, c'était bien; — mais si l'inquisiteur avait deviné quel genre d'antiennes le juif chantait devant l'autel chrétien!...

— L'Inquisiteur est un saint homme, monsieur Maurique, reprit Gotor, et la beauté de Rebecca a paru lui plaire.

— Comment?

— Oh! rassurez-vous, monsieur Maurique, ce n'est qu'un saint projet qui a pu venir à la pensée de notre inquisiteur; il s'est dit que Rebecca était belle et pieuse, et qu'un pareil trésor ne devait point être perdu... Dieu merci, il y a assez de couvents en Espagne pour recevoir toutes les filles du royaume.

— Un couvent! fit le juif qui resta tout ébahi.

— Ce projet vous déplairait-il? demanda Bernard.

— Mais je ne dis pas qu'il me déplaise... Cependant...

— Cependant?

— Eh bien! il pourrait se faire que Rebecca n'eût pas été insensible aux plaisirs du monde, et qu'un amour... Eh! eh!... vous savez, M. Gotor..., les jeunes filles.

— Oui, oui, dit Bernard; — ah! diable, M. Maurique..., les jeunes filles! les jeunes filles!

— Si Rebecca a fait un choix...

— Eh bien! eh bien! ne vous alarmez pas, M. Maurique, interrompit Bernard avec bonté, à Dieu ne plaise que l'inquisiteur entende contrarier en rien de pareils sentiments; il la verrait, au contraire, avec plaisir mariée selon son cœur et avec un homme dont elle-même aurait fait choix.

— Oh! le brave seigneur! dit Maurique.

— Vous entendez..., un homme dont elle-même aurait fait choix. — L'inquisiteur général m'avait invité à sonder vos intentions à ce sujet, parce que.... parce que...; enfin, n'importe! que ce soit une affaire terminée, puisque vous êtes du même avis que sa grandeur!...

Bernard Gotor parla encore de mille choses assez insignifiantes, et se retira enfin, laissant Maurique fort inquiet sur la situation, et ne sachant en réalité comment y faire face.

Car pourquoi sa grandeur daignait-elle s'intéresser si fort au bonheur de sa fille?

Quelques jours se passèrent.

D'après le conseil de Bernard, Leporello avait cessé de voir Rebecca; et la pauvre enfant, qui n'avait pas été instruite des raisons de cet abandon, se sentait envahie par une sombre tristesse.

Son père l'avait questionnée sans succès ; Rebecca n'avait rien, ne savait pas de quelle tristesse son père voulait parler ; il était évident, selon elle, qu'elle n'avait jamais été plus gaie.

Maurique lui parla de mariage ; elle garda le silence. Il lui dit qu'un grand seigneur avait fait demander sa main, et elle répondit qu'elle ne voulait épouser personne ; Maurique demeura fort embarrassé.

Quand Bernard revint à quelques jours de là, les dispositions de Maurique parurent avoir changé ; il dit qu'il s'était trompé sur les sentiments de sa fille, qu'il l'avait consultée, qu'enfin elle ne lui semblait pas éloignée d'entrer au couvent.

Bernard Gotor parut éprouver une grande satisfaction à cette nouvelle ; il dit qu'il allait la rapporter à son maître, et qu'il ne doutait pas du plaisir qu'elle lui causerait ; qu'il l'avait entretenu, depuis sa visite, de Rebecca ; qu'il avait paru un peu contrarié de la voir occupée d'idées mondaines ; mais qu'après tout, il désirait qu'une aussi belle fille ne fût victime d'aucune violence, et qu'il entendait qu'on la laissât libre de se choisir un époux ou d'entrer au couvent.

Il partit.

Bernard avait donné des instructions détaillées à Leporello, qui, le lendemain même, se représentait à Rebecca, et leurs amours reprenaient comme s'il n'y eût point eu d'interruption. Rebecca le gronda bien un peu, mais elle était si réellement heureuse de le revoir, que sa mauvaise humeur ne tint pas, et qu'elle promit de nouveau, à son amant, de n'appartenir qu'à lui.

Comme ils venaient de se séparer, Maurique fit appeler sa fille, lui expliqua qu'il avait réfléchi, qu'il comprenait fort bien qu'elle ne voulût épouser personne, qu'il n'entendait la contrarier en rien, et qu'elle pouvait choisir elle-même le couvent dans lequel elle voulait entrer. Rebecca partit d'un éclat de rire sonore et franc, et demanda à son père si la proposition qu'il lui faisait était sérieuse.

N'était il donc plus israélite dans l'âme, lui qui parlait du couvent comme un galiléen? — Quant à elle, elle était d'un âge à ne pas se retirer encore du monde; elle voulait profiter de sa jeunesse et de la fortune de son père, pour faire son bonheur, celui de son père, celui de son mari!... Le couvent qu'elle voulait choisir, le seul que son cœur désirât, c'était l'habitation d'un époux...

Maurique demeura plus embarrassé que jamais... Et quand Bernard Gotor revint, revêtu cette fois du costume complet d'un familier en titre d'office, le juif se montra fort troublé, et ne sachant comment répondre aux questions catégoriques qui lui étaient posées par le servant de l'inquisiteur général.

Il lui expliqua cependant son embarras, et Bernard secoua la tête d'un air pensif.

— Ceci est grave, monsieur Maurique, lui dit-il; ceci est très-grave! L'inquisiteur va croire que vous vous jouez de sa seigneurie, et il entrera dans une grande colère; c'est un saint homme, mais il n'aime pas que l'on se moque de lui. — Ah! monsieur Maurique, qu'avez-vous fait?

La peur s'empara de Maurique, et il tenta de balbutier une réponse. Bernard lui fit espérer qu'il ferait en sorte d'arranger tout cela pour le mieux.

Est-il besoin de dire que le grand inquisiteur ne savait pas le premier mot de tout cela?

Bernard, Leporello, et Rebecca qui fut mise dans la confidence, continuèrent à jouer la comédie de l'inquisition. On entretint Maurique dans une terreur salutaire, et on l'amena, en dernier lieu, à souscrire au mariage de sa fille avec Leporello, toujours pour éviter de déplaire au grand inquisiteur, qui songeait à lui comme à se pendre!

Quand le mariage fut conclu, Bernard Gotor vint trouver le seigneur Maurique. Il n'avait plus son costume de familier. Il raconta tout uniment quelle ruse il avait employée.

Maurique voulait se fâcher, mais il était trop tard ; Rebecca et Leporello étaient mariés ; et ce qui le consola d'avoir été joué, c'est qu'ils étaient heureux.

Un soir du mois d'août de l'année 1561, deux hommes vêtus de manteaux sombres, le front couvert de chapeaux aux larges bords, parcouraient à pas lents et mesurés les rues de la ville de Palerme.

L'un de ces deux hommes était jeune encore, l'autre était vieux déjà.

Le premier pouvait avoir trente ans environ ; il était grand, élancé, bien pris dans sa taille, et portait son feutre coquettement penché sur l'oreille ; ses pas s'appuyaient fermes et sonores sur le pavé de la rue, et le bout de son épée retroussait gaillardement le bas du petit manteau qui tombait de ses épaules.

Le second avait quarante ans à peine, mais des préoccupations d'un genre sérieux ou triste avaient mis déjà bon nombre de rides sur son visage ; il avait le dos légèrement voûté, portait une sorte de chapeau rond sans élégance, et l'on n'apercevait pas la moindre arme sous son manteau aux plis amples et lourds.

La nuit était magnifiquement étoilée ; un calme parfait régnait de tous côtés, et aucun bruit ne venait troubler le silence de cette heure solennelle.

Ces deux hommes étaient, de tous les habitants de Palerme et de la Sicile, ceux sur lesquels la renommée avait, depuis longtemps, raconté le plus de choses bonnes et mauvaises.

Le plus jeune s'appelait le marquis de Terranova; c'était le seigneur à la mode, celui qui portait, le premier, les modes de la cour de France, celui qui dépensait le plus follement son argent, celui, enfin, qui comptait le plus de charmantes aventures.

On le trouvait partout, et à toute heure du jour ou de la nuit. Dans les bals, sur les places publiques, dans les tavernes, dans les églises, partout, on était sûr de rencontrer le marquis de Terranova, entraînant à sa suite les gentilshommes appartenant aux plus hautes maisons de l'aristocratie de l'île.

Le marquis descendait lui-même de l'une des plus illustres souches, et il n'y avait pas dix ans encore que son oncle avait été nommé vice-roi de la Sicile. Une telle position semblait assurer l'impunité à toutes les folies du marquis de Terranova, et, par le fait, il ne paraissait guère s'inquiéter de ce que la police de Palerme pensait de ses faits et gestes.

Le plus vieux était un tout autre personnage que lui; il s'appelait Camargo, de son nom de famille, et passait pour l'un des philosophes les plus distingués qu'il y eût alors au pays.

A vrai dire, le vieux Camargo passait la plus grande partie de ses journées et de ses nuits le nez dans les livres anciens et modernes; il allait dans les rues de Palerme, sans prendre garde aux passants qui le regardaient, souvent nu-tête, quelquefois nu-pieds : rien n'égalait son insouciance et le laisser-aller de sa tenue.

Un jour, il sortit de Palerme, emportant avec lui une provision respectable de livres latins et grecs, et s'en alla chercher la solitude et la liberté.

Le temps était magnifique, la campagne invitante; à la rigueur, on pouvait comprendre une pareille tentative. Durant quatre jours, on ne le revit plus.

Cependant, le temps avait changé : le ciel s'était couvert de nuages, la pluie avait détrempé les routes et comblé les fossés.

Quand Camargo revint, il était dans un état pitoyable; aussi, dès qu'il parut en ville, tous les enfants se mirent à courir après lui, avec de grandes huées, lui jetant de la boue et des pierres; mais Camargo avait l'âme fortifiée par les lectures auxquelles il venait de se livrer pendant quatre jours, il passa au milieu sans s'émouvoir, et rentra en son logis, où il trouva sa femme fort inquiète.

Camargo avait une femme, en effet, et quand nous disons une femme, c'est deux que nous devrions dire; car le philosophe Camargo était bigame.

Insensible au lamentable exemple de Socrate, le philosophe Camargo s'était marié deux fois, sciemment, avec réflexion, comme un philosophe doit le faire. Il avait lu dans ses livres qu'Abraham avait eu plusieurs femmes, que Salomon en avait eu sept cents, et fort de ces précédents, il avait conclu que puisque sa première femme ne lui convenait plus, il pouvait bien se permettre d'en épouser une seconde.

Que répondre à un philosophe pourvu d'une logique si belle?

Malheureusement, ce philosophe n'était guère mieux tombé la seconde fois que la première, et s'il n'avait écouté que son cœur, il en aurait volontiers épousé une troisième.

Mais Camargo avait un peu frayeur de l'inquisition, et bien qu'il eût été jusqu'alors, de la part de cette institution, l'objet d'une bienveillance marquée, puisqu'on ne l'avait nullement inquiété, cependant, il redoutait toujours quelque délation, et se montrait généralement fort prudent pour tout ce qui avait rapport, de près ou de loin, aux dogmes de la religion catholique.

L'inquisition était, à cette époque, en plein exercice en Sicile, malgré les insurrections partielles auxquelles avaient donné lieu l'établissement successif de quelques-uns de ses tribunaux.

En 1520, notamment, Charles V avait écrit au pape pour l'engager à n'admettre aucun appel des habitants qui auraient été condamnés par l'inquisition. Cette démarche, qui était comme un témoignage spécial de la protection de l'empereur, avait singulièrement augmenté l'audace des inquisiteurs.

Mais cette démarche confirme pour nous les mille preuves, disséminées dans l'histoire, qui établissent que les papes furent modérateurs et non point instigateurs en ce qui concerne les excès de l'inquisition.

Le pape répondit, en effet, à Charles V qu'il agirait suivant les événements et sa conscience.

Les Siciliens sont d'assez mauvaises têtes, comme on sait, et quand Palerme se souleva, en 1535, contre le saint-office, les choses furent poussées si loin, que Charles V se vit contraint d'écrire aux inquisiteurs qu'il révoquait la confirmation et l'ampliation des priviléges qu'il leur avait accordés.

Cette révocation avait pour effet de ne permettre aux inquisiteurs aucun acte de juridiction civile, et ils ne pouvaient ainsi exercer aucune poursuite contre des séculiers, si ce n'est pour cause expresse et notoire d'hérésie.

Mais cet état dura peu. Les Siciliens, se croyant à leur tour protégés par Charles V, ne gardèrent plus aucune retenue, et saisirent avec empressement toutes les occasions qui se présentèrent pour témoigner la haine profonde qu'ils portaient aux inquisiteurs qu'on leur avait donnés.

L'empereur se vit bientôt contraint de revenir sur ce qu'il avait fait, et, le 27 du mois de février 1543, il signa une ordonnance qui annulait la suspension des priviléges des inquisiteurs.

Cet événement produisit un effet terrible sur les esprits, et l'inquisition se crut dès lors assez forte pour opprimer de nouveau la nation sicilienne.

En 1549 et en 1551, des auto-da-fé eurent lieu, et l'on y brûla en effigie certains contumaces. Les Siciliens les laissèrent agir pendant quelque temps ; mais ils se préparèrent à une lutte prochaine qu'ils regardaient comme inévitable.

Les choses en étaient là au moment où notre histoire commence.

La Sicile était alors gouvernée par don Juan d'Avalos, marquis de Pescaire, qui avait le titre de vice-roi.

Le marquis, véritable grand seigneur, appartenant à la royale famille des Moncada de la Castille-Vieille, était un homme d'une cinquantaine d'années environ, mais fort, robuste, d'une nature aventureuse, et qui s'était attiré les sympathies presque unanimes de la population qu'il était appelé à commander.

Mais ce qui avait surtout contribué à lui rendre l'administration du pays facile, c'était, sans contredit, la charmante femme qu'il avait amenée avec lui dans l'île. Victoria Colonna avait vingt ans à peine, et elle était unie depuis deux ans seulement au marquis.

Rien n'était plus gracieux, plus élégant, plus distingué que la marquise ; elle était vive, folâtre, enjouée, s'abandonnait toute entière à la joie du présent, et s'enivrait naïvement de ce fol encens que mille courtisans empressés brûlaient sur ses pas.

Reine ! elle était reine, ou du moins presque reine ; elle n'avait nulle rivale, et elle était jeune, et elle était belle !

Pendant deux ans, Victoria Colonna avait vécu ainsi, avide de plaisirs et de spectacles, donnant elle-même des fêtes splendides auxquelles toute l'aristocratie de l'île était conviée ; la gaieté la plus franche régnait éternellement sur son front ; elle n'avait d'autre désir que de continuer cette existence heureuse qu'elle avait menée jusqu'alors.

Malgré cette liberté grande dont son époux la laissait jouir, Victoria n'avait cependant donné prise à aucune calomnie, et bien qu'elle se laissât courtiser ouvertement par bon nombre de jeunes et charmants gentilshommes, nul n'aurait osé dire qu'elle eût jamais manqué aux règles sévères de la morale.

Était-il bien vrai cependant que Victoria eût toujours été insensible aux hommages dont elle était entourée? son cœur ne s'était-il jamais laissé séduire? était-elle bien réellement restée vertueuse, malgré cette liberté sans bornes dont elle disposait? C'est ce que la suite de cette histoire nous apprendra.

Tout ce que nous pouvons dire, c'est que jamais jusqu'alors la moindre atteinte n'avait été portée à sa réputation, et qu'aucun soupçon n'avait altéré le profond amour que lui avait voué son époux.

Le marquis de Terranova et le philosophe Camargo parcouraient donc à pas lents les rues de Palerme, et depuis une demi-heure environ ils n'avaient pas échangé une seule parole.

Il pouvait être onze heures de nuit; on ne rencontrait, çà et là, que quelques bourgeois attardés qui regagnaient leurs logis à la hâte.

L'air était parfumé; les suaves senteurs de la plaine de Couca-d'Oro arrivaient jusque sur les places publiques: c'était une nuit bénie de Dieu.

Tout à coup le marquis de Terranova s'arrêta; ils venaient d'arriver près de l'église de Saint-Joseph. Le marquis frappa légèrement sur l'épaule de son compagnon.

Celui-ci s'arrêta également, et releva vivement la tête à cet attouchement inattendu.

— Camargo! fit Terranova en montrant du doigt au philosophe l'église près de laquelle ils venaient de s'arrêter.

— Monseigneur? fit ce dernier en s'inclinant avec humilité.

— Nous voici arrivés au terme de notre voyage, mon ami, poursuivit Terranova; tu m'as demandé de marcher jusqu'ici avec moi dans la crainte des malfaiteurs. Nous allons nous séparer... Adieu! Camargo, adieu!...

Et le marquis, tirant de sa poche une petite clef, ouvrit une porte basse qui donnait dans l'intérieur de l'église, et disparut aux regards ébahis de son compagnon.

Camargo ne savait ce que cela voulait dire, et pourquoi le marquis de Terranova, le gentilhomme le plus léger de toute l'île, se rendait ainsi mystérieusement, à une pareille heure de la nuit, dans l'église de Saint-Joseph.

Il ne savait pas non plus comment ce même gentilhomme avait une clef de l'église !

Camargo secoua la tête et se gratta le bout de l'oreille...

— Quelque femme, sans doute! quelque femme, murmura-t-il entre ses dents... Ah! Seigneur Dieu ! pourquoi avez-vous créé les femmes?... et surtout mes deux femmes!

Il avait à peine fini qu'une femme, suivie à peu de distance par une sorte de duègne, déboucha sur la place et se dirigea vers l'endroit qu'occupait le philosophe.

Celui-ci n'eut que le temps de s'effacer pour ne point être vu.

La femme était enveloppée, des pieds à la tête, d'un nuage épais de dentelles noires; Camargo ne put distinguer ni ses traits, ni sa taille; elle passa donc devant lui, alla, comme Terranova, à la petite porte qu'elle ouvrit, et disparut comme lui dans l'intérieur de l'église.

— Un rendez-vous ! murmura le philosophe en s'éloignant à pas lents de son poste d'observation.

Cependant notre homme réfléchissait.

Un des principaux défauts de Camargo, après son penchant pour la réflexion, était certainement son penchant prononcé pour les femmes. L'étude, la lecture, l'amour de la philosophie avaient été impuissants à modérer l'ardeur de ses sens, et ce n'était pas par pure fantaisie qu'il avait convolé en secondes noces, du vivant de sa première épouse.

Camargo se disait que sa seconde femme était loin d'avoir répondu à son attente, et souvent il avait pensé sérieusement à en épouser une troisième.

Par le fait, quand on prend du galon... Mais, pour cela, il lui eût fallu quitter la Sicile, et Palerme était une ville si avidement protégée par le ciel qu'il ne pouvait se résoudre à la quitter.

Camargo pensait à toutes ces choses et à mille autres encore, et, tout en rêvant, il s'était approché de la duègne, que la jeune femme avait laissée derrière elle.

La duègne regardait à droite et à gauche, pour s'assurer que personne n'avait vu sa maîtresse, et quand elle vit Camargo venir à elle, elle demeura comme pétrifiée.

Le philosophe l'avait regardée avec attention à diverses reprises, et il la trouvait fort de son goût. Sa taille était bien prise, souple, élégante; elle était grande, portait les épaules larges et la poitrine forte, et Camargo ne méprisait pas les femmes fortes.

Au contraire, Camargo, bien que ses deux femmes l'eussent battu tour à tour cruellement, Camargo appréciait les femmes fortes.

La duègne, interdite de rencontrer un témoin a cette heure de nuit, voulut se diriger vers la petite porte de l'église dont, elle aussi, avait la clef; mais Camargo la devança, et il l'arrêta résolûment, à l'instant où elle allait mettre la clef dans la serrure.

— Pardon, signora, lui dit-il, d'une voix où tremblait déjà une certaine émotion, pardon, mais les rues de Palerme ne sont peut-être pas bien sûres à une pareille heure, et je serais heureux si vous vouliez bien me choisir pour votre cavalier.

Vous voyez que les philosophes parlementaires abordaient les femmes au XVIe siècle absolument comme les messieurs de Paris, portant lunettes d'or et tabatières de platine, abordent les jeunes demoiselles du commerce au XIXe siècle.

— Laissez-moi! laissez-moi! répondit la duègne, en cherchant à ouvrir la porte.

Mais Camargo s'était placé devant, et il était impossible de passer.

— Inutile ! signora, inutile, dit-il en souriant, le hasard m'a trop bien servi pour que je laisse échapper une pareille occasion !...

— Alors, je vais crier à l'aide..., fit la femme.

— Crier ! répartit Camargo, ne vous en avisez pas, ma toute belle... Qu'arriverait-il, en effet ? le guet viendrait, on nous conduirait chez le corrégidor, et vous seriez contrainte de dévoiler les amours de votre maîtresse ; mieux vaut se taire, qu'en pensez-vous ?

Oh ! philosophe Camargo, que vous étiez adroit, mais quelle perversité !

— Vous avez peut-être raison, répondit cependant la duègne, en examinant avec une attention singulière celui qui lui parlait...

— Mieux vaut encore accepter le bras que je vous offre, et vous promener sur cette place, ajouta le philosophe.

— Comme vous voudrez, dit encore la femme.

Et, sans se faire prier davantage, elle passa son bras sous le sien, et se laissa conduire au gré de Camargo.

Un éclair de satisfaction brilla dans le regard de ce dernier, et il partit en pressant contre son cœur, qui battait avec précipitation, le bras charmant qu'on lui abandonnait.

Nous ne ferons aucune digression fâcheuse sur ce sujet : un philosophe en bonne fortune.

Nous respectons le lecteur, sinon la philosophie.

— Votre maîtresse est sans doute une grande dame, dit enfin Camargo, après quelques minutes données à l'émotion d'un amour naissant.

— Vous l'avez dit, répliqua la duègne.

— Le marquis de Terranova est un heureux mortel !

— Vous le connaissez ?

— C'est mon ami.

— Ah ! fit la duègne.

— Mais, quelque soit son bonheur, ajouta le philosophe, je doute qu'il vaille celui que j'éprouve en ce moment !

— Vous êtes galant.

— Je suis sincère.

— Vous prenez feu très-vite, alors ?...

— C'est vrai ! c'est vrai ! fit observer Camargo, ma tête s'enflamme, ma raison déménage, mon cœur s'éprend avec une facilité étrange ; mais il faut dire que, cette fois du moins, l'objet qui m'inspire un tel amour en est digne sous tous les rapports.

— Qu'en savez-vous?

— L'instinct de mon cœur...

— Ah ! décidément vous allez me faire croire...

— Quoi donc ?

— Que vous êtes fou !

Et la duègne se mit à rire aux éclats.

Camargo la regarda avec passion.

Ce bras qu'il pressait contre sa poitrine était jeune, à n'en pas douter ; cette voix était fraîche et pure.

C'était évidemment une femme d'une trentaine d'années au plus, et, malgré le voile jaloux qui lui dérobait ses traits, Camargo jugea cependant qu'elle devait être jolie.

Il avait déjà oublié ses deux femmes. Il resta quelques minutes sans parler, et ce fut l'inconnue qui rompit la première le silence.

— Voilà que vous rêvez, lui dit-elle avec enjouement ; auriez-vous déjà épuisé toutes les ressources de votre rhétorique ?

— Je songeais à vous, répondit le philosophe Camargo, d'une voix mélancolique et tendre.

— A la bonne heure !

— Et je me disais, que celui-là qui pourrait devenir votre époux, serait un homme bien heureux.

— Ah ! vous songiez à cela ?

— Aussi vrai qu'il fait nuit! jura Camargo.

La jeune femme haussa les épaules, et regarda Camargo, avec deux yeux noirs et fixes.

— A cela, dit-elle, il n'y a qu'un obstacle...

— Je n'en vois pas, interrompit le philosophe.

— C'est que je suis mariée...

— Vous !

— Mon Dieu, oui !...

— Eh bien ! voyez comme cela se trouve... objecta Camargo, moi je le suis aussi.

— Comment! vous êtes marié? dit la jeune femme en jouant l'étonnement ; vous êtes marié, et vous me proposez de m'épouser !..

— Et pourquoi pas?... s'écria Camargo.

La jeune femme quitta brusquement le bras de son cavalier, et se prit la taille à deux mains, pour se livrer tout entière au rire immodéré qui s'était emparé d'elle.

— Ainsi, dit-elle, nous allons nous marier, si je veux?

— Et quand vous voudrez, répondit Camargo.

— Vous abandonnerez votre femme pour me suivre?

— Au bout du monde.

— C'est bien, maître Camargo, ajouta l'inconnue, en prenant son futur époux par le bras ; mais comme il faut qu'avant de se marier l'homme et la femme se connaissent bien, regardez-moi, et dites-moi si je vous conviens de tout point.

Et en parlant ainsi, la jeune femme conduisit le philosophe sous un reverbère, et leva tout à coup le voile qui lui couvrait le visage.

Camargo resta pétrifié. — C'était sa première femme.

— Julia ! s'écria-t-il d'une voix étranglée.

— Oui, Julia ! répondit la jeune femme, en lui appliquant sur la joue un large et vigoureux soufflet ; Julia, impertinent que vous êtes, qui vous a bien reconnu, et qui devrait vous livrer, comme bigame, au familier du saint-office !... Mais, prenez-y garde, maître Camargo, car s'il vous arrive de tromper ainsi ma remplaçante !...

Le philosophe Camargo ne crut pas qu'il fût de sa dignité d'en entendre davantage, et il se sauva à toutes jambes, tout en essuyant la joue que Julia avait si énergiquement caressée.

IV.

Cette nuit devait être fertile en aventures de toutes sortes pour le philosophe Camargo, car, à peine eut-il échappé aux mains de la belle et robuste Julia, qu'il tomba dans un danger non moins grand.

Il était arrivé, toujours courant, jusque dans un des faubourgs de Palerme, situé sur les bords de la mer.

Il était encore tout frissonnant de la terreur que lui avait inspirée la rencontre imprévue qu'il avait faite, et il ne songeait qu'à regagner paisiblement son logis, lorsque, parvenu à l'une des dernières maisons du faubourg, il se vit tout à coup arrêté par quelques hommes du peuple, qui lui signifièrent de ne pas aller plus loin, sous peine d'être mis à mort sans pitié.

Camargo avait l'excessive prudence des philosophes, il s'arrêta à la première injonction qui lui fut faite, et se laissa conduire par les hommes qui s'étaient emparés de sa personne.

Il entra donc dans une auberge d'assez mauvaise apparence, descendit une vingtaine de marches, toujours escorté par les inconnus, et arriva ainsi jusqu'à une immense salle, où bon nombre de personnes étaient déjà rassemblées.

On lui dit alors qu'on allait le laisser libre de ses mouvements, qu'il assisterait à la réunion qui allait avoir lieu, et qu'une fois rendu à la liberté, s'il s'avisait de révéler la moindre des choses qu'il allait voir, une vengeance terrible l'attendait.

Camargo s'exécuta de la meilleure grâce du monde, jura tout ce qu'on voulait lui faire jurer, et alla prendre place parmi les assistants.

Il apprit, plus tard, qu'on l'avait pris pour un familier de l'inquisition, et que ceux qui l'avaient arrêté ne s'étaient aperçus de leur méprise qu'au moment même où il était trop tard pour la réparer.

Camargo ne se voyait pas volontiers engagé dans une affaire de cette nature; mais il fit, contre mauvaise fortune, bon cœur, et se disposa à écouter de son mieux.

Au fond de la salle s'élevait un tribunal, sur lequel étaient placés trois personnages, le visage couvert d'un masque noir. A côté étaient des hommes armés; de toutes parts, un grand concours de seigneurs et d'hommes du peuple, qui, tous, paraissaient animés de la plus vive ardeur.

Chacun vint à son tour expliquer ses griefs contre l'inquisition; mais Camargo remarqua, avec déplaisir, que ce n'était pas précisément l'inquisition et les inquisiteurs que l'on attaquait, mais bien la domination étrangère qu'ils représentaient.

L'inquisition était le prétexte, la véritable cause était le désir ardent d'une révolution, et il en conclut que cette réunion n'était en partie composée que d'ambitieux, qui voulaient jeter leur pays dans les hasards terribles d'une guerre civile, pour arriver à s'emparer du pouvoir.

Camargo pensa ainsi, parce qu'il était philosophe espagnol; s'il eût été philosophe italien, il aurait appelé cette ambition patriotisme.

Car les philosophes voient tout à travers leur bon petit intérêt personnel.

Quand chacun eut défilé avec ordre devant le président de l'assemblée, un long silence succéda aux dernières accusations, et la porte extérieure retentit alors de plusieurs coups frappés d'une main sûre, et avec un certain air d'autorité.

Camargo frémit de tous ses membres, car il vint à penser que ce pouvait fort bien être l'inquisition elle-même !

Camargo était dans une position d'autant plus dangereuse pour lui, qu'il avait été jusqu'alors l'objet d'une bienveillance marquée de la part des inquisiteurs.

Si des familiers de l'inquisition avaient fait tout à coup irruption dans cette sombre caverne, il eût été mêlé et confondu avec les véritables conspirateurs, et toutes ses dénégations ne l'auraient pas sauvé du châtiment qui attendait ces derniers en cas d'insuccès.

Heureusement, il en fut quitte, cette fois encore, pour la peur; et quand la porte s'ouvrit, il vit entrer avec une certaine satisfaction le marquis de Terranova.

Il ne songea pas d'abord à s'étonner de rencontrer le marquis dans une pareille assemblée, lui, homme de plaisirs et de folies, qui avait rendu son nom célèbre à force d'extravagances et de dissipations ; mais peu à peu la réflexion se fit jour, et il pensa, avec raison, que le marquis de Terranova n'avait, pas plus que les autres, de motifs légitimes de conspirer.

La famille de Terranova avait autrefois tenu le premier rang en Sicile; son oncle avait été vice-roi. Bien qu'il fût, disait-on, fort étroitement lié avec le marquis de Pescaire, le vice-roi actuel, il n'en désirait pas moins, probablement, recouvrer une charge qui avait été tenue avec éclat par ses ancêtres.

Le philosophe Camargo était fait pour comprendre ce dernier motif d'opposition, — car c'était un bien brave homme.

Terranova s'avança au milieu de l'assemblée, et après avoir salué le président :

— Messieurs, dit-il avec une certaine autorité, vous avez désiré que je me joignisse à vous pour renverser le pouvoir qui nous opprime, et, vous le voyez, je n'ai pas hésité ; il y a longtemps, d'ailleurs, que cette pensée m'était venue, et j'avais cru, moi aussi, qu'il était possible de secouer le joug de ces inquisiteurs, dont l'audace et la cruauté augmentent chaque jour !

Le marquis de Terranova fut interrompu par les bravos unanimes de l'assemblée. Il poursuivit :

— Mon oncle, le marquis de Terranova, vice-roi, connétable et amiral de l'île de Sicile, fut forcé, il y a vingt ans bientôt, de subir la peine infamante d'un auto-da-fé, dans l'église des Dominicains de Palerme, pour avoir fait punir un malfaiteur qui était archer de l'inquisition ! Eh bien, moi, messieurs, je saurai venger la mémoire d'un membre de ma famille ; et cette terrible histoire du passé vous assure de mon concours pour l'avenir !

Un nouveau mouvement d'enthousiasme arracha encore des bravos à l'assemblée.

— Mais ne nous berçons pas d'illusion sur notre entreprise, reprit Terranova après un moment de silence, nos ennemis nous observent, aucune de nos actions ne leur sont inconnues ; et si nous voulons les frapper avec sûreté, gardons-nous de mesurer plus longtemps le coup que nous voulons leur porter !...

— Parlez ! parlez ! s'écrièrent toutes les voix à la fois.

— Pour mon compte, dit le marquis, je crois que les esprits sont suffisamment préparés, le moment est opportun : chaque jour, l'inquisition prend des forces, une heure viendra où nous serons vaincus avant même d'avoir lutté ! Levons-nous donc, mes amis ! que demain même, Palerme voie partout se lever l'étendard glorieux de la révolte ; appelons tous les citoyens à la guerre, et chassons à jamais ce pouvoir ignominieux, qui souille le sol de notre patrie !

Terranova aurait ajouté encore bien des choses, mais l'émotion de l'assemblée l'empêcha d'en dire plus long.

Chacun voulait courir aux armes sans tarder.

Il fallait se rendre sur-le champ à la demeure des inquisiteurs, s'emparer de leurs personnes et de celles de leurs familiers, et procéder à un auto-da-fé d'un autre genre.

Terranova eut beaucoup de peine à modérer leur ardeur. Toutefois, il parvint, après maints discours, à calmer leurs fièvres, et il fut convenu que le lendemain soir, la révolte commencerait sur tous les points à la fois.

Chacun se distribua un rôle pour cette heure solennelle, et tous les assistants se séparèrent, après avoir juré de mourir pour la patrie.

Les membres de l'institut agricole qui ont cru devoir insinuer dans un dictionnaire fameux que ce serment fut prononcé sur l'air de la *Muette* de M. Auber, sont des imposteurs.

Le mot peut sembler vif, mais l'indignation nous déborde, en voyant comme on trompe les classes laborieuses!

Il nous serait facile de prouver que M. Auber ne vivait pas en 1531. Nous dédaignons ces jeux d'esprit, et nous reprenons notre important travail.

Camargo avait assisté d'un œil stoïque à ce spectacle émouvant, et il n'avait pas senti son cœur touché par les mâles accents de ces courages enthousiastes.

C'est que Camargo était philosophe, et que ce n'était pas la première fois qu'il voyait la fièvre chaude s'emparer d'une assemblée populaire.

Il savait avec quelle facilité les esprits s'enflamment, avec quelle promptitude ils se refroidissent; et d'ailleurs, parmi ces hommes, il n'en avait pas vu un seul qui fût réellement animé par les passions du bien public, et il songeait, avec une tristesse mêlée d'amertume, à quels malheurs son pays allait être exposé.

Il se disait, ce digne Camargo :

« Si, du moins, je perdais mes deux femmes dans la bagarre! »

Il fut tiré de sa rêverie par le marquis de Terranova qui vint à lui, avec un cri d'étonnement.

— Camargo! dit-il gaîment, en lui frappant sur l'épaule.

— Monseigneur! fit Camargo, en se tournant de son côté.

— Toi aussi, malheureux! continua le marquis; comment, tu te mêles aussi de conspirer!

Camargo secoua la tête, et raconta à son interlocuteur comment il avait été amené dans cette taverne.

— Je ne conspire pas, monseigneur, répondit-il, je n'ai jamais conspiré, et cela pour une raison fort simple.

— La quelle?

— C'est que je n'ai rien à gagner, et que j'aurais tout à perdre.

— Toi! et que pourrais-tu perdre, je serais bien aise de le savoir?

— Ma tranquillité, monseigneur, ma chère tranquillité.

— Et moi, ajouta Terranova, que penses-tu donc que j'aie à y gagner?

— Vous, monseigneur, vous pouvez être vice-roi.

Le marquis sourit, et enfonça son feutre sur son oreille.

— Eh bien, soit! dit-il avec enjouement, que je devienne vice-roi, et je fais de toi mon fou!

— Je ne sais pas lequel le serait le plus de nous deux, monseigneur!... répartit Camargo; mais si vous ne réussissez pas, moi, je vous ferai mon sage!

Ils quittèrent la salle sur ces paroles, et s'éloignèrent.

Le lendemain, dès que la nuit fut venue, une clameur vengeresse éclata tout à coup dans les rues de Palerme, et le peuple entier se rua en armes sur les places publiques, demandant à grands cris, les uns l'expulsion, les autres la mort des inquisiteurs.

Les Siciliens avaient l'habitude de ces sortes de révoltes; à plusieurs reprises ils s'étaient soulevés contre le pouvoir de l'inquisition, et chaque fois le sang avait rougi les pavés de la rue.

On ne faisait point encore de barricades, on ignorait l'art de les élever solides et bien jolies ; on se contentait de barrer les rues au moyen de grosses chaînes, et de se retrancher dans quelques maisons que l'on fortifiait à la hâte.

Le marquis de Terranova et les principaux seigneurs de Palerme s'étaient placés à la tête des révoltés, et toute la bande irritée se rua vers le palais du vice-roi, pour l'engager à prendre fait et cause pour eux, et à les délivrer à jamais de l'inquisition.

On parlementa. Le marquis de Pescaire voulut chercher à gagner du temps ; mais ce n'était pas le moment de pareilles hésitations, et quand les révoltés comprirent qu'ils n'obtiendraient rien de leur vice-roi, ils s'éloignèrent en prenant la direction des palais des inquisiteurs.

Ces derniers avaient été avertis dès les premiers moments, et ils s'étaient mis sur la défensive.

Des soldats étaient rangés en bataille sur la place qui précédait leur habitation, et comme depuis longtemps il y avait une sourde haine entre les habitants de Palerme et la milice royale, cette occasion fut saisie avec empressement par les uns et par les autres, et le premier choc fut terrible.

La milice royale était fort irritée, les Siciliens avaient sur le cœur les défaites précédentes ; pendant une heure, le combat fut acharné et sanglant, et bon nombre de morts restèrent sur la place.

Cependant les Siciliens furent repoussés, et une fois mis en déroute, on les poursuivit dans toutes les directions.

L'échaufourée n'avait pas duré longtemps, comme on le voit, et le résultat de cet échec, facile à prévoir, fut un redoublement de sévérité de la part du pouvoir attaqué.

Les Siciliens avaient, en effet, perdu quelques morts, et un grand nombre de prisonniers. Pendant plusieurs jours, les prisons s'emplirent : ceux qui avaient été pris les premiers ne s'étaient pas fait faute de dénoncer leurs confrères, et en moins de huit jours les prisons furent combles.

Au nombre des malheureux qui devinrent ainsi les pensionnaires de l'inquisition, il faut compter en première ligne le philosophe Camargo.

Hélas ! oui, Camargo le philosophe, le prudent, l'ami de la science et des dames !

Malgré le soin qu'il avait pris de s'éloigner du lieu du combat, malgré l'extrême répugnance qu'il n'avait cessé de témoigner toute sa vie pour ce genre d'occupation, quoiqu'il se fût dérobé à tous les regards le jour et le lendemain de la lutte, Camargo ne fut pas moins dénoncé comme ayant pris part aux délibérations secrètes des conjurés, et il fut traîné en prison, malgré ses cris et ses prières.

Heureusement pour lui, il se trouva dès son entrée en pays de connaissance, car la première personne qu'il rencontra fut le marquis de Terranova lui-même.

Camargo se précipita dans ses bras, avec une figure piteuse et en branlant douloureusement le chef.

— Ah ! mon cher seigneur ! mon cher seigneur !... dit-il d'un ton désespéré, nous sommes perdus !

— Bah ! fit Terranova ; tu as donc peur, mon cher philosophe?

— Beaucoup ! beaucoup ! monseigneur ; nous sommes perdus, vous dis-je.

— Allons, te voilà tout bouleversé.

— Il y a bien de quoi.

— Nous en sortirons.

— Je ne l'espère plus.

— Eh bien ! faisons bon visage à nos ennemis, maître Camargo, qu'ils ne puissent pas nous taxer de faiblesse !

— Cela vous est facile à dire, monseigneur, murmura Camargo.

— Tu verras que c'est aussi facile à faire ! répartit Terranova.

Mais, en ce moment, un familier de l'inquisition appela le marquis. Une femme l'attendait au parloir, et il fallait que le message dont elle était chargée fût bien important, car on ne fit pas la moindre objection, et on le laissa seul avec la jeune femme.

Camargo était vivement intrigué, et puis l'instinct secret de son cœur lui disait qu'il y avait là peut-être, pour lui, quelque espoir de salut.

Il regarda.

Terranova et la jeune femme parlaient bas et avec vivacité.

La jeune femme avait caché ses traits sous un voile épais et noir; Camargo ne put rien distinguer; mais, sans savoir pourquoi, il tressaillit jusqu'au fond du cœur.

Enfin, à un moment où la conversation paraissait le plus animée, Terranova attira la jeune femme dans ses bras, écarta doucement le voile qui tombait de son front, et la baisa bien tendrement.

Camargo poussa un cri de surprise et de rage, et rentra dans la prison commune.

Un moment après, Terranova reparaissait, et accourait vers notre philosophe, lequel était allé s'asseoir, morose et pensif, sur un banc solitaire.

— Bonne nouvelle! bonne nouvelle! lui cria le marquis avec gaîté, nous serons libres!

Et, comme Camargo ne répondait pas, il le secoua rudement, comme pour l'arracher à sa rêverie.

— Eh bien! maître philosophe, lui dit-il, que t'arrive-t-il? à quoi penses-tu?

— A la personne qui vient de vous venir voir, monseigneur, répondit Camargo, après un long soupir.

— Une belle femme, n'est-ce pas?

— Votre maîtresse, peut-être?

— Non. Camargo, mais la suivante d'une grande dame, puissante, qui nous sauvera.

— Nous? fit Camargo, par manière d'interrogation.

— Et pourquoi pas? dit Terranova; une fois libre, je songerai à mes amis.

— Cette dame est donc bien puissante? demanda le philosophe en jouant l'étonnement.

— Plus que tu ne peux le penser!

— L'inquisition ne lâche pas cependant si facilement sa proie.

— Elle la lâchera cette fois, elle la lâchera, répartit Terranova.

— J'en doute!...

— Tu verras...

— Quand même le vice-roi s'en mêlerait, monseigneur? dit Camargo...

Le marquis Terranova se pencha vivement à son oreille :

— Et si c'était la vice-reine!... lui dit-il à voix rapide et basse.

Camargot recueillit avidement cette révélation, et ne répondit plus que par monosyllabes aux paroles de son interlocuteur.

Il réfléchissait.

Notre philosophe passa ainsi toute la nuit et une partie du jour suivant. Il pensa à tout ce qui lui était arrivé, à l'impasse dans laquelle il se trouvait acculé, et aux moyens d'en sortir le plus honorablement possible.

Ainsi, d'après ce que le marquis de Terranova venait de lui apprendre, Julia, sa première femme du moins, était attachée au service de la vice-reine, et la vice-reine avait des intrigues d'amour avec le marquis de Terranova! Camargo avait même surpris les deux amants au rendez-vous qu'ils s'étaient donné, et ce rendez-vous avait eu lieu en l'église même de Saint-Joseph!

Quel magnifique sujet de dénonciation!

Le marquis de Terranova avait, à la vérité, promis de sauver Camargo, s'il se retirait lui-même des griffes de l'inquisition ; mais ne valait-il pas mieux ne pas recourir à l'intervention d'un ami qui pouvait l'oublier, quand il avait à sa disposition une ressource qui lui semblait si infaillible !

Souvenez-vous qu'il était philosophe !

Quand son tour vint de paraître devant le tribunal des inquisiteurs, il avait préparé, dans son esprit, les moyens qu'il croyait les meilleurs pour recouvrer la liberté.

V.

Quelques jours après l'incarcération du marquis de Terranova, Victoria Colonna, marquise de Pescaire, s'était retirée de bonne heure dans ses appartements, et seule, en proie à mille agitations, elle attendait le retour de Julia, qu'elle avait envoyée vers son amant.

Le procès prenait déjà une tournure qui l'inquiétait. L'inquisiteur avait à cœur d'en finir avec les rebelles, et le vice-roi lui-même, le vice-roi surtout, avait hâte de voir ces débats terminés.

D'ailleurs, le marquis de Terranova s'était trop gravement compromis, pour espérer d'être mis facilement en liberté, et Victoria comprenait maintenant seulement quel grave danger le menaçait.

Elle ne savait en outre à qui se confier, à qui demander conseil ; elle ignorait les détails des procédures ordinaires, craignait de faire une fausse démarche et n'osait pas surtout faire parler en son nom propre.

Elle avait imaginé une fable ; elle avait fait croire à ceux qui l'entouraient, aux inquisiteurs eux-mêmes, qu'une grande dame de Palerme s'intéressait vivement au sort du marquis, et elle avait demandé comme une faveur spéciale qu'on lui accordât son élargissement.

Mais l'inquisition tenait bon, et puisque la vice-reine elle-même ne paraissait pas directement intéressée dans la question, le tribunal avait nettement exprimé l'intention de garder son prisonnier.

Victoria se perdait en mille projets insensés ; chaque jour elle voulait tout avouer, et le moment venu, elle hésitait, elle avait peur, elle n'osait plus.

Julia l'avait secondée, dans cette circonstance, avec un dévouement admirable. Chaque jour, elle se rendait à la prison, entretenait longuement le marquis, et revenait raconter à sa maîtresse ce qu'elle avait vu, ce qu'elle avait entendu, ce que le marquis lui avait dit.

Cependant, depuis quelque temps, les nouvelles étaient fort mauvaises ; Terranova lui-même commençait à désespérer : il y avait contre lui des charges accablantes ; la vice-reine seule pouvait le sauver.

Mais il ne voulait pas acheter sa liberté au prix de l'honneur de sa maîtresse, et il aimait mieux mourir.

La vice-reine se désolait, elle pleurait, et, en définitive, la situation devenait de plus en plus critique.

Ce jour-là, Victoria Colonna était encore plus inquiète que de coutume. Son mari lui avait tenu, tout le jour, un langage singulier ; il paraissait fort animé contre les rebelles, qui lui avaient créé de pareils embarras ; il ne voulait montrer aucune faiblesse, et laisserait à l'inquisition toute sa liberté d'action.

La vice-reine, après le départ de son mari, avait immédiatement envoyé Julia vers le marquis de Terranova, bien décidée, à son retour et selon les nouvelles qu'elle rapporterait, à agir efficacement, en réclamant enfin, en son propre nom, l'indulgence des inquisiteurs pour le marquis.

Elle était donc seule, et c'est avec la plus vive impatience qu'elle attendait le retour de sa suivante.

Celle-ci arriva bientôt ; mais dès qu'elle la vit, Victoria se sentit prise d'un effroi terrible, et elle comprit qu'un grand malheur la menaçait.

Julia était pâle, défaite, les vêtements et les cheveux en désordre, et c'est à peine même si elle put parler, tant elle paraissait effrayée et émue.

Victoria Colonna courut à elle, et lui prit les mains.

— Julia ! lui dit-elle, Julia ! qu'y a-t-il ? Pourquoi cette pâleur, cet effroi ? Parle ! parle !

— Un grand malheur ! madame, un grand malheur ! répondit Julia.

— Mais encore...

— Mon mari !...

— Eh bien ?

— Il est en prison avec le marquis.

— N'est-ce que cela ?

— Ah ! vous ne savez pas, madame, mais mon mari me hait et me craint...

— Achève !

— Et il m'a dénoncée.

La vice-reine regarda Julia avec un effroi glacé, et ses deux bras se croisèrent sur son cœur.

— Pauvre Julia ! dit-elle avec des larmes dans la voix. Mais si l'on t'arrache de mes bras, que vais-je devenir, moi ? tu étais ma confidente, mon conseil ; toi seule pouvais me donner de ses nouvelles. Oh ! mon Dieu, qu'allons-nous devenir ?

— Encore, dit Julia, si j'étais seule frappée dans ce malheur ; mais votre honneur est perdu, madame, et le vice-roi va tout savoir sans doute.

— Comment ! fit la marquise qui se leva vivement à cette révélation ; qui t'a dit cela ? Qu'as-tu appris ?

— C'est Camargo! madame, répondit Julia; toujours Camargo! il sait tout!

— Lui!

— Cette nuit où nous sommes allées à l'église de Saint-Joseph, il était là, il nous a vues...

— Oh! que dis tu?...

— La vérité.

— Nous sommes perdues!...

— Oui, madame, car je connais mon mari, et pour se sauver, il n'hésitera pas à tout raconter.

La marquise ne répondit pas; elle se laissa retomber, accablée et sans force, sur un fauteuil, prit sa tête dans ses mains et pleura.

Puis, comme si l'étendue de son malheur lui avait tout à coup donné la force, le courage, l'énergie qui lui avaient manqué jusque-là, elle se releva presque aussitôt avec vivacité, courut à une table, prit une plume, de l'encre, tout ce qu'il fallait pour écrire, et se mit en devoir d'adresser une supplique à l'inquisiteur.

Mais elle avait à peine tracé le premier mot de sa demande, qu'un grand bruit se fit dans le palais, et que des familiers de l'inquisition pénétrèrent jusque dans son appartement.

Les deux femmes poussèrent en même temps un même cri d'épouvante, et Julia courut se jeter aux genoux de sa maîtresse, en implorant son intervention; mais toutes les prières, dans ce moment, étaient parfaitement inutiles, et l'on entraîna Juliâ.

La vice-reine avait du moins eu le temps de lui assurer que, fût-ce au prix de son honneur, elle la sauverait.

Une fois seule, en effet, Victoria Colonna n'hésita plus; elle se mit aussitôt à continuer sa lettre à peine commencée, et pria, avec la plus vive instance, l'inquisiteur général de se rendre au plus tôt près d'elle, ajoutant que son repos, son honneur même dépendaient de la célérité qu'il allait mettre à se rendre à sa prière.

Elle cacheta sa lettre et l'envoya.

Mais Victoria Colonna devait, ce soir-là, boire le calice jusqu'à la lie, car à peine la porte se fut-elle refermée sur son messager, qu'elle se rouvrit pour laisser entrer don Juan d'Avalos, marquis de Pescaire, son époux.

Don Juan d'Avalos était sombre et soucieux ; il salua légèrement la vice-reine, jeta son feutre sur un meuble, et roula lui-même un fauteuil près de la place qu'occupait Victoria.

La vice-reine était habituée à le voir ainsi depuis la révolte des Siciliens ; elle ne prit pas garde à son air sombre, et, espérant que sa visite serait terminée avant l'arrivée de l'inquisiteur, elle accueillit son époux de son plus charmant sourire.

Le marquis de Pescaire lui prit la main :

— Victoria, dit-il d'un voix grave et lente, une de vos femmes vient d'être emmenée par les familiers de l'inquisition ; comme, après tout, cette femme n'est pas coupable, j'ai donné des ordres pour qu'elle soit mise immédiatement en liberté.

— Ah ! vous êtes généreux, monseigneur, dit la vice-reine, qui conçut un moment d'espoir.

— D'ailleurs, poursuivit le vice-roi, j'ai hâte que toutes ces arrestations cessent, et j'ai fait prier à l'instant même l'inquisiteur général de se rendre auprès de moi.

— Vous, monseigneur! interrompit Victoria.

— Oui, madame, et j'espère que vous me permettrez de le recevoir dans votre appartement?

— Mais..., je ne sais..., balbutia la marquise.

— Ce sera comme vous le jugerez convenable, continua le vice-roi ; cependant j'avais pensé que vous ne seriez peut-être pas fâchée vous-même d'entretenir la personne que j'attends : c'est du moins ce que j'ai cru comprendre à la lecture de certain billet qui vient de tomber entre mes mains.

— Que voulez-vous dire? fit la marquise interdite.

Pour toute réponse, le marquis de Pescaire lui présenta la lettre qu'elle venait d'écrire.

— Ma lettre! fit Victoria Colonna avec un frisson.

Il y eut un moment de silence, pendant lequel le vice-roi déchirait en mille pièces le billet qu'il tenait à la main.

FIN DU DEUXIÈME VOLUME.

TABLE.

LES FRANCS-JUGES (Suite).

L'INQUISITION.

FIN DE LA TABLE DU DEUXIÈME VOLUME.

Paris. — Typographie de E. et V. PENAUD frères, 10, Faubourg-Montmartre.

www.ingramcontent.com/pod-product-compliance
Lightning Source LLC
LaVergne TN
LVHW010537100826
845148LV00001B/213

* 9 7 8 2 0 1 2 1 9 0 4 8 1 *